本书编委会

福州闽都文化研究会
闽 都 文 化 丛 书

儒将郭化若

福州闽都文化研究会 编

练建安 著

海峡出版发行集团 | 海峡文艺出版社

图书在版编目(CIP)数据

儒将郭化若/福州闽都文化研究会编;练建安著. —
福州:海峡文艺出版社,2024.4
(闽都文化丛书)
ISBN 978-7-5550-3354-7

Ⅰ.①儒… Ⅱ.①福…②练… Ⅲ.①郭化若
(1904−1995)−传记 Ⅳ.①K825.2

中国国家版本馆 CIP 数据核字(2023)第 091976 号

儒将郭化若

福州闽都文化研究会　编　练建安　著

出 版 人　林　滨

责任编辑　朱墨山

出版发行　海峡文艺出版社

经　　销　福建新华发行(集团)有限责任公司

社　　址　福州市东水路 76 号 14 层

发 行 部　0591−87536797

印　　刷　福州凯达印务有限公司

地　　址　福州市金山红江路 2 号浦上工业园 B 区 47 号楼

开　　本　720 毫米×1010 毫米　1/16

字　　数　280 千字

印　　张　18.25

版　　次　2024 年 4 月第 1 版

印　　次　2024 年 4 月第 1 次印刷

书　　号　ISBN 978-7-5550-3354-7

定　　价　58.00 元

如发现印装质量问题,请寄承印厂调换

前　言

为了彰显闽都文化精神，激励人们奋发向上，抒发爱国爱乡情怀，我们组织编写一套福州现当代杰出人物传记，《儒将郭化若》就是其中一本。

福州，史称闽都，枕山襟海，钟灵毓秀。近代林则徐、沈葆桢、严复、林纾……众星璀璨，光耀中华史册，堪称一代人杰。其道德文章，人们耳熟能详。及至于现当代，仍英才辈出，或献身民族大业，或施展经纶才干，或驰骋万里海疆；或为红色儒将，或为科技骄子，或为报界先驱，或为企业巨擘……都是一座座时代丰碑，值得人们景仰。

《儒将郭化若》以饱满的激情、翔实的笔墨，热情细致地勾勒出我党著名军事理论家郭化若传奇的一生。作者深情记叙了郭化若不平常的人生经历，透过中国社会的波荡和人民军队的成长历程，成功地塑造出一位驰骋沙场、南征北战，坚持真理、百折不挠，为中国革命事业英勇奋战的共和国将军形象，感人至深。举凡中国革命所经历的重大战争以及众多风云人物，都在作品中有所展现。深阔的背景、丰富的史料、流畅的叙述，既展现郭化若将军一生的光辉历程，也从一个侧面反映了时代的沧桑巨变，整部作品具有较高的思想性和艺术性。

我们希望，通过福州现当代杰出人物传记的编写出版，既丰富福州杰出人物画廊，同时也为海内外读者提供一批优秀的乡土文化读物，为传承弘扬闽都文化尽一份绵薄之力。

福州闽都文化研究会

2023 年 10 月

郭化若

（1904—1995）

　　又名郭俊英。福建省福州市人。1925年入黄埔军校学习，同年加入中国共产党。曾任黄埔军校代区队长。参加了北伐战争。1927年赴苏联入莫斯科炮兵学校学习。1928年回国。土地革命战争时期，任中国工农红军第四军二纵队参谋长，红四军参谋处处长，红一军团参谋处处长，红一方面军代参谋长，红军总前敌委员会秘书长，军委二局局长，红军教导师参谋长。参加了长征。抗日战争时期，任军委一局局长、编译处处长，中国人民抗日军政大学第三分校校长兼中央军委四局局长，延安中央党校军事教育处处长，延安炮兵学校校长。解放战争时期，任鲁南军区副司令员，华东野战军第六纵队副司令员，第四纵队政治委员，第三野战军九兵团政治委员。中华人民共和国成立后，任淞沪警备司令部、上海防空司令部司令员兼政治委员并兼华东军区公安部队司令员和第八兵团政治委员，南京军区副司令员，军事科学院副院长。1955年被授予中将军衔。中国人民政治协商会议第一届全国委员会委员，第五届全国人民代表大会常务委员会委员。在中共第十二次全国代表大会上被选为中央顾问委员会委员。

《中国人民解放军将帅名录（第一集）》，第426页

目　　录

引 子

有几首古诗，写得很美。其一曰："一别居诸岁月增，遥闻此景画难能。湖田播种重收谷，道路逢人半是僧。城里三山千簇寺，夜间七塔万枝灯。常年六月东山里，地涌寒泉漱齿冰。"另有诗曰："百货随潮船入市，万家沽酒户垂帘。苍烟巷陌青榕老，白露园林紫蔗甜。""等闲田地多栽菊，是处人家爱读书。饮宴直尝千户酒，盘餐唯候两潮鱼。"在车载斗量的吟诵"三山"的诗作中，这些，不过是冰山一角。

作者吟诵的地方，为八闽首府福州。

福州，简称"榕"，位于福建省中部东端，东临台湾海峡，西靠三明、南平，南邻莆田，北接宁德。市区所在地系河口盆地，群山环抱，东有鼓山，西有旗山，南有五虎山，北有莲花峰。境内地势自西向东倾斜。全市总面积12154平方千米，其中市区总面积1786平方千米。闽江横贯市区东流入海。

闽侯、长乐、连江、闽清、永泰、古田、屏南、福清、平潭、罗源统称为"福州十邑"。

福州在新石器时代晚期、青铜器时代，为闽族聚居地；战国为闽越人居所；秦为闽中郡；汉为闽越国都城，后设冶县；三国属吴；晋为晋安郡；五代十国为闽国都城；南宋景炎元年（1276），益王赵昰登基于福州，定为行都；元设路，明清为府，均为福建治所；明末，朱聿键即帝位，定都福州；民国至今为福建省会所在地。

福州是中国历史文化名城，"三坊七巷"闻名遐迩。福州城内"三山鼎峙，双塔相对"，三山是指屏山、于山、乌石山，两塔是指白塔、乌塔。福州城遍地植榕，四季常青，亭亭如盖。城外马尾港，是中国近代海军摇篮。

作为近代中国最早开放的五个通商口岸之一，福州是我国东南沿海贸易大港和"海上丝绸之路"门户。

闽都地灵人杰，英才辈出。仅宋代，福州府中进士者即高达2247人、状元9人。近代以来，以林则徐为代表的一大批福州英杰，功业煌煌，照耀了中华民族的历史星空。

我国的20世纪，是个风云际会的时代。在这个时代里，活跃着一群特殊的群体，这就是在枪林弹雨、战火纷飞中铸就共和国开国将军们。

共和国开国将军，一般是指1955年至1965年间授衔的中国人民解放军将军。在此期间，全国涌现了1603位将军。福建籍将军为83位，占5.18%。福建的83位开国将军中，有上将3名、中将9名、少将71名。福州籍的郭化若中将被誉为"一代儒将"。

此儒将也，参赞中央军机，运筹帷幄；挥师征战，决胜疆场，所向披靡；著书立说，全国闻名；教育教学，桃李满天下；《孙子兵法》研究，堪称泰斗；编纂军史，硕果累累。善书法，能诗。抒怀诗曰："六十年来多少事，但留点墨在人间。"回望硝烟，回望漫漫征途，一代儒将似有无限感慨。

那么，就让我们溯历史河流而上，以文献资料为据客观记述，辅以必要的学术探究，尽可能编织渐渐远去的历史碎片，勾勒出传主一行行深深浅浅的历史足迹。

第一章　携笔从戎

榕城贫寒子弟

清光绪三十年（1904）六月廿九（8月10日）清晨，福州城通天境化民营郭氏老屋静悄悄的，突然，传出了婴儿响亮的啼哭声，郭家添丁了。郭化若的父亲郭则揆是个清贫的读书人，喜得长子，遂按族中辈分（为二十二世"可"字辈），为此子取名"可彬"（后更名"俊英""化玉"和"化若"）。

福州郭氏的上祖是唐朝的汾阳王郭子仪，唐末移居此地，曾有"五子科甲""四代七进士"的辉煌。可彬的祖父亲基，光绪十七年（1891）得中举人，但未及任职就病逝家中，遂家道中落，四个幼子弱女由其妻陈氏抚育，靠族亲资助及典卖家产度日。

郭则揆参加清末最后一次科举落第，辛亥革命后一段时期当过福州叙官局的录事。因家境贫寒，其与胞弟则拯南下广州谋生，困顿无成。可彬的母亲姚榕秀靠织布度日。"薯米籴来，度饥难继；鹑衣典尽，遮体为艰；草被冬宵梦冷，破房雨夜漏频"正是可彬童年生活的写照。宣统三年（1911），迫于生活困难，母亲含泪忍痛将7岁的大女儿"喻"（小名），以身价40元小洋卖给人家当童养媳，聊以度日。此后，郭化若家又先后卖掉了母亲的织布机、祖屋内的一棵大荔枝树，甚至卖掉了祖屋。

郭化若回忆说："我永远忘不了一家人数日不餐，找来将熟未熟的南瓜清水煮汤分吃的惨景；永远忘不了数日无饭，摘来屈指可数的丝瓜清水煮汤的'香甜可口'；永远忘不了饥饿难挨，向小贩乞赊一碗红薯片全家分餐的情景；永远忘不了一家人形容憔悴、面视不语的凄凉。我虽然当时并不理解苦难的社会根源,然而却常常直瞪着愤怒的双眼,久久深思。"①

1991 年 10 月,北方妇女儿童出版社出版了北京大学中国名人丛书编委会编辑的《中国名人谈少儿时代》。该书的第一篇文章为郭化若撰写的《我是这样离家的》,其中写到了"一次辛酸的回忆":"一家人已饿了三天,除夕夜晚还借不到钱买米。我到祖母妹妹(照福州话称她为姊妈)家去借钱。我到她家时,她家已吃过晚饭。我说一家已三天没有吃东西了,哀求没有钱就借点东西,去当几角钱买米度饥也好。反复讲了许久,借得一床发黑的旧棉絮,也不知哪年哪月哪一个用的褥垫。我扛着旧棉絮跑到各家当铺(当铺三十晚照例点灯到天亮),有的不肯收,说是太旧了卖不出去,有的只给二三角钱,中间一家先给四角钱。我不甘心,再跑别家,更不肯收,于是只好回去,当了四角。这时已近午夜,我用这四角钱买了两升粗米、一把柴、两个铜板的草纸,剩下来只有几文钱了,只好买了几文钱的虾酱。跑回家来,烧火煮饭,直到天亮才煮好一锅饭,一家人每人分得一碗过年饭,用米汤和虾酱当菜。"

家境贫寒,郭可彬难以上学,母亲教他识字读书。1918 年春,在叔叔的资助下,14 岁的郭可彬进入福州崇实小学读书。他勤奋好学,每个学期的成绩都是全班第一名,学校按规定给予免费就读的奖励。郭可彬学习成绩好,书法也好,每年年底,他就在井楼门附近的一家面筋店的柜台上写春联卖,补贴家用。他以自己写春联的收入,添置了一件棉袍。

1920 年夏,郭可彬高小毕业,以优异的成绩考入福建省立第一中学。但是,贫穷的家庭交不起基本学费,郭可彬只得退学,转考入福州农林学校。

吴修美在《将军对故乡的深情》一文中回忆,1953 年春,时任华东军区公安部队司令员的郭化若将军带着一位警卫员首次返回福州,下榻于福州仓山福建省人民政府交际处,时任交际处干部的吴修美负责接待。在回答了郭将军有关福州情况的问题后,吴修美问:"郭司令,您离家将

---

① 《郭化若文集》,第 756 页。

近30年了，这次要会见些什么熟人吗?"郭化若说:"我不找任何亲戚，只要求你帮我寻访一个人，那是我童年时代的启蒙老师。"郭化若用福州话说:"这位老师姓郑，名秉诚，字怀中。他家就在学校旁边，好像叫保定巷。"吴修美在第二天上午找到了郑老先生。这位老先生取出一叠旧照片，找出一张颜色泛黄的"福州崇实小学教员暨学生摄影"，指着郭化若，深情地回忆说:"他非常聪明，学业成绩好，是我最疼爱的一个学生，只是家里很穷，经常三餐不继。我当时想办法给他免费上学，也常常留他在我家吃饭……"在查实郑先生的情况后，郭化若将军亲自登门拜访，师生情深，极为感人。这是后话。

　　1911年，郭可彬家卖掉了他的大妹。此事对郭可彬的心灵伤害极大，以至于此后在延安时期，他一直不敢看《白毛女》的演出，怕触景生情，心里受不了。

　　《郭化若诗词选》收有郭化若写于1977年冬的《七律·寻妹》。诗的序言曰:"1922年，小妹才5岁，因父母相继去世，人亡家散，随祖母由广州回福州。余于1921年因二妹被卖，悲愤离家，时正流浪广州，咽泪送行于珠江之畔。心知后会无期，当此生离死别之际，心碎肠断，不能作一语。妹因家贫，于7岁时亦被卖为婢，受尽打骂，体无完肤，14岁逃出到工厂当徒工。日寇进攻福州时，厂长阴谋拐骗小妹赴港出卖。妹得悉，黉夜奔出，夜里，误入不良人家，又被拐卖，多次谋逃，均不得隙，自杀亦不遂。福州解放后，妹曾来信求助。余当时适初接上海警备，任重才轻，忙碌疏忽未将地址记下，翌日寻之，信已被家人焚毁，妹亦从此不复来信。近得甥女来信，方知妹已迁同安，子女过多，生活仍相当困难。余未能援助，悔恨莫及。乃乘今年休假与出差之便，冒酷暑于8月中赶回家乡福州。赖党组织照顾和诸战友之助，使小妹得便回到福州，并已安排回籍安家。59年久别重逢，执手相看，不尽欲言，草此以志余过。"[1]

　　诗曰:"五十九年分别后，哪堪回首问从前? 哀啼难免鞭笞苦，泣血

----

① 《郭化若诗词选》，第205—207页。

谁为弱女怜？幸喜江山新改建，犹疑手足咨回笺。相逢欲诉别离事，疑梦疑真不尽言。"

"哀啼难免鞭笞苦。"作者自己注释写道："小妹出卖时余在广州，读家书，不禁回想起1911年卖大妹时，妹哀啼痛哭：'妈妈不要卖我！妈妈不要卖我！我宁愿饿死在家中。'这一哀啼之声，回旋于脑际近70年。此时小妹想必哀啼'伯母不要卖我！'。"

"犹疑手足咨回笺。"作者自注道："30余年小妹为什么不再写信来？我总猜想她也许对我家绝望了，对我也绝望了。所以见面后，我最先是向小妹请罪，而小妹却说：'今天兄妹得以见面，就是最大的幸福，过去的伤心事，以后慢慢说。'她在近60年中磨炼得坚强了。"

全国人大常委会原副委员长彭冲，在1947年8月间任华野六纵十六师的团政委，沙土集战役后，他曾与郭化若作彻夜长谈。彭冲回忆道："过去听说，化若不苟言笑，可通过这次交谈，我发现化若其实是个感情非常丰富的人。他向我讲起小时候因为家里穷，为了供他读书，先后卖了两个妹妹时，几乎都要落泪了。"[①]

1922年春，18岁的郭可彬决定离家出走，去广东闯出一番新的天地。

黄埔军校"榜首"

1922年春，郭可彬辍学离家，到广东汕头投奔姑姑，在潮汕公路局当临时工（测量员）。后来，他又随姑姑到上海谋生。1923年，他辗转来到广州，靠替人代书、抄稿、写碑文为生。后经同乡引荐，他先是在桂军独立旅司令部当文书，后在中山大学医学院做一些事务性工作，改名为"郭俊英"。这一段时期，他阅读了《共产主义浅说》《向导》《新青年》等进步书刊，开始觉悟，参加了中国共产党领导的新学生社组织的革命活动。

---

① 彭冲《一代儒将，风范长存》，原载1996年9月2日《人民日报》。

此时，黄埔军校强烈吸引了郭可彬的视线。

1921 年 12 月，共产国际代表马林在广西桂林会见孙中山，向孙中山提出"创办军官学校，建立革命军"的建议。1923 年 1 月，中国国民党第一次全国代表会议决议建立军官学校于广州黄埔。1924 年 1 月 24 日，孙中山组织成立的"陆军军官学校筹备委员会"任命蒋介石为筹备委员会委员长，蒋因故辞职，由廖仲恺代理军校筹备委员长。28 日，选定广州长洲岛上的原广东陆军学堂和原广东海军学校的旧址建立军校。5 月，任命蒋介石为校长、廖仲恺为国民党党代表。随后，任命李济深、邓演达为教练部正、副主任，王柏龄、叶剑英为教授部正、副主任，戴季陶（后为周恩来）、周恩来为政治部正、副主任，何应钦为总教官，恽代英、萧楚女、聂荣臻等共产党人担任教官及其他方面工作。

1924 年 5 月，从 1200 名考生中正式取录学生 350 名，备取 120 名。5 月 5 日开始入学。6 月 16 日，举行中国国民党陆军军官学校开学典礼。孙中山到会场给青年做了热情洋溢的讲话："要从今天起，立一个志愿，一生一世，都不存在升官发财的心理，只知道做救国救民的事业。"

孙中山还宣布军校训词："三民主义，吾党所宗；以建民国，以进大同。咨尔多士，为民前锋；夙夜匪懈，主义是从。矢勤矢勇，必信必忠；一心一德，贯彻始终。"此军校训词其后成为国民党党歌歌词及黄埔军校校歌歌词。

郭俊英从报纸上得知黄埔军校第四期招生的消息，便积极备考。功夫不负有心人，改名为"郭化若"的郭俊英以第一名的成绩考入黄埔军校。

1925 年秋，郭化若被编入黄埔军校第四期入伍生第二团，加入了由周恩来等创建的"青年军人联合会"。

半个多世纪以后，1993 年 7 月，吉林人民出版社出版了郭化若主编（杨成武顾问）的《中国人民解放军军史大辞典》，其第 3 页至第 4 页有"黄埔军校"辞条，内容为："1924 年，在中国共产党的倡导和共产国际的帮助下，国民党建立的陆军军官学校。孙中山在 1924 年 1 月 24 日国民党'一大'期间，提出设校建军方案，并以大元帅命令，任蒋介石为陆军军官学校筹备委员会委员长，王柏龄、邓演达等 7 人为筹备委员。1月28日，孙中山指定广州附近的黄埔岛为军校校址。5月，黄埔陆军军官学校正式成立，统称'黄埔军校'。孙中山兼任黄埔军校总理，任命蒋介石为军校校长、廖仲恺为军校党代表。11月，周恩来担任军校政治部主任。共产党人恽代英、萧楚女、熊雄、聂荣臻等先后到军校担任过具体负责工作。学生中有一批各地选派来的优秀共产党员和共青团员，他们在这个学校中成为革命的骨干。学校还学习了苏联红军的经验，建立了政治教育和政治工作制度。共产党在黄埔军校的工作推动了军校的革命化建设，也积累了军队工作的初步经验。该校培养了大批军事干部，这些干部是当时建立革命武装的骨干力量。1927 年以后，改为'中央军官学校'，蜕变成了蒋介石镇压人民革命的工具。"

亲历东征

当时，广州革命政府控制了珠江三角洲地区和广东中部地区，广东东部和南部被封建军阀占据。

1925 年 9 月，原已被打败的广东军阀陈炯明残部，乘东征军主力回师广州，平叛杨希闵、刘震寰叛乱之机，再次叛乱，重占潮州、汕头；盘踞广东东南部的军阀邓本殷也与其配合，企图向广州进攻。

广州国民政府为彻底消灭广东省的军阀势力，统一广东革命根据地，遂决定进行第二次东征。此时的广州国民政府已将所属军队统一编为国民革命军，开始为 6 个军，后增至 8 个军，到 1925 年底，国民革命军有 85000 人，实力大增。9 月底，东征军的序列配编就绪，蒋介石任总指挥，周恩来任政治部主任，下辖三路纵队：第一纵队，何应钦任纵队长，兵力 1.5 万人，为中路；第二纵队，李济深任纵队长，兵力 1.2 万人，为右路；第三纵队，程潜任纵队长，兵力约 6000 人，为左路。郭化若所在的黄埔军校学员队，被编入第一纵队参加战斗。

国民革命军出师东征，兵锋所向，直指惠州。

惠州三面环水，地势险要，是东江门户、南方第一坚城，陈炯明的主要兵力在此盘踞。

何应钦率第一纵队攻打坚城，第二、三纵队配合，执行阻敌、策应、截击溃敌任务。

战斗于 10 月 13 日上午打响，国民革命军在飞机、大炮掩护下攻城，敌负隅顽抗，战斗激烈异常，战至次日傍晚，坚城遂克。

在这次战斗中，共产党员发挥了重要作用。第一纵队参加攻城的 27 名党员，21 名牺牲，6 名负伤。参加东征的一位苏联顾问说："惠州要塞实际上是共产党人拿下来的。"

郭化若参加了这次战役。在攻占惠州之后，豪情满怀的郭化若写下了《攻占惠州》一诗："袭取杨刘又出征，前锋忽报破坚城；连年苦战抛枯骨，鬼火随风聚复生。"这首七绝，收入《郭化若诗词墨迹选》和《郭化若诗词选》。

国民革命军攻占惠州后，兵分三路，向东江腹地继续进攻。11 月 4 日，东征军收复潮州、汕头；28 日后，又攻占五华、兴宁、梅县、大埔，乘胜追击残部，直至福建永定一带。至此，陈炯明残部流窜于闽赣边，再也无力袭扰东江。与此同时，国民革命军另一部又先后消灭了邓本殷在高州、雷州及海南岛的部队。至此，广东革命根据地基本统一，为国民革命军进行北伐战争，奠定了可靠的后方基地。

郭化若所在的第一师二团驻守惠州。周恩来派总政治部主任萧鹏魂任惠州留守处主任。此时，郭化若的人生发生了重大的转变。郭化若回忆说："在惠州留守的近 3 个月，我结识了一些共产党人，有较多机会阅读了马列主义理论书籍和《向导》《新青年》等进步刊物，认识到只有共产党才是真心领导穷人闹翻身的政党，只有共产主义才能救中国，初步树立了为共产主义奋斗的人生观。同年冬天，我由缪芸人、廖翰平介绍，加入了中国共产党。"[①]

---

① 《郭化若回忆录》，第 5 页。

1926 年春，郭化若由黄埔军校入伍生考入炮兵科，10 月，以优异成绩毕业。在万人毕业典礼大会上，校方安排郭化若作为学生代表致"答词"。郭化若慷慨激昂地说："我们当永远站在革命观点上，站在民众利益上去努力奋斗！""我们要用枪炮向着敌人打去，用赤血洗净社会的污点，用头颅填平世界的不平。"①

根据黄埔军校优秀毕业生留校工作的规定，郭化若留校并被委任为炮兵第二队代理队长，在党内被选为支部书记、党委委员。

在黄埔军校，郭化若继续保持勤奋读书的习惯，各科成绩一直出类拔萃，而且写得一手漂亮的毛笔字。有一天，蒋介石检查学员的作业，当看到其中一本时，他翻了几页，就责备教官说："我今天是来看学员的作业的，你怎么把字帖混在一起送给我看呢？为何这么粗心？"

教官一愣，伸头一看，便笑了起来，解释说："校长，这不是字帖，这是郭化若学员的作业本。""是吗？"蒋介石顿时双眼一亮，赞叹不已："写得太好了。"蒋介石对学员郭化若印象深刻。

"在黄埔，他（郭化若）是公开身份的共产党员。然而因为这个缘故，这个黄埔军校第四期炮兵科大队最优秀的学生毕业考试分数被人为地压低，总成绩 79.8 分位居第二。第一名的总成绩只比他多 0.3 分，其中唯一品行一项比他多 12 分。好像国民党员的品行比共产党员要好。教员、学员不干了。为了平息众怒，黄埔军校校长蒋介石下了两个手令，调郭化若去当他的秘书。这是个待遇很高的职位——可以和蒋介石同桌进餐，而又不需要承担什么义务，不用发表声明，不用退出共产党。但是郭化若没有坐在蒋介石的饭桌前，他跟着共产党走。"②

郭化若回忆说："由于学习成绩优异和教官推荐，校长蒋介石两次下令调我去当秘书，我坚决回绝了。"③

---

① 《郭化若文集》，第 3 页。
② 魏猛《上马迎敌焰，下马治兵书——访〈孙子〉译注者郭化若将军》，原载 1987 年 8 月 3 日《人民日报》。
③ 《郭化若回忆录》，第 6 页。

北伐战火

为了实现国家统一，结束军阀割据局面，1926 年 7 月 9 日，国民革命军发布《北伐宣言》，正式出师北伐。

当时北洋军阀直系吴佩孚军约 30 万人，控制湘、鄂、豫等省和直隶保定一带；孙传芳军约 20 万人，盘踞赣、闽、浙、皖、苏五省；奉系张作霖军约 35 万人，占据东北三省、热河、察哈尔、京津和山东等地。吴、张勾结，控制北洋政府，在北方，向南口、多伦等地倾向革命的国民军进攻；在南方，吴佩孚增兵入湘，企图联合西南军阀，进攻广东革命根据地；孙传芳在赣、闽伺机行动。

北伐军总兵力 10 万人，蒋介石任总司令，李济深任总司令部参谋长，何应钦、谭延闿、朱培德、李济深、李福林、程潜、李宗仁、唐生智分任第一军至第八军军长。第七军驻广西，第八军驻湖南，其余 6 个军均驻广东。

国民革命军总司令部在加伦为首的苏联军事顾问建议下，制定了集中兵力、各个击破的战略方针，首先消灭吴佩孚军，然后歼灭孙传芳军，最后消灭张作霖军。部署以主力进军湘、鄂，另以第一军大部在广东汕头、梅县地区对闽警戒，第一、四军各一部和第五军大部留守广州。

1926 年 8 月，北伐军进入湖北，击溃吴佩孚主力，10 月 10 日，攻占武昌。与此同时，北伐军向江西进军。11 月，占领九江、南昌，一举歼灭了孙传芳主力。此时，闽、浙等省军阀纷纷倒戈。国民革命军誓师北伐仅半年，便控制了南方大部分省区。冯玉祥部控制了西北地区，将东出潼关策应。北伐战争大局已定。

郭化若回忆说："在北伐西路军中，叶挺独立团起了关键的作用。在贺胜桥战斗、汀泗桥战斗中，敌军扼险固守，都是由叶挺独立团奋勇打下的。西路军围攻武昌，敌顽强抵抗，又是调叶挺独立团去，黄埔军校炮兵科和工兵科也被调到了前线，终于在辛亥革命纪念日打下武昌。广东国民政府也就搬入了武汉。由于独立团连打胜仗，又归四军指挥，四军就被群众称为'铁军'。"①

《郭化若诗词选》中浓墨重彩地记载了北伐战斗的作品，计有《捣练子四阕》《七绝·巧夺汀泗桥》《破阵子·大战贺胜桥》《七律·攻克武昌》等，豪情满怀。

北伐军攻占武汉后，国民政府由广州迁到武汉，郭化若随之来到黄埔军校武汉分校。

1927年春，郭化若担任武汉分校炮兵大队第二队队长。后武汉分校缩编为教导师，郭化若任教导师炮兵连长。

蒋介石在上海发动了"四一二"反革命政变，接着汪精卫也在武汉发动了"七一五"反革命政变。轰轰烈烈的第一次大革命失败了，全国笼罩在白色恐怖之下。

---

① 《郭化若回忆录》，第7页。

第二章　激流归大海

风雨三河坝

1927 年 7 月下旬，隐蔽在炮兵连的原武汉分校中共党委书记陈毅冒着大雨找到了郭化若。他说，中共中央已经批判了总书记陈独秀的右倾机会主义，决定在南昌举行武装起义。郭化若经过请示军委批准，拟动员二十军炮兵指挥部的两个炮兵营参加南昌起义。

这两个炮兵营驻扎在江西九江附近，一个营长是郭化若的同学，新近入党；另一个营长是行伍出身的河南人。郭化若对动员他们率部起义有相当的把握。

就在郭化若加紧活动之时，南昌起义的枪声已经打响，起义部队在敌重兵进逼下向广东方向撤退。郭化若和其他 6 位共产党员一道，从武汉乘船顺江而下，8 月 6 日到达九江。

郭化若在九江码头遇到黄埔军校教育长杨树崧，他是国民党左派。他对郭化若说："你为什么还在这里？赶快走！"郭化若是公开的共产党员，九江不是久留之地，随时有危险。前往南昌与起义部队会合已经不可能，南昌及其周围地区已被国民党军队占据，他们无法通过。

于是，郭化若等人决定继续向东，到上海找党组织再定行止。不料，他们所乘轮船在上海浦东码头刚一停靠，就遭到国民党军警搜查。因为从郭化若箱内抄出一份文件，军警就把他控制在舱面上。郭化若镇定自如，从容应对，在国民党军警尚未发现他们的身份之前，先让同行的 6 人脱离了险境，自己则在滂沱大雨引起的一阵慌乱中，机智地夹在人群中冲出了码头。

几经周折，郭化若终于找到了组织。他向中共中央军委汇报了来上海的经过，陈述了自己希望参加南昌起义部队的想法。

在上海党组织的安排下，郭化若从上海乘船到达汕头，经过梅县，于9月下旬来到大埔县三河坝，赶上了起义部队。

千里汀江流经广东大埔西北，与梅江、梅潭河三江并流向南，名称也为之一变，叫"韩江"。三江交汇处，就叫"汇城"，也叫"三河坝"。

三河坝扼闽、粤、赣三省出海要冲，两岸山峰耸峙，历来为兵家必争之地。

《清廷稗珠录》记载："宋置三河口盐务于此，元为三河站，明洪武九年（1376）设三河巡检司。"明嘉靖四十二年（1563）耗银四千两，历时一年另三个月，在三河坝筑成一座长近四里、高一丈二尺的城池，名"三河镇城"，驻以重兵。非县治以上而筑城者，广东只有两处，另一处在饶平县黄岗。清朝初年，总兵吴六奇在三河坝设立行营长期扼守，并在东门一带加高城垣，增筑城楼、雉堞，改名为"汇城"。汇城有四门，东门"永清"、南门"宣和"、西门"镇守"、北门"拱极"。清《一统志》记载："三河坝市，贸易者星布，为县巨镇。"清同治《大埔县志》卷十八《艺文志》载："三河，西通两粤，北达两京，盖岭东水陆之冲也。嘉靖初年，于镇北三十里建大埔县治以辖之，四境宁谧，生齿日繁，商舶辐辏，遂称雄镇。"

三河坝有一些名胜古迹。汇城凤翔山麓有中山纪念堂。1918年3月，孙中山先生从潮汕乘"协和号"邮轮到了三河坝，与驻扎于此的粤军总司令陈炯明商议联合粤、桂、滇三军挥师北伐。

这就是三河坝的相关历史。多年以后，三河坝成为南昌起义部队前进途中的一个重要"节点"。

1927年8月1日凌晨，在中共中央前敌委员会的领导下，贺龙、叶挺、朱德、刘伯承等率领党所掌握和影响的军队在南昌举行起义。起义军经过4个多小时的激战，肃清守敌3000多人，缴枪5000余支，控制了南昌城。

这天上午，按照中共中央前敌委员会指示，成立了中国国民党革命委员会，设立参谋团，立即调整了起义军编制。经过整编，国民革命军第二方面军下辖3个军，即第九军、第十一军、第二十军，全军2.3万人。

8月3日，南昌起义部队为执行中共中央关于南下广东，重建广东革命根据地的战略计划，开始撤离南昌，南下作战。

由于仓促南下，起义军未能及时整顿和稳定部队，在到达江西进贤县李家渡时，第十师作为南下先头部队，在师长蔡廷锴率领下折向赣东北，脱离了起义军。在此前后，起义军逃亡、病患、掉队不断，到达抚州时，已减员6000多人。

时任南昌起义革命委员会委员兼秘书厅秘书长的吴玉章回忆："从8月3日起，南昌起义的部队开始了南征。那时天气很热，加以群众受反革命宣传的影响，相率逃避，以致沿途很难买到饮食。因此，行军极为艰苦，生病的人很多。同时，宣传工作做得很差，士兵不明了行军的意义，不少人偷偷地开了小差，仅仅行军几天，部队就几乎损失了实力的三分之一。"[①]

8月底至9月初，起义军在赣南瑞金、会昌地区与前来堵截的粤军激战，歼敌6000多人，自损近2000人。其间，第二十军第二师第五团叛逃。至此，起义军只剩1万多人了。

时任南昌起义军二十四师教导大队第三队党代表李逸民回忆："会昌一战，打垮钱大钧部4个师，缴了5000条枪。司令部把这些枪交给我们大队，由粟裕同志带一个班装上船，押送去东江。后因起义军失败，这部分枪支丢掉了。"[②]

9月24日，起义军进入广东潮汕地区。敌军以逸待劳，在潮汕附近集结兵力，并在英、美、法、日等帝国主义军舰的配合下，向起义军进攻。起义军主力在揭阳以北汤坑附近的白石地区与敌作战，损失惨重，被迫退向普宁流沙。10月3日，起义军在向海陆丰转移途中，在乌石再遭截击，损失重大。

就在第二十军第三师等主力部队在潮汕地区作战的同时，朱德率第二十五师留守三河坝牵制敌人，掩护侧后安全。

---

① 《南昌起义》，第210页。

② 《南昌起义》，第295页。

艰难困苦之际，郭化若找到了起义部队。他在回忆录中说："我经一个在教导团当连长的同学介绍，在三河坝见到了朱德同志。后来，我又被派到刚被起义军占领的汕头。一个夜晚，我同另一个参谋被临时委派到汕头火车站守电话机。参谋团命令潮汕我军和赤卫队密切配合，坚决阻击追敌。命令我们不断和阻击部队联系，随时将情况向参谋团报告。从电话里得悉阻击部队受到兵力数倍于我之敌军的压迫，正在沿潮汕铁路线，依靠各个火车站和河流（铁路桥）组织抵抗。战斗愈打愈激烈，我军被迫节节向南转移，距汕头已不远。前方最后的报告是：敌军从我东西两侧平行追击，已将我后卫包围。半夜电话不通了。我军在汕头的一些部队和机关，也已由汕头撤退完毕。我和那位参谋同志见汕头市内已寂无一人，就在拂晓最后撤离出来。此后，我按照党的指示，护送一批同志到上海疏散。"①

三河坝之战，起义部队的主要敌手是钱大钧。

钱大钧（1893—1982），字慕尹，江苏吴县人，国民党军陆军中将加上将衔。钱大钧早年积极参加反清倒袁，后在军阀混战中为蒋介石效力，是黄埔军校建校筹备成员之一。1924年6月，黄埔军校正式开办，钱大钧历任中校教官、代理上校总教官、校本部参谋处少将处长等职。

钱大钧颇有儒将风度，具有较高文学素养，精于古文。蒋介石的作战文书多出自他的手笔。钱大钧、何应钦、顾祝同、蒋鼎文、陈诚、陈继承、刘峙、张治中被称为蒋家王朝的"八大金刚"。

钱大钧在东征战役中，因善战擢升。

1927年10月17日《申报》载有《钱大钧指挥部自三河坝电》："本月二日上午十一时，本军一部与敌第二十五师及第九军朱德残部，约4000人，相持于大麻三河坝附近（大埔境）。约数小时，敌势不支，我军除将敌大部缴械外，其余残部暂向我军右翼移动，似欲向潮汕溃退。"②

---

① 《郭化若回忆录》，第12页。
② 《南昌起义》，第528页。

大埔三河坝阻击敌军的第十一军第二十五师和第九军教导团4000多人在朱德、周士第、李硕勋等率领下，与敌钱大钧部2万多兵力激战三昼夜，歼敌1000多人，完成了掩护主力的任务，遭受严重损失后，师团建制还在，有2000多人，撤至饶平，与由潮汕撤出的第二十军第三师余部200多人会合，经闽粤边界的平和、永定、武平象洞向西北转移。钱大钧的2个师紧紧尾追。10月17日，起义军在武平县城外打退敌2个团的进攻。后起义军在朱德率领下攻破石迳岭隘口，转进赣南。

《聂荣臻元帅回忆录》写道："9月24日，我军占领潮汕。可是，在向潮汕进军的时候，竟做出分兵的决定。由朱德同志指挥周士第的第二十五师留守三河坝，钳制敌人。其实，今天看，为守三河坝而留下我们最强的主力师是完全不应该的。"①

《朱德自述》记载："我们在三河坝也打得很厉害，得知主力在那面（潮汕）失败，我们也就撤下来了。这时潮安、汕头复被敌人抢去。我们陆续打了几天，收容了由潮汕撤下来的残余部队，即刻向福建、江西退却，准备打游击战，不再打正规战……由福建上杭向江西。这时敌人来两个师追赶，一直到武平，打了一仗。从此，再退下去，就没有再打仗了。我们向筠门岭走信丰、大余。11月间，一直退到崇义县上堡山上去。这是我们失败时做了有秩序的退却的第一步。"②

今天，在韩江东岸笔枝尾山顶建有"八一南昌起义军三河坝战役烈士纪念碑"。纪念亭对联很有气派："望三水回环，滚滚波涛疑战鼓；仁笔峰远眺，层层峦嶂似丰碑。"

时隔多年之后，儒将郭化若为纪念南昌起义，写了一首七绝："名城秋暖树红旗，一夜枪声顽敌墬；高阁腾王今在否？红军威望九州驰。"③

第二章 激流归大海

· 17 ·

上海·莫斯科·闽西

南昌起义失败了。1927年11月下旬的一个晚上，困在上海的郭化若在宿舍门缝下看到了一张纸条，上面写道："黄埔滩有船等你。"郭化若打开门，并不见来人。思考再三，他按纸条指示线路，来到黄埔滩，看到一条苏联客轮停泊在江上。刘伯承站在跳板前，向郭化若招手。原来，中共中央派刘伯承带队，率郭化若等20多人到莫斯科学习。

1928年春，刘伯承、郭化若一行到达了莫斯科，郭化若被安排在炮兵学校学习。国内来人向郭化若介绍了湘赣革命根据地的斗争情况，郭化若深受鼓舞，尤其是毛泽东在井冈山打胜仗的消息如磁石般吸引着他。在此期间，中山大学拥护王明一派的学生老是纠缠郭化若他们，大搞宗派活动。郭化若回忆说："他们先是拉我，我看不惯他们的宗派活动，不愿接近他们，他们就开始打击我。我想，与这些人瞎斗，不如早点回国参加战争。但要求回国又得不到批准。怎么办？我经过考虑，决心犯一点小错误，当然是行政错误，不是政治错误，以便被遣送回国。"

一个星期天下午，郭化若到陆军大学找到刘伯承商量，叶剑英也在场。他们都不同意郭化若的这个方案。郭化若说："舍此别无办法了。"

第二天，郭化若故意旷课，校长立即找他谈话。郭化若提出了回国请求。校长说："先上课。如不上课，就送你去坐禁闭。"郭化若坐了一个星期的禁闭，学校同意他回到中国。郭化若离开了莫斯科。

《一代儒将——郭化若纪念文集·郭化若生平活动大事年表》记载："（1928年）11月下旬，被派往苏联学习。次年春，进入莫斯科炮兵学校。同年回国。"

《郭化若回忆录》说："到井冈山革命根据地去，参加朱毛领导的红军，这是我在由苏联回国途中就拿定的主意。"

1927年大革命失败后，国内政治局势急剧逆转，中国革命进入低潮。八七会议后，毛泽东作为中央特派员到湖南改组省委，并发动和领导了湘赣边界的秋收起义。在攻打中心城市受挫后，以毛泽东为书记的前敌委员会当机立断，毅然改变原定部署，决定到敌人控制比较薄弱的山区寻求立足地。

10月，毛泽东率领湘赣边秋收起义的工农革命军到达罗霄山脉中段的井冈山地区，开展游击战争，进行土地革命，恢复和建立共产党的组织，建立革命政权和赤卫队。与此同时，经过团结、教育、改造工作，将袁文才、王佐两支农民自卫军改编入工农革命军。1928年4月底，朱德、陈毅率领南昌起义军和湖南农军由湘南到达井冈山，同毛泽东领导的工农革命军会师，合编为工农革命军第四军，后改称"红军第四军"。5月，组成了毛泽东为书记的中共湘赣边界特别委员会。接着，成立了袁文才任主席的湘赣边界苏维埃政府。红军在赤卫队和人民群众配合下，接连打退了江西国民党军的多次"进剿"。至6月，井冈山革命根据地拥有宁冈、永新、莲花3个县，和遂川、酃县、吉安、安福等县的部分地区。之后，又打退了湘赣两省国民党军的两次"会剿"。12月，彭德怀、滕代远率领红五军主力到达井冈山，同红四军会师。此后，红军粉碎了敌人的多次"围剿"，根据地不断扩大。

《郭化若诗词选》收录了歌颂井冈山斗争的两首七绝。其一为《翠岗红旗》，诗曰："罗霄山上树红旗，遍告九州万众知；起伏峰峦处处路，出奇制胜好为之!"其二为《朱毛会师》，诗曰："朱毛会师事亦奇，风雪关山几险夷？聚集精英三千众，凌云高耸舞红旗。"[①]

1929年春，郭化若到达上海，找到了党中央，提出了前往井冈山的请求，得到批准。5月，郭化若孤身一人从上海前往江西南昌。在两个多月的时间里，郭化若几经努力，还是没有和江西省委联系上。考虑到敌人的层层封锁，独自寻找红军的计划难以实现，郭化若只得返回上海。在上海，郭化若得知，朱毛红军为粉碎敌人的"会剿"，主力部队已经离开了井冈山，前往赣南闽西开辟革命根据地，此时正转战闽西。

---

① 《郭化若诗词选》，第24—25页。

朱毛红军主力是 1929 年 1 月 14 日离开井冈山的，一路绕道大汾、崇义、大余，向吉安地区挺进，遭到赣军第二十一军十五旅等部的袭击。为了摆脱险境，毛泽东、朱德率领部队沿赣粤、赣闽边界挺进，于 2 月 9 日到达瑞金以北大柏地、隘前地区。此时，尾追红军之国民党军第十五旅 2 个团由旅长刘士毅率领也自澄江进抵瑞金。红四军前委决定，乘该旅态势孤立，在大柏地附近将其歼灭。

红四军各部按照前委部署，以大部兵力在敌必经之大柏地附近谷地两侧，占领有利地形，以一个营兵力在隘前警戒。2 月 10 日 15 时，赣军第十五旅进至大柏地隘前南侧时，与红四军警戒分队接触。红四军警戒分队且打且退，将其引至大柏地附近。红四军完成了对敌包围，并以夜战、近战攻击敌军。

2 月 11 日晨，红四军主力向大柏地之赣军发起猛烈攻击，经数小时激战，歼灭该旅大部，俘获团长以下 800 多人，缴枪 800 余支，初步扭转了被动局面。

《朱德自述》记载："下午，又打了一仗，退到了大柏地，决心在这儿打击敌人。可是等了一天，敌人并没有来。将将折回大柏地休息，他们又来了。正是过旧历年的晚上，老百姓都在过年，我们却没有钱用。这一夜没有到拂晓，便拼命地一打，就打开了。敌人有两个团的兵力，追了好久，不过一点钟光景，就把敌人包围在里面，枪也都缴到了。敌人一共有一个旅，其余的人也打垮了。谁知缴到的净是一些烂棒棒枪。这些赣军遭受了打击，到处乱窜。"①

大柏地战斗的胜利，扩大了红军的政治影响。战后，红四军挥师北上，同江西红军独立第二团会合。

4 年后，即 1933 年夏，毛泽东创作了《菩萨蛮·大柏地》，作品充满了胜利者的豪情。词曰："赤橙黄绿青蓝紫，谁持彩练当空舞？雨后复斜阳，关山阵阵苍。当年鏖战急，弹洞前村壁。装点此关山，今朝更好看。"

---

① 《朱德自述》，第 118 页。

1929年3月14日，朱毛红军在长汀城南长岭寨全歼福建第二混成旅，击毙旅长郭凤鸣。此役，红军俘敌2000多人，缴获甚丰。艾格尼丝·史沫特莱在《伟大的道路》一书中记载："许多有关长汀的情景铭刻在朱德的记忆里……在缴获的武器中，有2000支步枪和几十挺机关枪都是崭新的，而且是日本造的。"接着，红军乘胜进军长汀。

长汀县，别称"汀州"，简称"汀"，是客家人聚居地，世界客家首府，地处闽赣边陲要冲的福建西部山区、武夷山南麓，南与广东近邻，西与江西接壤。唐开元二十四年（736）置汀州。自盛唐到清末，长汀均为州、郡、路、府的治所。这里经济比较发达，此后成为"红色小上海"。

在长汀，红四军得到很大补充，全军上下每人缝制了一套军服，军容一新。红四军占领长汀县城后，建立了长汀县革命政权。红四军主力也进行了整编，第二十八团大部编为第一纵队，余部与特务营合编为第二纵队，第三十一团编为第三纵队，全军共3000多人。

3月底，红四军会师赣南，先后攻占了瑞金、于都、兴国、宁都等县。至5月，赣南苏区初步建立起来。

在养精蓄锐之后，5月，红四军从瑞金出发，经濯田、新泉，向福建龙岩进攻，三打龙岩，三战三捷，逐步建立了以上杭、永定、龙岩等县为中心的闽西革命根据地。闽西特委领导的地方武装上升为正规红军，编为红四军第四纵队。

克漳平初露锋芒

郭化若于1929年8月2日到达龙岩。这一时间的事情，他在回忆录中写得极为详尽。到达龙岩后，他找到了红四军第三纵队的纵队长伍中豪。

伍中豪（1905—1930），名昭荪，衡州耒阳人；其父系清末秀才；3岁丧父，受母教识字，学习诗文，后入县立第一高小读书；1920年毕业于衡阳市岳云中学；后考入北京大学文学院，在李大钊教诲下，加入社会主义青年团，走上革命道路。

1925 年 5 月，伍中豪考入黄埔军校第四期。毕业后他被派到广州农民运动讲习所任军事教官，结识了时任国民党中央宣传部代部长、广州农民运动讲习所所长的毛泽东。毛泽东与伍中豪搭铺，同睡一张床。伍中豪诚恳地对毛泽东说："我这一生就跟定了您！"

1927 年 9 月，伍中豪参加湘赣边秋收起义，任中国工农革命军第一师第三团副团长兼第三营营长，率部首攻白沙告捷。起义失败后，部队在文家市会师，伍中豪坚决支持毛泽东转兵农村，建立革命根据地的主张。在建立井冈山革命根据地的过程中，伍中豪参加指挥大小战斗近百次。他英勇善战，打了许多胜仗。

1928 年 6 月，伍中豪率红四军第三营到永新夏幽，分兵做群众工作，打土豪，分田地，建立了夏幽工农兵政府和中共特别支部。夏幽成了根据地一面旗帜，为毛泽东写《永新调查》提供了资料。毛泽东多次在根据地干部会上，表扬伍中豪能打仗，会做群众工作，是文武全才。

1928 年 12 月，蒋介石调集 6 个旅团"围剿"井冈山根据地。1929 年 1 月 4 日，红四军前敌委员会在宁冈白露召开会议，决定红五军与红四军的第三十二团留守井冈山，红四军第二十八团、第三十一团突围向外发展，以牵制敌人。突围的红军向何处去发展，成了会议争论的焦点。有的主张向赣北去，有的主张向赣东发展，也有的主张到湘南去。第三十一团团长伍中豪参加了这次会议，力主向赣南突围。

1930 年春，毛泽东在赣州楼梯岭会议上说："红军在赣南有今日之发展，伍中豪应记第一功，他是力主到赣南来的。"3 月 20 日，红四军改编，伍中豪任第三纵队纵队长。

伍中豪与林彪并称为红军中的"两只雄鹰"，与林彪、黄公略、彭德怀并称为朱毛红军"四骁将"。

郭化若找到伍中豪的情形，一些文学作品的描述颇有戏剧性，说是郭化若被红军战士作为敌军探子抓了起来，路遇伍中豪，觉得面熟，遂大声呼救。伍中豪也觉得这个敌军探子似曾相识，经过了解，确认郭化若是黄埔军校第四期的同学。

《郭化若回忆录》记载："8月2日,找到了红四军第三纵队。纵队长伍中豪是黄埔四期的毕业生,算是我的同学,但不相识。见面后谈起黄埔的情况,他打开黄埔同学录一查,果然第四期炮兵队中有我的名字'郭俊英',还有照片。他非常热情地款待我,并坦率真诚地介绍了红军当时的情况和一些争论的问题。"[1]

1929年6月22日,在福建龙岩县城举行了红四军第七次党的代表大会。伍中豪提出就红四军内存在的关于建军思想和建军原则的分歧进行讨论,问题未能得到正确的解决。

此时,蒋介石正加紧调兵遣将,对闽西苏区进行"会剿",赣敌金汉鼎部、粤军蒋光鼐、蔡廷锴部分别向长汀、永定、上杭境内集结,闽军张贞部由南靖、和溪向龙岩推进。6月30日,蒋介石电令赣军金汉鼎为"三省会剿"总指挥,命令"三省军队共同一致,不事推诿,以为一劳永逸"。7月17日,国民党福建省主席杨树庄召开军事会议,汇集1万多兵力,分两路向闽西逼进。

7月29日,新当选的红四军前委召开了紧急会议。为打退敌人的"三省会剿",红四军兵分两路,一路留在闽西,缩小目标;一路离开闽西,分散敌人的力量。会上还同时确定陈毅赴上海向党中央汇报工作,前委书记暂由朱德代理,毛泽东转移到乡间养病,同时指导地方工作。

红四军前委决定第一纵队、第四纵队留在闽西,军部率第二纵队、第三纵队出击闽中。

这是朱德和郭化若第二次见面了,前次见面是在粤东的三河坝。风风雨雨,老战友异地重逢,自然是感慨良多的。朱德对郭化若说:"你来得正好,部队正是用人之际。"又说:"你是黄埔高才生,第二纵队组建不久,缺干部,是不是先去那里工作一段时间?当参谋,怎么样?"郭化若表示服从组织安排。朱德盛情地邀请郭化若共进晚餐。

8月3日上午,郭化若马不停蹄地赶到了连城第二纵队驻地。此时的

---

[1] 《郭化若回忆录》,第16页。

部队，正整装待发。

红四军第二纵队的纵队长是刘安恭。

刘安恭，字季良，四川永川人，其父为辛亥革命后永川第一任民选县长；幼时随父迁居成都，后赴德国留学，进入柏林大学攻读电机工程专业，在柏林加入了中国共产党；1927年，参加了"八一"南昌起义；起义军南下广东后，被派往苏联高级射击学校学习；1929年初，从苏联回国，被中共中央任命为特派员，带着六大文件和中央致红四军前委函，前往赣闽地区；经过长途跋涉，于4月3日到达瑞金红四军军部；1929年3月，红四军整编，被任命为第二纵队参谋长；同年5月下旬，前委决定重新成立红四军临时军委，被任命为临时军委书记兼红四军政治部主任；6月下旬，红四军党的第七次代表大会上，被选为前委委员；不久，调任红四军第二纵队纵队长。

刘安恭担任临时军委书记兼红四军政治部主任职务的时间很短。《陈毅年谱》记载："（6月8日）出席前委在白砂召开的扩大会议。因大部分同志对刘安恭在不久前主持军委会议做出的一条决定，即要求前委只讨论行动问题，不要管其他事表示不满，会议以36票赞成、5票反对的压倒多数撤销了临时军委。军委书记刘安恭自然免职，其兼任的红四军政治部主任一职，亦由陈毅接任。"①

刘安恭对郭化若的到来，表示热烈欢迎。他握着郭化若的手说："我们早向前委要求派得力的参谋来，今天总算盼来了。"

第二纵队于下午开拔，在白砂与第三纵队合兵一处。朱德亲自指挥部队，连续打下宁洋、漳平两座县城，休整了8天之后，进军闽中大田、德化。

郭化若回忆道："部队到了德化之后，行动更加困难，到处是土匪窝，炮楼很多，常遇歹徒袭击。适逢酷暑，红军病号增多，火炮抬不动只好丢弃。有些战士连步枪也背不动，只得给土匪拾走了。群众未发动起来，又得不到外面的消息，而且闽江水深，无法过江。红四军便决定放弃游

---

① 《陈毅年谱》，第133页。

击赣浙皖的计划，返回闽西苏区开展斗争。闽中之行，我们损失300多人、100多支枪。"

根据《闽西人民革命史》记载，红四军回师闽西的一个重要原因，是前委此时接到了中共闽西特委的来信。信中说，闽中山河险阻，无群众基础，如红四军"过了江，则敌消息灵通，交通便利，更有受大军包围的危险"，因此建议"前委再调四军回闽西"。

8月下旬，红四军第二、三纵队在永春福鼎村休息数日后，突然杀了一个回马枪，在溪南歼灭了尾随之敌张汝匡旅的1个团，紧接着，准备再次攻打漳平。

漳平之战中，郭化若的军事才能初露锋芒。

《郭化若回忆录》记载："在回归途中，部队于8月29日攻占溪南，歼敌1个团。前委又决定第二天打漳平。据侦察员报告，漳平只有敌军1个连驻守，便将任务交给了第二纵队。纵队长刘安恭召集支队长会议，研究了敌情和打法，但有点轻敌，确定由耿恺率第四支队（相当于1个营）前去攻打。由于跑错了路，累了一天毫无结果。"[①]

这样，刘安恭就将第四支队攻打漳平城的指挥权，交给了郭化若。刘安恭说："郭参谋，明天由你带第四支队去，一定要完成任务。"

为加大把握，刘安恭还给郭化若"加强1门迫击炮"。

8月31日晨，郭化若率领部队从溪南出发，悄悄来到漳平城郊。

漳平是一座闽西山城，紧靠九龙江北岸，九龙江由西向东绕城而过，东北面有军事制高点东山塔尖，后隔仙草寮顶、高明寺尖等，南面有一条浮桥通过，可谓易守难攻。当年，太平军1万多人从南面永福方向隔江攻城，打了三天三夜，铩羽而归。故民间有"铁上杭，铜漳平"之称。

郭化若和耿恺（1931年牺牲）在山头观察地形后，决定从北门攻打。战斗打响，敌火力强大，进攻受挫。郭化若审问俘虏后得知，漳平城由敌暂编第一旅的1个团长带1个营和1个迫击炮连防守。兵力对比，敌人稍强。

---

① 《郭化若回忆录》，第18页。

按战术原则，应该用 1 个团的兵力攻城。郭化若认为，部队已经处于进攻状态，不宜中途撤下。于是，郭化若一面向纵队报告情况，一面继续攻击。在激烈的战斗中，第四支队的迫击炮击中了敌指挥所，将敌团长击毙。敌军立即陷入混乱，郭化若乘势指挥部队攻入城门，全歼守敌。这一仗缴获甚丰，共计武器装备 600 多件，其中重机枪 4 挺、迫击炮 6 门。

漳平之战，以少胜多。朱德当晚签发命令，任命参加红军才 23 天的郭化若为第二纵队参谋长。

第二天，红四军进抵漳平南部重镇永福。此地是著名的花果之乡，素来富庶。红军为筹款，向土豪、商人借款，革命胜利后如数归还。仅仅两天，就筹款 3 万余元大洋。这说明是时红军经济困难。

漳平市委党史和方志研究室邱水才著《郭化若同志在闽西第一次"三省会剿"中》，记载了红军永福借款的一个小插曲。

话说当时永福有个大土豪陈大浩，人称"百万富翁"。红军要向他借大洋 1000 元。他说这是"老虎借猪"，必定"有去无还"。于是，他逃入了大土堡"长青楼"里。

长青楼又叫"乌楼"，位于永福南部李庄村，始建于明朝嘉靖十九年（1540）。楼高 12 米，地基用花岗岩条石砌基，高 3 米，墙基厚 2.5 米，环楼挖有水深 4 米的壕沟。楼内第三层中堂上挂有一匾额"长青楼"，两边挂一幅行书木刻金字对联："长夜倚楼头看河水回环歌罢谪仙捉月；青天点牖上喜星辰联络光涵柱史高风"，笔画雄浑苍劲。据《李氏族谱》记载，十一世李桂林和十二世李跃初两代人共花白银 24 万两建成此楼。

长青楼坚固庞大，强攻有一定难度。刘安恭下令搬运堆积千担芦毛草，要用火攻。郭化若说："土楼是民间用来抗暴避匪的，烧土楼不得人心！土楼无罪。"朱德觉得郭化若言之有理，遂下令不得火攻长青楼。长青楼得以保全，今为漳平市级文物保护单位。当时，刘安恭放弃了烧长青楼，转而放火烧了土豪的房子，陈大浩的住宅仿苏州园林建造，号称"永福大观园"，大火三天三夜不熄。

红军三打龙岩时，龙岩"爱华医院"的美国医生夏礼文、赫尔曼、理查德等人躲进了永福基督教堂。刘安恭说他们是帝国主义分子，要抓来枪毙。郭化若劝说道："美国政府与中国共产党为敌，支持蒋介石屠杀中国工农，但美国人民曾罢工进行反对。美国人民是友好的，美国医生无罪。"3个美国医生被释放了，朱德召见了他们，命令秘书长谭政给他们每人100元作路费，礼送他们出境。

红四军在溪南、漳平、永福等地的胜利，把敌人"三省会剿"的包围圈撕开了一个大缺口。这几仗"风声所及，遐迩震惊"。杨逢年旅只有1个团侵占龙岩。杨逢年是个狡匪，就在朱德率部占领永福的当天，见势不妙，连夜弃城逃回闽南老巢。

张贞部的正面进攻被红四军击败了。粤军陈维远部占领永定湖雷后，3个团被红四军第一、四纵队的游击战术搞得晕头转向，处处被动挨打。该敌见张贞部溃败，急忙率部返粤。赣敌金汉鼎部占领长汀、连城后，不敢向前推进，固守城内不出，见大势已去，也溜之大吉。喧嚣一时的"三省会剿"以破产告终。

攻打铁上杭

打破国民党军"三省会剿"之后，闽西红色根据地日益巩固，但是闽西上杭县城仍被土著军阀卢新铭部盘踞。

上杭城位于汀江中游西岸，城墙坚固，三面环水。当地客家民谣说："铜铁上杭，固若金汤；东无退路，西无战场。南有河道，北有池塘；嘱咐子孙，莫打上杭。"上杭，又叫"铁上杭"。

卢新铭（1898—1951），字慕汤，福建长汀河田人，其父为轿夫，在县城开店抬轿谋生；6岁随其父迁居城关；11岁进纸店当学徒；18岁外出当兵；后赴沙县投靠同乡郭锦堂部队，历任班、排、连、营长；1924年冬，郭锦堂病逝，其弟郭凤鸣继任旅长，卢新铭被擢升为团长；1929年3月，红四军入闽。长岭寨一战，郭凤鸣被击毙，其收拾残部，逃往上杭，自任福建省第二混成旅旅长，率2000多人在上杭城凭险固守。

为扩大红色区域，拔除上杭县城的"白旗"，中共闽西特委和上杭县委在红四军出击闽中期间，集合了红四军第一纵队一部及上杭全县的红色武装，在傅柏翠、谭震林、刘瑞生的率领下，两次围攻上杭县城，但久攻不下，被迫撤离。

1929年9月中旬，朱德率部返回闽西后，根据闽西特委和上杭县委的请示，红四军前委决定集中兵力，打下上杭县城。

9月上旬，红四军4个纵队在上杭白砂集结。9月18日，各部秘密抵达上杭城郊。朱德主持前委会议，制定攻城作战计划，并与城内党组织取得联系。19日，朱德与其他指挥员登上山头，仔细察看战斗地形，召开支队以上干部会议。朱德在会上指出："卢新铭武器装备好，地势对他们有利，工事坚固，但其内部腐败透顶，只要我们组织严密，趁黑攻击，猛冲猛打，当可攻下。"接着，朱德宣布了攻城战斗方案：第一纵队攻打西门，以迫击炮猛轰，吸引敌人主力；第二、三纵队主攻北门；第四纵队一部配合赤卫队攻取东门，另一部和赤卫队佯攻南门。朱德强调："卢新铭是闽西最后一个土皇帝，为了巩固闽西根据地，我们要坚决拿下上杭城。"

19日，红四军及赤卫队、运输队、担架队共1万多人云集上杭城东北地区，在汀江东岸隐伏。上杭县城驻敌毫无觉察。

20日半夜1点，总攻打响，激烈的战斗持续到破晓，上杭东、西城门首先被攻破，接着，红四军突破了北门，几路人马迅速向城内合击，消灭残敌。

红军攻克"铁上杭"，打破了汀江天险的神话。这次战斗，除卢新铭带20多名随从潜逃外，守城之敌全部被歼，红军缴枪1000多支。

郭化若作为第二纵队参谋长，参加了这次战斗。《郭化若回忆录》之《漳平之战和上杭之战》记载了战斗经过："打下上杭，拔除了苏区西部的一个大白点，红军有了一个休整的安全环境。"

《朱德年谱》记载，上杭战斗结束后，朱德"在县衙门前的广场上主持召开军民祝捷大会，在会上发表讲话，宣传党的十大纲领，动员群众拆掉城墙，保卫土地革命胜利果实"。于是，"广大农民立即行动起来，星夜参加拆墙活动"①。

9月下旬，为制定红军法规、加强红军的建设，朱德在上杭太忠庙主持召开了红四军第八次党的代表大会。由于会前缺乏必要的准备，会上又缺少组织和引导，而是采取"自下而上的民主制"，政治上失去领导中心，致使会议开了3天，争论不休，没有取得多少积极成果。最后，会议进行前委选举。"为了要各纵都要参加人，决定选举17人，在大会上临时来推选，把新由中央派来四军工作的同志张恨秋、谭玺、郭化仁等一齐选为委员。"②

文中提到的"郭化仁"，即"郭化若"。郭化若成为红四军前委17位委员之一。

《闽西人民革命史》记载："红四军的八大没有开成功，未能达到解决红四军存在的各种非无产阶级思想的目的。朱德在实践中强烈感觉到红四军的工作离不开毛泽东，确立政治上领导中心也离不开毛泽东。于是，朱德责成郭化若等3人联合写信给毛泽东，让毛泽东回到红四军重新主持前委工作。"

《郭化若回忆录》之《古田会议》，将其亲见亲闻的红四军七大、八大、九大联系起来叙述。其中说："三打龙岩后，暂时有了一个较安全的环境，6月22日便召开了红四军第七次党代表大会，试图用会议形式解决争论问题。第四纵队纵队长傅柏翠告诉我，开七大的头天晚上，前委开了扩大会，他晚到了10多分钟，会议已经是陈毅在主持。林彪给前委写了一封信，油印散发给到会的人。信是批评朱德，拥护毛泽东的。朱、毛在会上没有怎么讲话，朱德在个别问题上做了点解释。会上有的批朱，有些批毛，最后推荐第二天大会主持人是陈毅。七大开了一天，陈毅把头天晚上大家发言的意思综合起来，做了报告。之后有几个人发了言，没有怎么讨论就结束了。陈毅讲：'一个晋国，一个楚国，你们两个大国天天在打架，我这个郑国在中间简直是不好办。我还是希望你们两个方面团结。'大会选出的红四军前委会在选书记时，中央指定的毛泽东未被

① 《朱德年谱》，第159—160页。
② 《红四军部队情况报告（1929年7月—1930年4月）》。

选上。""七大以后，红四军政治工作大为削弱。我8月上旬到二纵后，基层干部和士兵都有所议论，非常惦念毛泽东同志。出击闽中失利后，部队出现了思想混乱。9月下旬，在朱德同志主持下，在上杭太忠庙召开了红四军党的八大，会议'无组织状态'开了3天。当时前委什么都是'民主'大家要怎么干就怎么干，自然毫无结果。朱德曾写信要毛泽东回来。毛泽东回信说，我不能随便回来。这封信我看过。红四军八大前开了一次前委会，对要不要毛泽东同志回来的问题争论很激烈，刘安恭攻击毛泽东。我当时还不认识林彪，我问朱云卿：'林彪来了吗?'朱云卿说：'这样的会，林彪从来不参加。'我便提出一个折中方案，由我和彭祜，还有东江的一位同志联名写信，请毛泽东同志回来。"

冯光宏编著的《十大参谋长——将帅传奇人物纪事》写道："郭化若见会议这样下去不是办法，就建议用折中的办法，由他和彭祜联名写信请毛泽东回来主持工作。大家听了他的意见后，一致表示赞同。随后，彭祜起草，而后与郭化若一起修改，两人写了一封请毛泽东回红四军的信。信的内容大意是：我们代表中国工农红军第四军的基层干部战士，谨向你致以诚挚的问候。今年1月初，你和朱军长率领部队进攻赣南，相继开创了赣南和闽西革命根据地，出现了朝气蓬勃的局面。七大以后，你离开了红四军的官兵，我们广大的基层干部战士无时无刻不在思念你。红四军的工作离不开你的建军思想与一套做法。我们热忱地盼望你早日回来主持红四军的工作，率领我们继续革命，取得最后胜利。"[1]

《朱德年谱》记载："（1929年9月下旬）在上杭太忠庙（现城东小学）主持召开红四军第八次代表大会……会上做出请毛泽东回来主持工作的决议。会后，在请毛泽东回红四军主持工作的信上签名，并将此信发出。正患疟疾的毛泽东接到信后，坐担架回到上杭。这时八大已开完。毛泽东因病不能随军工作，住在临江楼继续养病。朱德常去临江楼看望毛泽东。"[2]

毛泽东是从永定金丰大山赶到上杭县城的。

---

① 《十大参谋长——将帅传奇人物纪事》，第336页。
② 《朱德年谱》，第161页。

《毛泽东年谱》记载："8、9月间，到达闽西著名的永定金丰大山，住在只有十来户人家的牛牯扑一个小竹寮里……毛泽东亲笔在一块木板上题写'饶丰书房'，把它挂在门口。"[1]

临江楼，位于上杭县城关汀江浮桥门码头边。蜿蜒的汀江穿城而过，在一棵百年老榕树的映衬下，一栋三层白墙平顶、拱形廊檐的西洋式小楼临江而立。此楼原本是行栈"广福隆"的货栈，占地约300平方米，是上杭县城著名的"小洋楼"，现为福建省文物保护单位。

1929年9月下旬，身患恶性疟疾的毛泽东是由几个赤卫队员用担架抬着，一路从永定合溪经由上杭溪口、庐丰抬到上杭城关的临江楼。

此时正值重阳节前夜，毛泽东是第四次来到上杭。这次，毛泽东在临江楼居住了近20天，并在临江楼上写下了著名的《采桑子·重阳》："人生易老天难老，岁岁重阳。今又重阳，战地黄花分外香。一年一度秋风劲，不似春光。胜似春光，寥廓江天万里霜。"

转战东江

1929年秋，国民党军各派军阀矛盾重新激化。9月17日，原粤系军阀张发奎在湖北宜昌通电反蒋，并率所部第四师向广西开进，准备联合桂系军阀进攻依附蒋介石的粤系军阀陈济棠部，夺取广东。"两广事件"爆发。

据此，中共中央于1929年9月8日向红四军前委发来指示信："在军阀战争开始爆发之际，红军应以全部力量到韩江上游闽、粤游击，以发动群众斗争。至两广军阀混战爆发，东江空虚时，红军可进至梅县、丰顺、五华、兴宁一带游击，发动广大群众斗争，并帮助东江各赤色区域的扩大……"随后，中央给福建省委来信，指示"红军全部即到东江游击，向潮梅发展"。福建省委接到中央的这一指示信后，于10月6日立即向

---

① 《毛泽东年谱》，第285页。

红四军前委和闽西特委发出指示信，转达中央意见，指出"省委同意中央对前委的指示，朱毛红军立即开到东江去，帮助东江广大群众的斗争"，并指出"开往东江并不是放弃闽西，反是要扩大我们的工作到东江来，与闽西互相呼应，取得很好的联络，使闽西东江联成一片"①。

红四军出击东江的军事行动酝酿已久。早在1929年4月1日，中共中央就曾致信朱德、毛泽东，就红四军行动方向问题提出："摆在你们面前的出路有三条：一是仍向赣南发展……二是向闽西发展……三是向东江……这三条路究竟向哪一方面发展，实际情况如何，还应由你们决定。"②此时，中共东江特委也希望红四军能到东江发展。此时，红四军正开辟赣南、闽西根据地，没有分兵进东江。6月中旬，红四军前委派陈毅为代表到东江特委，要东江特委做好准备工作。9月，红四军打破敌军"三省会剿"之后，即着手准备出击东江。

10月13日，中共福建省委常委、组织部长谢汉秋携带中央和省委的指示信，从厦门到达上杭。谢汉秋（1904—1930），又名谢景德、谢耀辉，福建省龙岩县适中乡墩古村人，是中共福建省委早期重要领导人之一。

10月15日，红四军前委决定第四纵队留守闽西，军部率第一、二、三纵队6000多人，兵分三路，向闽、粤边界进发。

红四军第一纵队从武平象洞向梅县松源进攻，第二纵队从永定向大埔进攻，第三纵队从武平岩前向蕉岭进攻，兵分三路，出击东江。

第二纵队连续攻占永定汀江重镇峰市、广东大埔虎市，敌一触即溃。纵队长刘安恭在敌人反扑中牺牲。前委命令郭化若接任纵队长职务，率部继续前进。

《郭化若回忆录》记载："10月15日，第二纵队攻取汀江下游重镇永定县的峰市。19日晨，又占领了粤东边境之大埔县的虎市。虎市镇子很小，周围山高林密，我军进攻，敌人即跑入林中，很难消灭敌人的有

① 《中共福建省委给闽西特委、四军前委的信——关于闽西和四军的工作任务》，1929年10月6日。

② 《中央给润芝、玉阶两同志的信》，1929年4月1日。

生力量。当时敌军一触即溃，进占虎市后纵队长刘安恭有些轻敌，结果敌人反扑，部队遭受损失，刘安恭中弹身亡。前委即令我接任纵队长，带领部队继续前进。第二纵队的士兵不少是川军向成杰部起义过来的，打仗有些经验，但政治基础薄弱，部分士兵还偷偷抽大烟。"①

10月25日，红四军3个纵队向梅县进发，仅以2个连攻城。敌警卫队见势不妙，弃城奔逃。

国民党军精锐部队蒋光鼐部3个团逼近梅县，红四军撤退到梅县东南山区待机。10月31日，红四军侦悉，国民党军只留1个教导团驻守梅县城，遂决定以一纵、三纵再次攻城。战斗打响后，一纵没有完成迂回，三纵孤军作战7个小时，屡攻不克，被迫撤出战斗。

《朱德年谱》载："与陈毅率部进攻梅县县城。拂晓战斗打响后，因城内实有国民党军两团兵力防守，且占据制高点，两次突击均未奏效。战斗中，针对有人根据历史上'火烧连营'的战例提出用火攻城的主张。（朱德）指出：历史上攻的是'营'，这里是'城'，城里有老百姓，放火会使群众遭受损失。我们是人民子弟兵，不能这么干。"②

红四军反攻梅城失利后，"后来在转移途中，1000多在上杭战斗中收编的俘虏兵都跑光了。红军此次出击东江，兵力受到了很大的削弱"③。其主要原因，就是郭化若提及的"政治基础薄弱"。

此时，"两广事件"结束，敌源源不断向江东地区增兵。11月上旬，红四军撤军。11月中旬，红四军主力由广东平远进入闽西，于16日占领武平，17日攻取高悟，随后在上杭官庄强渡汀江，击败赣军周志群旅，与胡少海领导的第四纵队会师。11月23日，红四军再次攻克汀州，卢新铭败走连城，从而实现了打通汀江两岸红色区域，发展汀南苏区的计划。

红四军这此出击江东，兵力损失三分之一。郭化若向朱德力辞第二纵队纵队长职务，改任第二纵队参谋长。

第二章 激流归大海

《郭化若回忆录》说:"红四军在东江行动中,兵力损失三分之一。实践证明挺进东江的指示是错误的,冒进东江的损失是党中央'主观主义瞎指挥'造成的。在转战东江期间,我深感纵队长担子太重,难以胜任,向前委推荐支队长耿恺当纵队长,我仍当参谋长。朱德同志语重心长地劝我:'分配你到二纵,就是为了加强这里的领导力量,可不能怕压担子。'在我一再请求下,前委任命了李天柱为纵队长,但李天柱未到职,实际是由耿恺负责的。"①

对于这次出击东江的失败,《朱德传》记载:"这次失败,首先是由于对广东局势做了不正确的估计,以为两广战争一起,粤军主力西调,东江空虚,红军正可趁机进入东江。没想到两广战争那样快结束,粤军能以重兵对付红军。"②朱德后来说:"红四军第八次代表大会以后,部队进入东江,此次行动失败,原因又是方向错了。当时上海党中央命令红四军入东江打蒋光鼐、蔡廷锴,打梅县,配合张发奎入广东的反蒋战争。这个主观主义的命令,我们执行了,所以又遭到失败。"他还说:"这是接受'主观主义瞎指挥'的第二次失败教训。失败的第二个原因,是由于孤军深入,缺乏群众配合,并没有弄清敌强我弱的实际情况,匆匆攻入,又匆匆反攻,结果受到严重损失。"③

古田会议永放光芒

1929年11月,闽西革命根据地已由3个县扩大到龙岩、上杭、永定、武平、长汀、连城6个县,在纵横数百里的红色区域内,80万群众分到了土地;已成立了县苏4个、区苏50多个、乡苏400余个;闽西工农武装发展了6000多赤卫队员、5000多支枪;全区有中共党员7800多人。闽西革命根据地的发展和巩固,为红四军第九次党的代表大会在闽西古

---

① 《郭化若回忆录》,第22页。
② 《朱德传》,第188页。
③ 《朱德选集》,第129页。

田召开提供了可靠的保证。

古田会议的召开，中共中央"九月来信"起了关键性的作用。

1929年8月下旬，陈毅出龙岩取道厦门乘船抵达上海，向中共中央详细汇报有关情况。《陈毅年谱》记载："9月1日，写完了中央所要求写的5个书面材料：《关于朱德、毛泽东红军的历史及其状况的报告》《关于朱、毛红军的党务概况报告》《关于朱、毛争论问题的报告》《关于赣南、闽西、粤东江农运及党的发展情况的报告》和《前委对中央提出的意见——对全国军事运动的意见及四军本身问题》。报告如实反映了红四军各方面的详情，对红四军的战略战术、组织编制、政治工作、政策策略、斗争艺术都做了准确的叙述。因而中央在1930年初把《关于朱德、毛泽东红军的历史及其状况的报告》发表在《中央军事通讯》创刊号上，并写有一按语，指出：'这是很值得我们宝贵的一个报告'，很多宝贵的经验'都是在中国别开生面'。"①

《周恩来年谱》记载："（1929年）9月28日，在中共中央军事会议期间，和陈毅多次谈话，强调要巩固红四军的团结，维护朱德、毛泽东的领导，并代表中央宣布仍由毛泽东担任红四军前委书记。会后，要陈毅根据会议和谈话精神代中央起草一封给红四军的指示信。此信经周恩来审定后，要陈毅带回，并召开一次党的会议，统一思想，分清是非，做出决议。"②

中央政治局《中共中央给红军第四军前委的指示信》（即"九月来信"），由陈毅带回。这封近万字的指示信，分析了当时的政治形势，指出了红四军的基本任务、发展方向和存在问题，提出了解决问题的原则和方法，并且指示红四军全体指战员要服从朱德、毛泽东同志的领导，提高他们两人的威信；同时，指定毛泽东为前委书记。

10月1日，陈毅携带"九月来信"离开上海，经香港、汕头、丰顺、揭阳。10月22日，陈毅在梅县到蕉岭的路上与正向南开进的红四军第一

① 《陈毅年谱》，第137页。

② 《周恩来年谱1898—1949》，第172—173页。

纵队相遇，立即赶到松源与朱德见面，连夜召开前委会。陈毅在会上传达了中央的指示精神。随后，陈毅派专人把中央"九月来信"送往上杭苏家坡给毛泽东，并附信传达中央指示，请他回红四军前委主持工作。

红四军出击江东回撤。11月18日，红四军抵达上杭官庄，朱德、陈毅致信毛泽东，请他立即回红四军主持前委工作。11月23日，红四军攻占长汀城，红四军前委决定，促请毛泽东速回主持工作，并派部队接他回红四军。

11月26日，毛泽东和福建省委巡视员、组织部长谢汉秋从上杭蛟洋抵达长汀，同朱德、陈毅会合，重新担任红四军前委书记。

《萧克回忆录》记载："回到闽西，占领汀州。毛泽东由蛟洋来到汀州，据说是陈毅把毛泽东请回来的。我们在由蕉岭向梅县走的那条路上，巧遇了从中央回来的陈毅，得知了他带来中央给红四军的信，大家高兴极了。"①

具有深远历史意义的古田会议喷薄欲出。《郭化若回忆录》记载了会议前的准备工作："毛泽东同志回到前委，按照中央'九月来信'精神，于11月28日召开了前委扩大会议，正式决定召开红四军党的第九次代表大会，解决红军的建军原则问题。为了开好九大，毛泽东、朱德、陈毅同志随即开展了调查研究工作。在长汀召开了工人座谈会，听取工人群众对红军的意见。12月初，红四军主力部队开进连城新泉，进行了著名的'新泉整训'。毛泽东等领导人深入连队，召开各种座谈会，还多次召开各级党组织书记、宣传委员、组织委员会议和各级党代表联席会议，调查研究红军内部存在的各种思想问题及解决办法，并深入驻地农村听取农民群众对子弟兵的反映。12月中旬，红四军机关进驻上杭古田村，毛泽东主持召开了各纵队、支队党代表联席会议，开了十多天，进一步为九大召开做了准备。"②

1929年12月28日至29日，红四军第九次代表大会在上杭县古田镇

---

① 《萧克回忆录》，第126页。
② 《郭化若回忆录》，第24页。

曙光小学（廖氏宗祠）召开。陈毅在会上传达了中共中央"九月来信"。毛泽东根据中央来信的精神和红四军的具体情况，在会上作政治报告。朱德作军事报告。会议通过了《中国共产党红军第四军第九次代表大会决议案》（《古田会议决议》）。决议案指出：中国的红军是一个执行革命政治任务的武装集团，它必须服从党的领导，树立无产阶级思想，纠正单纯的军事观点、极端民主化、绝对平均主义、主观主义、个人主义、流寇思想等错误观点；要担负起宣传群众、组织群众、武装群众并帮助群众建设革命政权等项任务；并且必须在军内外建立正确关系，对敌军采取正确政策等。这个决议案解决了以农民为主要成分的革命军队如何建成一支无产阶级的新型人民军队的问题，是党和红军广大指战员集体智慧的结晶，是红军建设的纲领性文件。会上，毛泽东、朱德、陈毅、罗荣桓、林彪、伍中豪、谭震林、李任予、宋裕、黄善益、田桂祥等11人被选为红四军前委委员，毛泽东重新当选为红四军前委书记。

郭化若出席了这次历史盛会。《郭化若回忆录》记载："12月28日，红四军第九次党代表大会在古田镇开幕，出席代表120多人，除各级党代表外，还有一些班、排和战士代表。我有幸出席了这次大会，亲耳聆听了毛泽东同志关于建党建军理论问题的多次发言，受到深刻的教育。"①

古田会议影响深远。郭化若说："《古田会议决议》，不仅红四军实行了，后来各部分红军也都先后不等地贯彻执行了，这样就使整个中国工农红军走上了健康发展的道路，逐步建设成真正的新型人民军队。"

1989年秋天，郭化若将军收到了古田会议纪念馆征集纪念古田会议召开六十周年题词的函件。郭老挥笔题词：

> 六十年前，毛泽东在古田先召开各纵队、各连队党的书、宣、组联席会，调查研究党内错误思想存在的根源和纠正方法；接着在红四军党的"九大"上通过了决议，强调领导者必须一致地对错误思想坚

---

① 《郭化若回忆录》，第24—25页。

决斗争，宣传正确路线，确立无产阶级建军原则。

这是一个极为重要的历史性会议，应该认真学习它、记住它！

郭化若

一九八九年十月

一个多月以后，中共福建省委在上杭县古田镇召开了"古田会议六十周年纪念大会"。85岁高龄的郭化若将军坐着轮椅应邀出席了这次盛会。在古田会议召开地点曙光小学，他清晰地记得，他当时的位置是在靠近神龛一排的第三张课桌。他指着相邻的第四张课桌，对随后进来的萧克将军说："萧司令，还记得吧，那时我坐这儿，你坐那儿。"萧克将军会心一笑。

第三章　红军高参

十万工农下吉安

1930 年 1 月，郭化若调任红四军司令部参谋处处长。

郭化若的主要任务是拟制重要作战文书，为朱德、毛泽东的作战指挥出谋划策。部队行动时，郭化若每天的大量而繁重的工作是画行军路线图。红四军总部每次召开重要会议，郭化若负责记录，会议一结束就要拿出会议决定纪要上报下发。这一时期，红四军的重要文电，大多都出自郭化若之手。

毛泽东、陈毅、郭化若都喜爱古典诗词。据老同志回忆，那时红四军行军路上，人们见毛泽东、陈毅、郭化若三人在一起，就知道这三人又在切磋诗词了。有一次，陈毅新写的一首诗"闽赣路千里，春花笑吐红；败军气犹壮，一鼓下汀龙"，请毛泽东雅正。毛泽东看后拿出铅笔，在"败"字上划了一圈，把"败军气犹壮"改为"铁军真如铁"，改后递给郭化若，说："还是请郭高参定夺。"郭化若看了，笑着说："这一改更加开阔明朗，充满豪情，而且气魄大。"

红四军前委根据敌军"三省会剿"的态势，1930 年 1 月 3 日，决定由朱德率第一、三、四纵队先离开古田，出击连城。1 月 5 日，朱德率部抵达连城。几进至长汀涂坊和上杭旧县的赣敌，发现红四军主力去向，遂向连城追来，并阻断了红四军主力与留在古田的红四军第二纵队的联系。为调动赣敌，朱德决定打入敌军老巢，进攻江西。1 月 9 日，朱德率部进抵宁化，随后翻越武夷山进入江西石城境内。16 日，红四军主力占领广昌县城，接着西入宁都县东韶地区，准备攻占乐安、永丰等县城。

红四军第二纵队在龙岩县小池完成阻敌任务后，立即返回古田。此时，毛泽东接到了闽西特委邓子恢的急信。邓子恢信中以为红军主力离开后闽西苏区前景堪忧。毛泽东阅信后即在信封上写下"离开闽西，巩固闽西"8个大字，交来人带回。

毛泽东率红四军第二纵队向龙岩县梅村前进途中，得知朱德率主力向宁化方向前进，便连夜追赶，经清流、归化、宁化，1月19日进入广昌县境。在行军翻越武夷山时，毛泽东在马背上吟就《如梦令·元旦》一首。词曰："宁化、清流、归化，路隘林深苔滑。今日向何方，直指武夷山下。山下山下，风展红旗如画。"

在广昌境内，毛泽东得知朱德率红四军主力已经到达宁都县东韶，立即率第二纵队前往该处。1月23日，红四军4个纵队在宁都东韶胜利会合。行军途中，毛泽东又在马背上吟成《减字木兰花·广昌路上》。词曰："漫天皆白，雪里行军情更迫。头上高山，风卷红旗过大关。此行何去？赣江风雪弥漫处。命令昨颁，十万工农下吉安。"

红四军各纵队在东韶会合后，毛泽东即在东韶召开了红四军前委会议，决定各纵队分散发动群众，开展土地斗争，扩大红色区域。具体部署是：第一纵队，占取乐安。第二纵队，进占永丰县藤田。第三纵队，占领永丰县城。第四纵队，会同宁都赤卫队及赣南红军第二十五纵队进占宁都城。全军指挥中心设在永丰县藤田。预计各纵队工作时间为一个月。

此后，红军消灭了许多地主武装和国民党反动政权，使赣南红区连成一片。

《郭化若回忆录》记载："毛泽东同志每到一地，总是要挤出时间做社会调查，以便了解情况，决定政策或检验改进已定的政策……特别是在吉安东南的陂头，召开了红四军前委、赣西特委和红军第五、六军军委联席会议，即有名的'二七'会议，把赣南党对土地革命的工作，引到正确的轨道上来。"[1]

---

[1] 《郭化若回忆录》，第27页。

陂头联席会议决定，将原中央任命的红四军前委，扩大为红四、五、六军及领导赣西南、闽西、东江、湘赣边等赤色区域斗争的共同前委（简称"红军前委"），毛泽东为书记，统一了领导。

"二七"会议之后，红四军根据会议确定的"占领吉安建立苏维埃政府"的目标，向吉安推进。1930年2月下旬，赣敌独立第十五旅唐云山旅号称"铁军"，孤军深入，企图进攻东固苏区，在值夏、富滩地区被红军歼灭4个营，俘1600多人，缴枪近2000支。

后来，朱德在谈到这次战斗时说："蒋介石派唐云山1个旅24个连，还附有炮兵来攻我们这样多的人。我们先诱他到了吉安的富田，然后拿一部分兵力，由左面绕包值夏，正面一打就缴了枪了。正是需要枪的时候，又阔起来了，人也得到了补充，迫击炮什么都有了。一方面我们得到了会合，一方面又有人送这么多财富。"

6月初，红四军回师闽西，占领武平、汀州。6月下旬，红四军在汀州召开了红四军前委和闽西特委联席会议。郭化若参加了这次会议。

此时，以李立三为代表的"左倾"冒险主义错误在中央占据了统治地位。中央特派员涂振农传达了《目前政治任务的决议》（即《新的革命高潮与一省或几省的首先胜利》），命令红军集中"进攻交通要道、中心城市，消灭敌人主力"，要求红四军等部先打下吉安，再进攻九江、南昌。

《郭化若回忆录》记载："毛泽东和朱德同志在组织上表示接受党中央的决定，但对李立三的整个方案是持怀疑态度的。毛泽东同志对当时的革命形势，做了马克思主义的分析，对于李立三攻打大城市的方案，在执行中是根据实际情况慎重处理的，并预见到了国民党新军阀必将进行大规模的进攻，红军将开始用运动战方式同敌人作战。""汀州会议是红军战略由以游击战为主逐步向以运动战为主转变过程中的第一次重要会议。"①

其实，早在1930年4月3日，中央政治局常委、中央秘书长兼中央宣传部部长李立三就以中共中央的名义，通过粤、赣、闽三省省委转发

① 《郭化若回忆录》，第27—28页。

给红四军前委一封指示信，严厉批评红四军前委提出的"造成闽粤赣三省边境的红色割据"和"争取江西一省的政权"是"极端错误的"，"是割据政策，是保守观念，是没有以全国胜利为前提，在目前革命形势下，自然是极端与党的总任务冲突的，而且割据保守更是失败主义的表现"，必须"立即纠正这一错误"。①

为了督促毛泽东、朱德尽快"转变观念"，李立三先委托蔡申熙向红四军前委口头传达了中央指示。1930 年 6 月 15 日，李立三又专门就执行新的中央路线问题，再次以中央名义致信红四军前委，进行严厉批评："中央过去曾经屡次把新的路线传递给你们，写了几次信，同时又委托蔡申熙同志口头传达。虽然我们的信都比较简单，蔡同志口头传达又不充分，但完全是根据中央的路线。可是这一个路线，直到现在你们还没有完全懂得，还是固执你们过去的路线。""你们过去的路线是对的，的确也获得了成功，但是你们在今天还固执过去的路线，完全是错误了！因为革命形势已经转变。同时你们过去也有错误，这些错误今天表现尤为严重：你们现在完全反映着农民意识，在政治上表现出来机会主义的错误。"指示信最后严厉说："你们应当深刻了解自己的错误，按照中央的指示转变你们今后的路线。你们一定要坚决地猛烈地扩大红军，要坚决歼灭军阀力量……中央新的路线到达四军后，前委须坚决按照这个新的路线转变。四军的路线转变对于全国有极大的意义，希望四军能坚决地执行。如果前委有谁不同意的，应即来中央解决。"②

朱德在接受美国作家史沫特莱的采访时说："毛泽东和我对于整个方案都表示怀疑，但是我们久居山区多年，能够得到的有关国内和国际局势的情报很不全面。在这种情况下，我们不得不接受中央委员会的分析。""就我们所知，我们的部队以及其他红军部队力量既弱，装备又不好。即或我们能够攻占几座工业城市，即或有些产业工人参加战斗，但能否坚守城市的确是大可怀疑的。""除了毛泽东和我以外，很少有人反对李立三路线。

---

① 《中共中央文件选集（第 6 册）》，第 59 页。
② 《中共中央文件选集（第 6 册）》，第 139—140 页。

我们别无选择，只有接受。"①

　　毛泽东、朱德接受了统一红军编制的指示。1930 年 6 月 19 日，中国工农红军第一军团在长汀县城宣布成立。红一军团由第四、六、十二军组成，朱德任军团总指挥，毛泽东任军团政治委员，朱云卿任军团参谋长，杨岳彬任军团政治部主任。同时，将原红军前委改称为红一军团前委，毛泽东任书记。军团总指挥部和军团政治部由原红四军司令部和原红四军政治部改称。郭化若任军团总指挥部参谋处处长。全军团共 2 万多人。

　　1930 年 6 月 22 日，毛泽东、朱德向第一路军发出命令。命令既传达了中央关于进攻九江、南昌的指示，又留有余地，没有对夺取九江、南昌做出具体部署。毛泽东、朱德经过慎重考虑，还决定将红二十军和红三十五军留在闽西和赣南苏区坚持斗争，保卫闽西和赣南革命根据地。

　　《郭化若回忆录》记载："在向北推进中，一军团于 7 月 20 日进入永丰城。20 日午后 7 时 30 分发出第二期推进计划表。当时行动命令都是在毛泽东同志授意下，由朱云卿参谋长主持，由我起草，然后送呈毛泽东、朱德同志审查修改后才发出的。命令措词和使用推进计划表方式，是在毛泽东同志意图下经过考虑有意安排的，实际上并没有具体部署进攻南昌，这就是'推'字的文章。"②

　　当红一军团于 7 月 30 日推进到距离南昌城 15 千米处后，鉴于南昌周围防御工事严密坚固，毛泽东、朱德没有按照中央指示硬攻南昌，而是派出一部分部队在 8 月 1 日这天攻击赣江西岸的牛行车站，隔江向南昌城鸣枪示威，以纪念"八一"南昌起义 3 周年。

　　郭化若回忆说："南昌没有打，只以少数兵力逼近示威。这样，既避免因强攻大城市所造成的不必要的损失，又在南昌城下壮了军威，扩大了我军的影响。这就是毛泽东同志的高明之处。"③

　　8 月 2 日，红一军团全部撤离南昌近郊。此后，朱毛红军在赣西北的

────────────

① 《伟大的道路》，第 316—317 页。

② 《郭化若回忆录》，第 30 页。

③ 《郭化若回忆录》，第 31 页。

安义、奉新、靖安、高安、上高和宜丰等县休整待机，并进行筹款和发动群众，红军人数从长汀出发时的1万人左右扩大到1.8万人。

在红一军团"进攻"南昌的同时，彭德怀率领红三军团于7月27日攻占长沙。8月18日，毛泽东、朱德获悉国民党湖南省政府主席何健部以优势兵力追击从长沙撤出的红三军团，该敌第三纵队司令兼第四十七旅旅长戴斗垣率领4个团盘踞在浏阳县文家市和孙家塅一线，孤军突出，遂决定将其歼灭。8月20日拂晓，红一军团向文家市发起总攻击，全歼戴斗垣旅的3个团又1个营、1个机枪连，击毙戴斗垣，缴获步枪1400多支、水机关枪20挺、手提机关枪和轻机枪等17挺、驳壳枪100多支。这次战斗使红一军团得到相当大的补充。这是红一军团自长汀出师以来取得的第一个大胜利。

《郭化若回忆录》记载："这次战斗本可以缴获敌一部无线电台，敌人跑了，丢下一部电台还在工作，但红军战士好奇，把好好的电台给砸烂了。当时我军的通讯器材很缺乏，尚未建立无线电通讯。毛泽东同志很惋惜，并说这是游击主义的破坏性，要制止战争中的破坏行为，非经过长期深入的教育不可。"[①]

文家市大捷以后，毛泽东、朱德率红一军团于8月23日北上到达永和市，同由长寿街南下的红三军团胜利会师。随即，举行了两个军团前委的联席会议，决定由2个军团组成红一方面军，总兵力3万多人，朱德任总司令，毛泽东任政委；成立红一方面军总前敌委员会，毛泽东任书记，朱德、彭德怀等为委员；还成立了中国工农革命委员会，统一指挥红军和地方政权，毛泽东任主席，朱德、彭德怀等35人为委员。红一方面军的组成，对于红军实现集中兵力向以运动战为主转变，具有重要意义。

郭化若被任命为红一方面军总司令部参谋处处长。

面对占有优势的敌军和坚固的防御工事，毛泽东、朱德在对长沙发起两次总攻击，歼敌2个旅后对战场态势进行了分析，认为虽然消灭了一部

---

① 《郭化若回忆录》，第32页。

分敌军，但并未能攻克长沙，而北方蒋、冯、阎的军阀混战已经接近尾声，蒋介石已开始调集兵力增援长沙，在此情况下，围攻下去将使红军遭受重大损失。于是，他们说服全军领导干部主动撤围，会师江西，攻取守军较少、孤立无援的吉安。中共中央一再命令红一方面军回攻长沙，或去攻打南昌、九江等大城市。红一方面军的部分干部也不赞成攻取吉安的计划，要求执行中共中央的指示。部队由湖南回江西的途中，围绕这个问题，一直争论不休。朱德回忆说："长沙打不下，我们实事求是，冷静地估计敌我力量，准备折回江西，但中央不准，有些干部也反对回江西，还要我们去打武汉，打九江。红三军团大部分同志不同意折回。我们七弯八弯，弯了很久，才把部队带到了萍乡。"

永和会师后，红一、三军团统一指挥的问题解决了，但是，在新的情况下，新矛盾又产生了。《郭化若回忆录》说："主要是少数领导干部，坚持实行中央决定的进攻中心城市的主张，因而又在打不打长沙问题上展开了激烈的争论。号称三军团的'理论家'的一个领导干部，在总前委会上说什么：'三军团一个军团也能打下长沙，现在两个军团会合了，还怕什么？你们一军团不敢打，就站在一边看，我们三军团单独打。'"①

1930年9月29日，总前委在袁州城内举行会议。会议争论很激烈。毛泽东、朱德坚持按原定计划打吉安，不同意打南昌、九江。红三军团部分干部主张按中央指示打南昌、九江，并质问毛泽东："你又不打长沙，又不打南昌，你执行不执行中央路线？"

毛泽东、朱德耐心地做了说服工作，客观分析利弊得失。最后，大家统一了认识，决定按原计划攻取吉安。

10月4日，红一军团攻克吉安。打下吉安，筹措了大量经费，补充了8000多名新兵，壮大了实力。打下吉安，使赣西南苏区连成一片。

攻打吉安，可谓兵不血刃。《郭化若回忆录》说："红军开向吉安，在兵力还没有完全集中时，有人就急着要打。10月3日午夜，即阴历八

---

① 《郭化若回忆录》，第32页。

月十三日凌晨,攻城部队进入吉安城内,邓英部及省警察大队等敌军全部坐船由赣江北航,向南昌逃跑了。原定担任火力封锁江面的部队,没有遵照总部的命令部署,沿江没有布置炮兵和机枪,竟让4个团反动军队在我们手中溜掉了。"[①]

创建红军工兵队

1930年9月,红一方面军撤围长沙,回师江西。9月24日,部队经过安源煤矿。毛泽东指示郭化若带一些同志深入矿区,抓紧筹款和扩大队伍。郭化若了解到参加红军的矿工中有许多人懂爆破技术,遂向毛泽东汇报,建议组建一支工兵队。毛泽东、朱德批准同意,要求抓紧落实。郭化若立即和安源煤矿工会取得联系,组建了140多人的工兵队。

《郭化若回忆录》记载:"我把大家领到一个学校的操场上,讲了一下参加红军的意义和建立工兵的重要性。话很简短,只几分钟。然后请他们自愿组成班、排,每班10人,三班一排,并推荐出班、排、队长来。大家东一堆、西一堆地议论了一阵,便向我报告了选出的班、排、队长的名单。我说,大家注意,现在集合。他们都在原地不知怎么动作。我便连讲带纠正地告诉大家怎样集合及立正、稍息、向右看齐等基本动作要领。集合后宣布了干部名单。班长名字记不清了,只记得当时宣布了一个代理队长叫李桂生,是矿上的锅炉工,个子很高,外号'李长子'。"[②]

编队后,郭化若带着李桂生去见朱德总司令。朱德决定:"这个工兵队编在方面军直属队,由你们参谋处管。"

郝以奇曾在工程兵编研室参加编纂工程兵史料丛书。他在《郭化若同志与红一方面军工兵队的组建》中写道:"班长中有后来在淮海战役中牺牲的华东野战军特种兵纵队参谋长兼工兵团长韩连生同志、'建国'后曾任军委铁道兵副司令员的罗华生同志等。""27日,这支穿着黑色、青

---

① 《郭化若回忆录》,第37页。
② 《郭化若回忆录》,第39页。

色等各色老百姓衣服的队伍，每人发了 10 元安家费后，就随红一方面军向吉安进发了。因他们每人挑了七八十斤重的炸药，其他连队的同志就叫他们'夫子兵'。10 月 4 日，红一军团主力打下吉安城。7 日，红一军团总指挥部于吉安城发布《关于部队编制问题通令》，规定军团设警卫连、交通队、工兵队。当日，军团部即将安源参军的 140 多名'夫子兵'正式编为工兵队，并从军团调来杨戴奎任工兵队长。当晚，工兵队在吉安后河草坪的一间大屋子里召开了成立大会，授了一面连旗，每个人发了一个袖章，毛泽东、朱德同志到会并讲了话。从此，红一方面军有了第一个工兵连队。"

这支工兵队成立后，先后参加了五次反"围剿"、两万五千里长征、抗日战争、解放战争和抗美援朝战争，屡建功勋，为人民军队培养输送了许多工兵干部，被誉为"工兵红一连"。

反"围剿"

红一方面军在湘、赣两省取得的胜利和赣西南革命根据地的发展震惊了国民党反动派。1930 年 10 月，蒋介石在中原大战取得胜利后，立即调集 10 万兵力，对红一方面军进行"围剿"。

为了打破敌人的"围剿"，毛泽东、朱德制定了东渡赣江、诱敌深入的作战方针。为了不使红军在退却中过于疲惫，还决定第一步将敌人引诱到苏区中部的东固、南垅、龙冈地区；第二步将他们引诱到苏区腹地黄陂、小布、洛口一线，在这里相机歼敌。4 万红军按照这一部署，先后转移到黄陂、小布、洛口地区隐蔽集中。11 月 28 日，毛泽东、朱德率领红一方面军总部和前委机关来到了黄陂。

1930 年 12 月 16 日，国民党军以 11 个师又 2 个旅 10 万以上兵力，分为 8 个纵队，向中央苏区的中心区域发起全线进攻，分进合击。

为打好第一仗，毛泽东、朱德决定集中优势兵力打张辉瓒师或距离红军主力最近的谭道源师。这两个师是"围剿"主力师，张辉瓒是这次"围剿"中路右纵前线总指挥，率第十八、五十师进攻红军。

张辉瓒，湖南省长沙县人，湖南陆军讲武堂、保定军校毕业，1908年留学日本陆军士官学校；曾参加护法战争、北伐战争；1929年3月，任陆军第十八师中将副师长兼任南昌卫戍司令，疯狂屠杀共产党人及进步人士；1930年，任陆军第十八师中将师长，参加蒋介石发动的对中央苏区的第一次"围剿"。

为战前动员、粉碎敌人的大规模"围剿"，总前委在小布召开了军民誓师大会。郭化若回忆，毛泽东为此专门写了一副对联："敌进我退，敌驻我扰，敌疲我打，敌退我追，游击战里操胜算；大步进退，诱敌深入，集中兵力，各个击破，运动战中歼敌人。"这是对毛泽东游击战略指导思想的高度概括。

由于谭道源师盘踞在源头迟疑不前，12月24日、25日，红军在小布设伏，没有等到敌军。事后得知，谭道源得到叛徒告密，得悉小布有埋伏，遂把前卫部队撤回。此时，张辉瓒师由东固进到南垄，有东进之势。毛泽东、朱德决定改换目标，歼灭张辉瓒师。

12月29日，毛泽东、朱德率领红军主力由黄陂、小布地区西进，于当天到达龙冈以东30华里的君埠隐蔽待机。当天黄昏得到情报，张辉瓒师两个旅已进到龙冈，预料该敌次日可能向君埠前进。这时谭道源师仍然在源头按兵不动，而毛炳文师则移到洛口、平田、东山坝一带。毛泽东立即抓住战机，决心在运动中歼灭该敌。按照毛泽东的意图，郭化若起草了作战命令。《郭化若回忆录》说："30日拂晓，我军担任正面迎击敌军之红三军第七师，进到了预定阵地。毛泽东、朱德、古柏和我，加上一个特务员、一个勤务员来到了指挥所。天色还早，满山是雾，只见群峰雾锁、枫叶霜红、曙光初照、落叶满山，'雾满龙冈千嶂暗'写的就是此时的景色。到黄竹岭后，毛泽东同志说去山坡下休息一会儿，并嘱咐枪声激烈时不要叫他，没有枪声时就告诉他。其实，毛泽东同志没有休息多久就提前上山了。"[1]

---

[1] 《郭化若回忆录》，第50页。

这一天，张辉瓒师的先头部队戴岳旅的第一零四团于上午10时抵达龙冈，大摇大摆地准备由龙冈继续东进。12月30日，当戴岳旅行进到龙冈以东的小别村时，红三军第七师突然发起了猛烈的攻击。战斗激烈。红七师实际上只有1个团的兵力，该师是由江西地方武装才升级整编的部队，装备差，火力弱，在战斗最激烈时只得向总部指挥部请求支援。

前方告急，朱德手中已无兵可派，连总部警卫营也上了前线。他派出了郭化若。郭化若回忆说："于是朱德同志出了个主意，要我去前线。他说：'无兵就派将嘛，你到前线去，怎么样？'意思是要我去前线鼓励士气。到了第一线师指挥所位置，师长告诉我，有个刚俘虏不久的班长，企图率领一班人投敌，当即被班里战士打死，前线已经稳定。我见部队情绪高昂，打得很勇敢，便向师长传达了朱总司令的指示，同时研究了部署和打法，通报了整个战场的情况，告诉他们必须拼力坚守阵地，为迂回部队争取时间，才能取得整个战斗的胜利。然后，便回黄竹岭了。"[1]

郭化若此时的职务，《朱德年谱》记载为"方面军代理参谋长"。[2]

不久，红军援兵赶来，将敌戴岳旅以及张辉瓒派来的1个团全部歼灭。紧接着，毛泽东、朱德下令发起总攻击。各路红军将整个龙冈紧紧包围，敌军全部被歼，敌师长张辉瓒被活捉。龙冈战斗歼灭张辉瓒的第十八师师部和2个旅近万人，缴获各种武器9000多件、子弹100多万发，还缴获电台等其他军用物资。第一次反"围剿"首战告捷。

首战告捷，影响巨大。《郭化若回忆录》说："第一次反'围剿'是我军由游击战争发展到正规战争这一伟大战略转变中，首次胜利的战役，创造了歼灭战的典型，对以后几次反'围剿'作战产生了巨大的影响。战后，毛泽东同志在谈到龙冈全胜时说过，龙冈战斗打得很理想。第一次反'围剿'的第一仗，就把敌人全部消灭，不走一兵一卒，这的确是战争史上少见的。他还谈到太平天国打曾国藩时，有个打法叫'五瓣莲花抄尾阵'，还有个歌诀'前面一支先扎定……'后面记不起来了，只记得大意是左

---

① 《郭化若回忆录》，第50页。

② 《朱德年谱》，第206页。

右两支兵包围敌人，另一支迂回敌后，截断归路，这就是抄尾，还有一支兵为预备队，共五瓣莲花。我们这次打法，是四面包围敌人，务求全歼，主力用在迂回敌后，从后面打，以求速决，就是少了 1 个预备队。然而我们打得更出色，更理想，胜利也更大。"①

当日下午 6 时，毛泽东即以中国工农革命委员会主席名义发布《红军胜利捷报》，满怀豪情地写下了《渔家傲·反第一次大"围剿"》的上半阕："万木霜天红烂漫，天兵怒气冲霄汉。雾满龙冈千嶂暗，齐声唤，前头捉了张辉瓒。"

《郭化若回忆录》记载："张辉瓒一见毛泽东同志就鞠躬敬礼，口称'润之先生'，说他们过去怎么见过面，说了些别后钦慕敬仰的话。毛泽东同志叫他一起就地坐下，简单地对他谈了些革命道理和革命形势，又问了一些敌军内部情况。张辉瓒还表示，情愿捐款、捐枪、捐药、捐弹，请求免他一死。毛泽东同志交代要好好看管他，不要杀。但后来有人不报告毛泽东同志，把他交给地方去开群众大会，结果在群众的愤怒之下被杀了。"②

张辉瓒部在 20 日晨进攻东固中，在大雾天与公秉藩师发生激烈枪战。战至中午，双方损失较大。公秉藩不再听张辉瓒节制，率部返回富田。为此，张辉瓒遭到蒋介石训斥。张辉瓒恼羞成怒，下令所部在东固大烧大杀三天，犯下滔天罪行。这次张辉瓒被俘，愤怒的群众饶不了他。天网恢恢，疏而不漏。

龙冈大捷打乱了蒋军的部署，各路敌军闻风后撤。1931 年 1 月 3 日，红军追击敌谭道源师至东韶，歼灭该敌 1 个多旅，俘敌官兵 3000 多人，缴获长短枪 2000 多支、机关枪 40 多挺、迫击炮 4 门、子弹 13 万多发、电台 1 部。

红军在五天之内两战两捷，歼敌逾万。蒋介石第一次大规模的"围剿"被彻底粉碎。

军事科学院军事历史研究部编著的《简明中国人民解放军战史》记载：

① 《郭化若回忆录》，第 53 页。
② 《郭化若回忆录》，第 51 页。

"第一次'围剿'被打破后，红军乘胜转入进攻。经2个多月的作战和工作，在广昌、宁都、永丰、乐安、南丰等县争取了数十万群众，摧毁了一批地主武装长期盘踞的土围子，巩固和扩大了苏区，筹措了作战经费和给养，准备了第二次反'围剿'的战场。"①

无线电台与《参考消息》

龙冈战斗中，红军缴获了1台收报机，俘虏了10名无线电技术人员，经过郭化若耐心细致的工作，他们都愿意留下来当红军。

郭化若向毛泽东、朱德建议，红军可以着手建立第一支无线电队，侦听国民党军的动态。这是工农红军建立无线电通信和技术侦察的起点。

在郭化若的直接领导下，无线电队将侦悉到的情况加以汇总编排，刻印上报。郭化若还为这个油印小报题写了报头——"参考消息"。

《参考消息》是新华社的一份著名报刊，其诞生经过，原国家四机部常务副部长、老红军刘寅有较为详细的讲述。刘寅后代刘丹在《〈参考消息〉的诞生》中记载："上级还指示他们接收国民党中央社等发布的新闻，为毛主席、红军总部通报信息。用什么方式向毛主席报告接收到的资料呢？还是郭化若伯伯想出来的。他说，反正是给领导参考，就叫《参考消息》吧。他用毛笔写了'参考消息'四字当报头，油印刻板上报，并在中华苏维埃第一次代表大会上正式发行。这便是《参考消息》的诞生经过。"②

《郭化若回忆录》记载："1931年1月6日，无线电台试机工作了，王诤检修了机器，刘寅架设了天线。天线就架在参谋处的院子里，抄收了国民党中央社的新闻，总部的同志看了很高兴。因为当时苏区很难看到报纸，消息很闭塞，以后抄收新闻成为制度。朱德同志几乎每天晚饭后都要去电台问有什么新闻没有。"③

---

① 《简明中国人民解放军战史》，第48页。

② 《一代儒将——郭化若纪念文集》，第114页。

③ 《郭化若回忆录》，第55页。

在中央苏区第二次反"围剿"作战中，无线电队开始发挥重要作用。1931 年 5 月 14 日，红军无线电队侦悉，国民党军王金钰师、公秉藩师次日晨开始东移，指向东固。郭化若立即将敌情向毛泽东、朱德汇报。16 日，红军把国民党军包围在富田、东固之间的中洞、九寸岭地区。经一天一夜的战斗，全歼公秉藩师和王金钰师 1 个旅的大部，俘获公秉藩师无线电队全部人员，缴获其全部完整的电台。

由于参谋长朱云卿得病送往后方医院，郭化若实际上担负了参谋长的工作任务。1931 年 5 月 24 日，红军第一方面军组成了以毛泽东为书记的临时总前委，郭化若任临时总前委秘书长。30 日，临时总前委正式决定由郭化若任红一方面军代参谋长。

1931 年 5 月底，红一方面军总司令部到达福建建宁后，郭化若立即报请方面军首长批准，以第一、二次反"围剿"中缴获的电台和俘获的经过教育自愿参加红军的报务员为基础，组建了红一方面军无线电大队。大队辖 5 个分队，分别配属红三军、红四军、红十二军和红三军团及后方使用。此外，还组建了 1 个侦察台，负责对国民党军的无线电侦察工作。郭化若从无线电建队开始，就制定了无线电通信的一系列保密措施，建立了红军独特的无线电通信制度，奠定了红军无线电工作的基础。

郭化若回忆说："在我军无线电台的组建过程中，一开始就注意保密和纪律问题，做了很多具体的规定。例如，不许电台之间自行通话，用台密不用台名（使敌方误认我台发出的电报为商业性电讯），新编电报密本，密本再加密表，密表经常更换，最重要的军事机密则用一报一密，建立了红军独特的通信制度。为了防止部队行动时泄密，毛泽东同志经常令电台用的电键交给警卫员携带。电台没有电键就不能发报。因而，我们能从敌人的无线电通话中获得情报，敌人却很难从我们的无线电通信中获得情报。"[1]

---

[1] 《郭化若回忆录》，第 56 页。

横扫千军如卷席

1931年4月，蒋介石调集20万重兵，以何应钦为"陆海空总司令南昌行营"主任，部署对中央苏区的第二次"围剿"，拟从吉安到建宁拉开一条800里长的弧形战线，兵分四路向中央苏区大举进攻。

中央红军立即进行反"围剿"的准备。

青塘会议是一次重要的会议。4月17日，苏区中央局在宁都青塘召开了一次会议。郭化若回忆，有人主张"分兵退敌"，还提出"削萝卜"的主张——就是不主张打，走到什么地方碰到一个小萝卜，就削它一下。持这种主张的人，还说四川条件好，斯大林都称赞过，必要时可以向四川转移。这种主张，实际上就是要放弃中央根据地。毛泽东则主张打，反对"削萝卜"，主张钻到敌人中间去，寻找敌人的弱点，打击敌人。毛泽东同志深刻地分析了敌我态势，指出了敌人的弱点和我方的有利条件，详细地介绍了第一次反"围剿"的经过，阐明敌人的第二次"围剿"同样是可以打破的。可是有人就是听不进去，说这个方针是"钻牛角"，硬说肯定钻不通，争论异常激烈。毛泽东便建议扩大与会者范围，再进行讨论。

对此，郭化若和朱云卿深感忧虑。郭化若回忆道："走出会场，朱云卿同志问我：'郭处长，你有何感受？'我说：'毛委员的主张正确。'朱云卿是广东梅县人，黄埔军校第三期毕业生，比我小3岁，精明能干，对我的工作很支持，互相很信任，讲话是坦诚的。他长长地叹了一口气说：'大敌当前，中央局这样不统一，可不是件好事啊！'我说：'如果按那一方面的意见，放弃根据地，太危险了。'朱云卿说：'但愿不要重蹈太平天国的覆辙。'"[1]

过了几天，中央局再次开会。与会者扩大到各军军长、政委。军队高级干部发言踊跃，慷慨激昂，一致主张坚决地打；赣南、闽西的领导干

---

[1] 《郭化若回忆录》，第63页。

部也不同意退出中央苏区。于是，基本解决了打不打的问题。

5月14日，大战在即。朱云卿和郭化若于当晚8时许拟就了红一方面军的命令。经过毛泽东亲自修改后，为了保密，分别由高级干部送给红四军、红三军和红三军团的军政首长。

郭化若回忆说："我刚修改完命令，就听人说朱云卿同志要送后方医院。当我赶过去时，他已上了担架，脸色很苍白。青塘会议后，他一直忧心忡忡，不思饮食，加上工作紧张，身体虚弱起来。我曾劝他不要过分忧虑和劳累。可他终因为革命忧虑过甚，积劳成疾。他费力地睁开眼皮对我说：'我走了，你担子重了，要多请示总政委和总司令。'我虽然安慰他要安心养病，但又是多么不愿他离开啊！朱云卿走了之后，总前委任命我为一方面军代参谋长，左权同志接任参谋处处长。不久，就传来了朱云卿同志的噩耗。他逝世时年仅24岁。对他的死因，我有不解的疑云。后来方知道他是被反革命刺杀的。"①

《左权年谱》记载："红一方面军参谋长朱云卿病故，总前委决定由郭化若代理参谋长，左权代理红一方面军司令部参谋处处长，并被增补为总司令部机关直属党委成员。"②

朱云卿热爱红军部队。萧克将军在多年以后，对朱云卿的一件往事，仍然详细地记载在回忆录中。《萧克回忆录》记载："（出击东江）梅县一仗是第一、三纵队打的。梅县是朱云卿的老家，他家在街上开了一个铺子卖毛衣。我们打进去后，朱云卿从铺子里拿了千把件毛衣（那时一件毛衣1块半至2块钱），准备发给部队。刚拿到街上，我们还没来得及抱走，敌人打来了，结果，毛衣都扔到街上。"③

5月16日，毛泽东、朱德率3万红军集中兵力，先打弱敌，在东固、富田之间首战告捷，歼灭敌第二十八师全部和第四十七旅大部。接着，红军从江西赣江边上固坡、富田打起，经水南、白砂、中村、广昌，一

---

① 《郭化若回忆录》，第63页。

② 《左权传》，第741页。

③ 《萧克回忆录》，第126页。

直打到福建建宁，横扫七百里，五战五捷，缴枪2万多支，痛快淋漓地打破了国民党军的第二次大"围剿"。

6月1日，毛泽东率领总部和总前委进驻建宁县城。3日，召开军民庆祝第二次反"围剿"胜利大会。就在这前后，毛泽东在住所西门外天主堂楼上写了《渔家傲·反第二次大"围剿"》这首词："白云山头云欲立，白云山下呼声急，枯木朽株齐努力。枪林逼，飞将军自重霄入。七百里驱十五日，赣水苍茫闽山碧，横扫千军如卷席。有人泣，为营步步嗟何及！"

"郭高参，郭老师来了没有"

在中央苏区第三次反"围剿"作战中，郭化若是毛泽东、朱德指挥作战的重要助手，深受器重。

1936年6月，蒋介石不甘心失败，自任总司令，调集以嫡系部队为主的30万人马，准备发起第三次"围剿"，妄图在3个月内"消灭共军"。

蒋介石将其30万人马分为"进剿""驻剿""清剿"部队，甚嚣尘上。

1931年7月1日，蒋介石发出第三次"围剿"的命令，七路"围剿"部队纷纷向苏区开进。此时，红一方面军总司令部驻福建建宁。当侦察台侦听到这一敌情，毛泽东、朱德立即召开前委会议，部署全军筹粮筹款工作。

7月10日，部队向瑞金地区集结。《郭化若回忆录》记载了毛泽东同志在大战前夕的淡定从容："7月10日，毛泽东同志率领总前委和总部人员从建宁出发。虽然是酷暑行军，毛泽东同志却从容健步，在平地边走路边看书，上山也不骑马。"①

郭化若率领总部人员随毛泽东、朱德从建宁出发，回师赣南，22日，抵达于都北部银坑一带。在银坑，侦察台又获得一个重要情报：敌前线司令何应钦23日命令各"进剿"部队"限10天内扑灭共匪"。据此，毛泽东、

① 《郭化若回忆录》，第77—78页。

朱德决定，红军继续向西北方向前进，到兴国高兴圩、老营盘一带，准备从富田突破，然后由西向东，绕到敌后，从敌人的后方联络线上横扫过去。这叫"避敌主力，打其虚弱"。

7月31日，红军到达兴国的高兴圩、老营盘一带集结。此时，富田一带有大批敌军驻扎。为避免仓促应战，毛泽东、朱德决定红军主力连夜向莲塘方向转移。在红军转移的路上，只有南北敌军之间20千米的间隙。主力红军隐蔽迅速地从这个空隙穿插而过，彻夜转移，通宵行军，急奔莲塘。

8月上旬，红军在莲塘、良村连续打了2个胜仗，歼敌2个多旅。接着，红军向驻守在黄陂的敌第八师毛炳文部发起了进攻。《郭化若回忆录》记载："下午1时，以密集的火力，突然向敌发射，打得敌守军龟缩在工事内。约15分钟后，我突击部队即向敌猛冲。这时恰好下了一场倾盆大雨。我军冒雨冲入敌阵。敌军几乎没有什么抵抗，防线即被我突破。我第二梯队以密集队形沿突破口直插进去，进入街上。敌预备队两个团正在一座大庙内集合，还来不及出门，就被我军全部缴了械。"[①]

黄陂战斗结束后，郭化若在国民党军第八师师部搜查到一份电报，敌情严重。郭化若迅速报告毛泽东。毛泽东命令红军部队停止追击，迅速打扫战场，当夜撤出黄陂。

《郭化若回忆录》记载："我军攻进黄陂时，我随部队进到黄陂街上毛炳文的师部。毛炳文和他的参谋人员逃得那样惊慌匆忙，连机密文件也未带走或烧毁。我在敌师部文件中搜查到一份在战斗前两小时才收到的紧急电报，是由卫立煌、赵观涛发出的，内称第六、十师已到柴冈。柴冈又叫砍柴冈，距黄陂仅20里，隔一座大山。我急忙跑步回去，把急电送呈毛泽东同志。他得到这一情报，立即命令部队停止追击，迅速打扫战场，当夜撤出黄陂，转移到君埠以东地区休整，只留个小部队在黄陂监视敌军，侦察情况。"[②]

---

① 《郭化若回忆录》，第81页。
② 《郭化若回忆录》，第81页。

第二天，国民党军从四面八方向君埠地区逼近时，红十二军往东北地区佯动，主力则从敌军间隙中向西穿插到兴国山区隐蔽，跳出了敌人的包围圈。

8月底，国民党"进剿"部队被拖得疲惫不堪，一再扑空。蒋介石与两广军阀之间的矛盾又激化了，蒋介石命令其部队西移北撤。"敌退我追"，9月7日、9月15日，红军接连进行了老营盘、方石岭战斗，歼敌9000多人。

第三次反"围剿"历时两个半月，共歼敌17个团、3万多人。国民党军对中央苏区的第三次"围剿"又以失败告终。

军事科学院军事历史研究部编著的《简明中国人民解放军战史》评价道："这次反'围剿'作战，红一方面军以3万多人同大于自己10倍的敌人作战，歼敌3万，实属战争史上以少胜多的典范。"①

第三次反"围剿"胜利后，红军转入进攻，占领会昌、寻乌、安远、石城等县城，使赣南和闽西联成一片，中央苏区得到进一步巩固和扩大。

据记载，红一方面军总部召开会议时，查点人数。毛泽东常抬头扫视会场，问道："郭高参，郭老师来了没有？"郭化若唰地站起，立正，敬礼："报告主席，学生向您报到。"

《一代儒将——郭化若纪念文集》收录有一份1930年8月《红军第一方面军命令》手稿全文，这是由时任红一方面军参谋处处长郭化若起草后，由总司令朱德、政治委员毛泽东签署下达的。这份手稿曾被以为是毛泽东手迹，后经确认，出自郭化若手笔。由此可见其"师生"在行文运笔方面的"传承"。

逆　境

1931年1月，中国共产党在上海召开六届四中全会。在这次会议后，从苏联莫斯科中山大学学习归国的王明，由于得到时任中山大学校长、

---

① 《简明中国人民解放军战史》，第53页。

共产国际代表米夫的支持，实际上获得了中共中央的领导权。

1931年4月，中共中央代表团来到中央苏区。郭化若说："代表团懂得，毛泽东同志亲手缔造了红军，开创了中央苏区，在党政军民中有崇高的威信，想一下子完全排除他的正确领导不是那么容易的，于是他们采取了釜底抽薪的办法。"①

以王明为代表的一些没有实际革命斗争经验的教条主义者，为了推行"左"倾冒险主义的政治纲领和军事战略，在组织上实行宗派主义的干部政策，排挤打击拥护毛泽东及其正确主张的同志。9月，长期在毛泽东身边工作、坚定执行毛泽东军事路线的郭化若，也被排挤打击，由红一方面军代参谋长改任红一方面军总司令部秘书长；1932年1月，他又被撵出红一方面军，任中央革命军事委员会总司令部第二局局长；7月，调任瑞金中国工农红军学校当教员。

郭化若一到红校，随即因"托派"嫌疑，被开除党籍。郭化若说："1932年7月，我一到红校，就在大会上宣布开除党籍。什么原因？没有说（后来才知道有人检举我是'托派'）。这对我是晴天霹雳，莫名其妙，但有冤无处申。"②

所谓"托派"，就是托洛斯基派。托洛斯基是斯大林的政敌，斯大林开除了他的党籍，并在苏联党内开展清洗"托派"的运动。王明等人捕风捉影，说中国有"托陈取消派"，要进行"残酷斗争，无情打击"。

郭化若为"托派"，完全是捕风捉影之事。红三军团有位师长叫卢匿才，1930年秋打长沙后被认为是"托派"，被杀。抄出了郭化若写给他的一封信，内容为一般问候，不涉及政治。其二，在红校审理"托派"时，有人诬供郭化若，却毫无证据。郭化若说："他们以'托派'嫌疑的莫须有罪名开除了我的党籍，万幸的是没有砍我的脑壳。"③

莫文骅将军回忆说："（郭化若）1929年回国后，在毛泽东、朱德的

---

① 《郭化若回忆录》，第87页。

② 《郭化若回忆录》，第91页。

③ 《郭化若回忆录》，第91页。

部队任参谋处处长，后为红一方面军代参谋长。那时，与原武汉'黄埔军校'女生、苏联留学生危拱之同志结婚。1932 年，苏联肃反，打'托派'，中央苏维埃区也开展反托洛斯基运动。化若同志无端被打成'托派'分子，撤销工作，调离部队，开除党籍，调去红军大学任教，并被迫与危拱之同志离婚。她也被打成'托派'分子，被开除党籍"①。

《一代儒将——郭化若传奇》记载了危拱之涉嫌打成"托派"分子、被开除党籍的原因："1932 年，时在瑞金红军学校当俱乐部主任。郭化若被开除党籍后，他被迫与危拱之离了婚。不久，危拱之因为没有执行好王明的代理人交给她的监视郭化若的任务，也被涉嫌打成了'托派'分子，开除了党籍。"②

郭化若之所以没有被"杀掉"，一个重要的原因，是毛主席保护了他。韩寅《郭副司令在干休二所的崇高形象》中写道："关于郭老 1932 年遭王明'左'倾路线迫害的事，老红军吴顺智也是听周复兴同志讲郭老给他谈过一些。大意是，郭被无辜扣上'托派'分子帽子以后，当时的中央军委保卫部长邓发向毛主席报告了；毛主席那时已被撤销了红军总政委的职务，对此也做不了主。不过，说了这样的话：'这个同志从苏联回来，四五年中，担任过各种职务，直到二局局长，一直表现好，保密工作做得很好，口令一次都没掉过。'因此，他没有被杀掉，以后就当教员（营级）了，行军没马骑，挑挑子。"③

被"开除党籍"的"精神包袱"是巨大的。《郭化若回忆录》写道："在进行第一、二、三次反'围剿'斗争中，经受了锻炼，各方面也有了进步，升任为一方面军代参谋长。谁知突然一落千丈，竟被开除了党籍。我究竟犯了哪条党规党法呢？没人给我说得清，我自己也想不通。一年年，一月月，这些问题都缠绕着我，压抑着我，甚至使我常常从噩梦中醒来，

---

① 莫文骅《缅怀老战友郭化若同志》，原载 1996 年 8 月 12 日《解放军报》。

② 《一代儒将——郭化若传奇》，第 69 页。

③ 《一代儒将——郭化若纪念文集》，第 651 页。

大汗淋漓。"①

面对一系列的打击，郭化若忠于信仰，努力教学。当时的红校校长何长工并没有对郭化若另眼相看，而是把他当作教学骨干。郭化若在红校教学中充分发挥了作用，学校缺什么课就上什么课，先后上过防空、参谋业务、炮兵射击等课程，还任高级干部班教员，深受学员爱戴，多次被推选为模范教员。

宋任穷在回忆这一时期的状况时说："我和化若同志相识于1934年。那年春天，我从五军团调到瑞金红军大学高级指挥科学习，化若同志就在该科任军事教员。这个科是训练军队高级干部的，学员一共才一二十名，其中有程子华、张宗逊、郭天民、杜中美、袁良辉等同志。化若同志教的课程是《参谋工作》，讲课内容丰富生动，讲得也很有条理，大家听得很有兴趣。我们还常常提出一些问题向他请教，他也回答得很好。他的课之所以讲得好，是因为他一贯重视理论学习，同时又有多年参谋工作的实践经验。从1930年初开始，化若同志就先后在红四军、红一军团和红一方面军担任参谋处处长，1931年5月又升任红一方面军代参谋长兼总前委秘书长，长期在毛泽东、朱德同志身边工作，以出色的参谋业务襄赞军机，深受朱、毛首长的器重。此后，他因遭到王明路线的排挤和打击，职务一降再降，直到调到红大当教员。不久，又以'托派'嫌疑为由，将他无端开除了党籍。他虽身处逆境，仍然专心致志地从事教学工作，而且成绩卓著，有口皆碑，确实是难能可贵、令人敬佩的。"②

作为毛泽东身边的工作人员，郭化若对毛泽东有着深厚的感情。1932年8月，郭化若听到毛泽东又回到红一方面军任总政委的消息时，非常高兴。2个月后，1932年10月上旬，苏区中央局召开了宁都会议。会议对毛泽东提出的向赣东北发展的方案提出了严厉的批评，批评他对中央提出的"夺取中心城市"方针的"消极怠工"，是"纯粹防御路线"；并且把毛泽东在历次反"围剿"中克敌制胜的"诱敌深入"方针，指责为"专

---

① 《郭化若回忆录》，第144页。
② 宋任穷《深切怀念郭化若同志》，原载1996年8月5日《人民日报》。

去等待敌人进攻的右倾主要危险"。会议再次撤销了毛泽东总政委的职务，批准毛泽东"暂时请病假，必要时回前方"。

郭化若对此深感忧虑。他写下了两首七绝，记录了当时的历史和对未来的"预测"。《七绝·宁都会议》："换天端赖凌云志，妙计常操诱敌心；盛会宁都留余恨，千秋青史总无情。"《七绝·夺权》："乌云叠叠日无光，夺得权来乱主张；打仗不听神仙指，到头惨败更慌惶。"[1]

会议结束后，毛泽东便到长汀福音医院休养去了。10月12日，中革军委根据中央苏区中央局决定发布命令："工农红军第一方面军兼总政委毛泽东同志，为了苏维埃工作的需要，暂回中央政府主持一切工作。所遗总政治委员一职，由周恩来同志代理。"26日，中共临时中央任命周恩来兼任红一方面军政治委员。这实际上宣布撤销了毛泽东的军事领导职务。

不久，毛泽东到了瑞金城郊的东华山上的一座小庙里养病。这里距离红军学校不远，郭化若经常前往拜访老领导，请教问题。郭化若写诗《七律·东华山畔》纪事，抒发感情："西风落叶总无情，谁夺燕军乐毅缨？小寺却非楼百尺，更深听雨夜清新。"[2]

郭化若说："在那些日子里，我虽然自身难保，但我对中央苏区的发展前途，尤其对毛泽东同志的安全十分担忧，有时彻夜难眠。"[3]

---

① 《郭化若诗词选》，第36—37页。
② 《郭化若诗词选》，第33页。
③ 《郭化若回忆录》，第94页。

第四章　"长征全靠一片心"

干部团参谋

1933年9月，正值外敌蠢蠢欲动，中华民族危急存亡之秋，国民党反动派却继续同室操戈，叫嚣"攘外必先安内"，调集50万重兵对中央苏区进行了更为残酷的第五次"围剿"。

激烈的战斗旷日持久。由于王明"左"倾冒险主义错误领导，中央苏区越打越小。1934年7月，国民党军兵分六路对中央苏区中心区域发起全面进攻，中央红军的全面抵御没有扼制住敌军的攻势。8月，各路敌军向中央苏区腹地推进。

1934年8月初，国民党军东路军总司令蒋鼎文率部向长汀方向推进。这时，蒋鼎文得到了松毛岭一带红军严阵以待的情报，于是决定"东路军以击破朋口以西一带高地共军主力后进取长汀为目的，决定先将主力集结于朋口南北地区，待命开始进攻"。

8月底，担任主攻任务的敌李延年纵队第三师第八旅奉命开往朋口，在朋口以西十余里的温坊驻守了下来。东线战场的"进展顺利"，使该敌麻痹大意，放松了警戒。9月1日晚，红一军团、红九军团和红二十四师抓住有利战机，悄然包围了温坊敌军，发起了突然进攻。经过一夜激战，敌第八旅全军覆灭。

3日清晨，李延年纵队的3个团向温坊反扑。结果，敌第三师先头部队1个团，又被红军全部消灭。

因兴国战事告急，红一军团奉命开赴江西增援，红九军团和红二十四师继续留守松毛岭一线。

温坊战斗后，蒋介石大为恼怒，严惩失败将领，调北路军总司令顾祝同取代蒋鼎文，以加强东路军指挥力量，并重新调整了进攻部署。敌第十师、第三十六师、第八十三师等3个主力师磨刀霍霍，兵锋直指松毛岭。

长汀县钟屋村，被誉为"长征第一村"。

就在该村的不远处，有个叫松毛岭的地方。这里群峰连绵，山势险要。位于长汀县东南的松毛岭，是中央苏区东部的最后一道屏障。

1934年9月23日上午7时许，松毛岭保卫战开始了。敌东路军第三十六师等3个师向松毛岭主阵地白衣洋和刘坑口等地进行了猛烈的炮击，数十架德制飞机轮番轰炸，松毛岭顿时硝烟弥漫、战火熊熊。随即，敌人发起了整营整连的集群冲锋。红九军团及红二十四师、红三十四师、工人师等部坚守阵地，英勇作战，与敌反复冲杀，打退了敌人一次又一次的进攻。激烈的战斗持续到29日，红军终因弹尽援绝，被迫撤退。

至此，松毛岭保卫战整整打了7天7夜。据民国版《长汀县志》记载："是役双方死伤枕籍，尸遍山野，战事之剧，空前未有。"

9月30日上午，雨雾濛濛，红九军团在钟屋村观寿公祠堂门前草坪告别当地群众，兵分两路，经长汀、瑞金，前往于都河边集结。

10月15日，根据中革军委的命令，中央红军各军团以及2个野战纵队，分别从原驻地撤离，集结到于都河的北岸。

10月17日至20日傍晚，中央红军的5个军团以及中央的军委纵队、第一野战纵队、第二野战纵队分别从于都县城的东门、南门、西门，梓山的山峰坝，罗坳的孟口、鲤鱼、石尾，靖石乡渔翁埠这10个主要渡口先后渡过于都河，开始了举世闻名的两万五千里长征。

中央红军8.6万人，以红一、三军团为左右前卫，红八、九军团为左右两翼，中央机关和两个直属部队编成两个野战纵队居中，红五军团殿后掩护，浩浩荡荡，开往湘西。

8.6万人的长征队伍中，有近3万名八闽将士，他们遍及红军各部，到达陕北时，仅剩下2600多人。他们中的60多位，后来成为中华人民共和国开国将军。

红一军团的第一师第三团、第二师第六团由原闽西红十二军第三十四师改编而成，闽西红十一师改编为红二师第五团。

闽西红军独立第七、八、九、十师发展为红十九军，1934年6月，全军改编成红五军团第三十四师，全师6000多人。

红八军团第二十三师的1个团，由少共国际师和工人模范师中的闽西子弟兵组成。

闽西红军第十二军第三十五师改编成红九军团第二十二师，2000多人。

此外，还有大量的福建籍红军将士分布在红三军团及中央纵队。

在准备长征时，红军大学等学校组成了干部团，团长陈赓，政委宋任穷。

《宋任穷回忆录》记载："1934年10月，我红一方面军从中央革命根据地出发长征。出发前夕，为了适应当时的形势，中央军委决定，将中央革命根据地的4所红军学校合并组成红军干部团。这四所学校是红军大学（又名赫西斯大学，以在广州起义时牺牲的苏联赫西斯烈士的名字命名）、红军第一步兵学校（又名彭杨步兵学校，为纪念彭湃、杨殷二烈士而命名）、红军第二步兵学校（又名公略步兵学校，为纪念黄公略烈士而命名）、特科学校。中央军委任命原红军第一步兵学校校长陈赓同志为红军干部团团长，我为政治委员。参谋长是钟伟剑同志，遵义会议以后是毕士梯同志，又名杨林，朝鲜人。干部团下设4个营和1个上级干部队（简称'上干队'）。"[①]

老红军曾克林回忆："干部团是军委纵队的主要战斗力，担负着直接保卫军委首长和领导机关的光荣任务，行军时一般走在队伍的最后面。上干队又常常走在干部团的后面。相对而言，我们上干队还是比较精干的。200人的队伍，队部只有萧劲光队长和1名卫生员；还有1个哑巴挑夫，挑着两个文件箱；全队只有1匹牲口，用来为年纪较大的教员和病号驮行

---

① 《宋任穷回忆录》，第50页。

李；其余队员都是一个小背包、一袋干粮、一只水壶、一支枪。行军中，由于敌人前堵后追，红军机构庞大臃肿，行动缓慢拖沓，大家都心急如焚。"①

在拟定参加长征的干部团名单时，原拟把郭化若留在中央苏区。红大训练部部长钟伟剑以为总教官郭化若人才难得，于是，榜上有名。

钟伟剑（1907—1935），又名钟继连，湖南醴陵人；黄埔军校毕业后加入国民革命军第六军，参加北伐战争，曾任连长；第一次大革命失败后，在国民党第三十五军从事兵运工作，身份暴露后入日本东京大学学习；1932年春到达中央革命根据地，曾任瑞金阅兵副总指挥；1933年10月，参与组织成立瑞金红军大学，任训练部部长；1934年10月，组建军委干部团，任参谋长。旋即改任中革军委第一野战纵队参谋长，协助司令员叶剑英率中革军委机关和直属队长征；12月，中革军委第一、二纵队在贵州黎平合编为中革军委野战纵队，仍任参谋长，协助指挥纵队挺进黔北，进驻遵义；1935年2月，部队缩编，调任红三军团第十团参谋长，参与指挥全团二渡赤水河；在重占遵义战斗中牺牲。

郭化若对老战友钟伟剑"知恩图报"。宋任穷著文说："化若同志是很重感情的人，无论对上级、对战友或对部下，都非常热情，关怀备至。有一件事我印象很深：长征前期担任干部团参谋长的钟伟剑同志，当年和化若同志亲密无间，情同手足。钟伟剑同志牺牲以后，化若同志对他的亲属一直非常关怀。1979年，钟伟剑同志留在农村的一个女儿叫值难，因患癌症赶到北京来治疗。化若同志知道后，对这位从未见过面的晚辈体贴入微，每次去医院都派车接送她，还在经济上给予资助。钟伟剑的夫人告诉我这件事时，内心是很感激的。"②

其实，还有一个人在保护"犯错误"干部的方面，起到了关键性和全局性的作用。此人是叶剑英元帅，时任中革军委参谋长。《叶剑英年谱》记载："（1934年）9月，在一次讨论如何组织军委纵队的会议上，向朱德、

① 《曾克林将军自述》，第19页。
② 宋任穷《深切怀念郭化若同志》，原载1996年8月5日《人民日报》。

周恩来等军委领导人提出妥善安置和保护干部的建议和方案。建议组成军委干部团（属随营学校），保留战斗骨干，接受红军大学和其他几所已被撤销的学校中的部分教员、学员和受'左'倾领导者打击排斥的所谓'犯错误'的干部和编余干部。这一建议得到了中革军委的批准，从而保护了一批重要干部，如萧劲光、郭化若等。这批干部在遵义会议之后，都先后被恢复名誉并分配了工作。"①

干部团编有第一、二、三营及特科营、上级干部队。全团1000多人。这些人员，都是从各部队选调上来的、有战斗经验的班排长以上干部和政工人员。干部团随中央军委机关行动，归红军总参谋长叶剑英直接指挥。干部团的主要任务是警卫党中央和中央军委机关，保卫中央领导同志的安全，并负责储备、培训和为部队输送干部，必要时参加一些战斗。

郭化若被编在团部任参谋。陈赓团长说："你是一个方面军的代参谋长，被分配来做团参谋，委屈你了。"郭化若很感谢陈赓的信任。

陈赓很关心郭化若，亲自帮他去领衣服。可惜，一无所获，连一双布鞋也没有。这是因为有关人员没有给郭化若安排衣服、布鞋的份额。郭化若只得自己请人做了一双麻草鞋。10月18日，郭化若随干部团离开瑞金九堡村，踏上了漫漫征途。有道是屋漏偏逢连夜雨。郭化若的脚后跟当时溃疡，走了第一天，就把脚后跟磨破了，流血化脓，每走一步都疼痛钻心。郭化若凭着顽强的意志和毅力，咬紧牙关跛行8000多里，一直到达遵义。在遵义休整期间，郭化若治愈了脚伤。

宋任穷的回忆对此事也有记载："长征路上，我和化若同志走到了一起。中央红军主力撤离中央苏区前夕，红军大学和其他三所红军学校合并组成了红军干部团。陈赓同志任团长，我任政治委员，化若同志分配在司令部当作战科长。当时，坐骑很少，只有我们少数几个人配备有马，实际上更多的时间是照顾伤员骑的。化若同志只能徒步行走。他出发时脚后跟正患溃疡，走不多远就化脓、流血水，疼得钻心，到了遵义才稍

---

① 《叶剑英年谱》，第95页。

有好转。"[1]

原济南军区副政委欧阳平少将，江西省兴国县人，长征前期为干部团第一营第三连政治教员。他撰文回忆了长征期间的几段往事，其中说："1934年12月某日，在苗山的行军路上，我因脚痛掉队在本团的后尾。郭化若同志拄着拐杖也在后头，他一边脚痛，一边收容本团掉队人员。我们彼此走在了一起。郭主动、和蔼地对我说：'欧阳教员，不能掉队呀，就是脚痛也要拼命赶上队呀！万一掉了队，失掉了同队伍的联系，不但政治生命完了，人也难以活下去，那真正不堪设想！'紧接着，把他拄着的棍子递给我道：'我把我用的棍子转让给你，帮助你快点跟上。'当时我十分感激地说：'你也长时间脚痛，很需要它，你留下自己用吧，到前面我会设法搞到的。你对我的诚恳开导和督促，我非常感谢，并且保证做到，我咬牙也一定要赶上自己的连队去。'"[2]

郭化若说："有人说'长征全靠两条腿'，我的腿也靠不了，只能是'长征全靠一片心'。倘使当年便战死或者掉了队，那真是'一生真伪有谁知。'后来我到延安时，向毛泽东同志诉说了这段情况。毛主席在一次干部会上还提到过，末后按语：'悲惨呀！'"[3]

长征开始后的一段时期，毛泽东一直和干部团在一起行军。

突破封锁线

长征是战斗行军，一方面，是敌军数十万重兵的围追堵截；另一方面，是红军万里转战，突出重围。

红一军团是中央红军的左前锋，全军团19800多人，兵力在中央红军各军团中最为雄厚。红二师，集中了大量闽西子弟兵，一路抢关夺隘，所向披靡。

---

[1] 宋任穷《深切怀念郭化若同志》，原载1996年8月5日《人民日报》。
[2] 欧阳平《忆郭化若长征中的几件事》，《一代儒将——郭化若纪念文集》，第88页。
[3] 《郭化若回忆录》，第100页。

10月，红二师攻陷金鸡，飞渡信丰河，穿越赣州—南雄公路，一举杀入粤北，突破敌军第一道封锁线。

11月初，红二师奔袭城口，突破敌军第二道封锁线。

11月7日，红二师破道县，渡潇水，突破敌军第三道封锁线。

中央红军在连续突破敌人三道封锁线后，1934年11月下旬，前卫部队红二师进抵湘江。在这里，他们将面对敌人25个师近40万重兵的围追堵截。湘江两岸，战云密布。

湘江发源于广西东北部，是长江支流，上游称"海洋河"，在永州境内与潇水汇合后，始称"湘江"。千里湘江，上游水急滩多，中下游江面开阔。此时的湘江，成为国民党军阻挡中央红军前进的天然障碍。

11月26日，中央红军主力从永安关和雷口关进入广西，并形成红一军团为右翼、红三军团为左翼，向湘江前进的态势。

此时，红八军团、红九军团仍然在湖南的江华、永明一带，落在后面。

红一军团的前锋部队是英勇善战、一路闯关夺隘的红二师，师长陈光、政委刘亚楼奉命率部为全军打开一条右翼通道。

11月27日，红二师出敌不意渡过湘江，占领了从屏山渡到界首的湘江所有渡江点。中革军委原来命令红二师先敌占领全州，以取得阻击湘军南下的有利地形。由于湘军先期到达，红二师遂在桂（林）黄（沙河）公路上的觉山铺一带占领阵地，准备阻击敌人。

11月28日，红一军团主力经鞍山坝到达石塘圩；同日，红三军团第四师一部渡过湘江进至界首以南光华铺、枫山铺地区；红五军团扼守蒋家岭、永安关、雷口关地域，掩护后续部队通过。

敌五路"追剿"军步步进逼，企图聚歼中央红军于湘江两岸。

时任红二师第四团政委的杨成武将军在《忆长征》中回忆说："他们试图利用湘江这一天然障碍，前后夹击，把我们红军主力消灭在全县、兴县、灌阳那么一个袋形地域里。为了给刘建绪、薛岳助威，蒋介石还特意派了不少飞机在空中飞来飞去，不停地轰炸、扫射。"

红四团参加湘江之战，是从界首阻击战开始的。红四团在界首打垮了桂军主力夏威部队之后，随即奉命连夜奔赴觉山铺，和红五团并肩作战。

红一、三军团奉命保卫渡口，阻击敌军，掩护中央纵队、后卫红五军团及最后入关的红八、九军团全部过江。

湘江阻击战，在觉山铺、新圩、光华铺等主阵地全面展开。

11月28日，桂军第七军在炮火掩护下，从灌阳向新圩红三军团第五师阵地发起了猛烈的进攻。红十五团政委罗元发率领部和十四团并肩作战，坚守阵地，2个团顶住了桂军第七军3个师的轮番进攻。从11月28日打到12月1日下午四时，红十五团伤亡过半，只剩下600多人。

罗元发将军在回忆录中写道："战斗打得很激烈，不久，我和团长都负了伤。团长伤很重，已不能动弹。我头部负伤，疼痛难忍，但还能坚持行动……我坚持留下继续指挥战斗。"

与此同时，红二师在全州附近打响了觉山铺阻击战。

觉山铺也叫"脚山"，位于全州与湘江渡口之间，一条公路与湘江平行，公路两侧分布着一些起伏不平的丘陵。这里是敌人进入湘江渡口的咽喉要地。

红二师部队防守在几座孤立的山冈上。

激战到30日凌晨，红一师渡过湘江，进入阵地，与红二师并肩作战。

30日下午，在湘军3个师优势兵力和空军的轮番进攻下，红一师米花山、美女梳头岭和红二师第五团的阵地相继失陷。红二师主力退守黄帝岭。

时任红一军团第二师政治部技术书记黄炜华将军在《长征事迹永载史册》一文中回忆说："11月29日，湘军刘建绪部得悉红军先头部队已渡过湘江，其余部队也要渡江，唯恐红军进入湖南，以其4个师的兵力，从全州倾巢出动，向我红二师阵地扑来。空中飞机掩护，地面大炮开路，漫山遍野，黑压压的一片，整营整团地冲杀过来……我们也向敌人进行集团反冲锋，白刃肉搏，无数的战友壮烈牺牲。"

这天夜里，红一、二师相继撤出阵地，退守夏壁田、水头及珠兰铺、白沙河一带，构筑第二道阻击线。

11月30日和12月1日这两天，被聂荣臻元帅认为是长征途中最危险的时刻。

11月30日午夜，红一军团在固守两岸阵地没有"绝对把握"的情况下，给中革军委发出了"万万火急"的电报。电报说："……如敌人明日以优势猛进，我军在目前训练装备状况下，难有占领固守的绝对把握。军委须将湘水以东各军星夜兼程过河。第一、二师明天继续抗敌。"

12月1日凌晨3时半，红一军团收到了中共中央、中革军委、红军总政治部联合发来的电报。电报说："1日战斗，关系我野战军全部。西进胜利，可开辟今后的发展前途，否则我野战军将被层层切断……我们不为胜利者，即为战败者，胜负关系全局……"

其他电报一般是以军委主席的名义下达，而这份电报，却用了最高领导机关的联合行文，分量显得特别重。

12月1日，战斗空前惨烈。北上桂军和"追剿"军主力，向中央红军各部发起全面进攻，妄图夺回渡口，围歼红军于湘江两岸。

红一、二师阵地频频告急，但英勇的红军将士坚守阵地，殊死苦战。

聂荣臻元帅回忆说："12月1日，是战斗最激烈的一天。凌晨，敌人在敌机狂轰滥炸之下，更加嚣张地向我进犯……在20多里的战场上，炮声轰轰，杀声震天。在茂密的松林间，展开了事关生死存亡的拼杀战。"[1]

12月1日17时，中央纵队终于渡过湘江并越过桂黄公路。红二师与红一师交替掩护，边打边撤，分别从2个山隘口退入越城岭山区。

突破敌人第四道封锁线的湘江之战，是长征以来最紧张、最激烈的一次战斗。广大红军指战员虽英勇奋战，但由于"左"倾领导者的错误指挥，使中央红军付出了惨重的代价，由长征出发时的8.6万人锐减到3万多人。

湘江之战后，广大红军指战员对"左"倾领导者的错误指挥越来越不满，认为仗再不能这样打下去了。刘伯承元帅回忆道："部队中明显地滋长了怀疑不满和积极要求改变领导的情绪。这种情绪，随着我军的失利，

---

① 《聂荣臻元帅回忆录》，第182页。

日益显著。湘江之战，达到了顶点。"

"要派一个可靠的人去"

湘江之战后，毛泽东经常忙到深夜才能休息，就嘱咐干部团特科营的同志到时候叫醒他。这个任务，由毛泽东身边的老工作人员郭化若承担。

1934 年 12 月 12 日，中央负责人在通道县境召开了一个非常会议，毛泽东力主放弃同红二、六军团会合的原定计划，改向敌军兵力比较薄弱的贵州前进，争取主动，挽救危局。

在长征中，郭化若"作为作战科长，他不仅不能掉队，还要拼命往前赶。到了宿营地，别的同志可以休息一下，他却要忙着号房子、写宿营报告、找向导、调查第二天的行军线路，工作是非常辛苦的"①。一段时期，郭化若还细心照料着毛泽东的生活。他说："我发现他（毛泽东）有个习惯，早上起来后洗漱完了不吃早饭就上路，等走了几里路后才掏出饭来吃，当然饭早凉了。当时已进入寒冬，这样常吃凉饭怎么行呢？我就找叶子龙商量。他说：'这是主席的生活习惯，我有什么办法呢？'于是，我每天早上到附近村庄找老乡要上一水壶热米汤，交子龙塞在背包的夹层中捂着，主席吃早饭时就可以喝上热米汤了。这样做有个把月时间，一直到遵义。"②

在干部团进发到黎平附近时，部队在行进中受阻，敌人占领了一个小山头，用轻机枪封锁了部队的去路。陈赓派出干部团的一个参谋带着一个营攻打敌军阵地，攻击受挫。陈赓站在一个高坡上观察敌情，对宋任穷政委说："要派一个可靠的人去。"说着，陈赓的眼光一直注视着郭化若。郭化若还有"历史包袱"，所以不动声色。陈赓又说："哪个去？"没有人回答。这时，郭化若挺身而出，说："我去行不行？"陈赓正有此意，马上回答："那当然可以。"郭化若立即带着一营原班人马杀了个回马枪，利用地形地貌，隐蔽接敌，并指定一个分队向敌侧后迂回，呐喊着前后

---

① 宋任穷《深切怀念郭化若同志》，原载 1996 年 8 月 5 日《人民日报》。
② 《郭化若回忆录》，第 101 页。

夹攻。守敌无心恋战，黄昏时，就退了回去。

沧海横流，方显英雄本色。危急关头，考验战士忠诚。这一仗之后，再也没有派人监视郭化若了。

1934 年 12 月 18 日，中共中央政治局在黎平召开会议，为遵义会议纠正"左"倾冒险主义在军事上的错误打下了基础。

征程险远

1935 年 1 月 1 日，中央政治局在瓮安县猴场附近的宋家湾召开会议，重申了黎平会议的决议，决定红军强渡乌江，占领遵义。

1 月 6 日晚，红六团在狂风暴雨中急行军 2 个小时后，到达遵义城郊。

这时，大雨停了，天上还不时地落下几颗雨点。夜幕中，遵义城岗楼上的灯光闪闪烁烁。

红六团一部乔装成国民党溃兵，来到了城下，谎称追兵即将到来，骗开城门，迅速解决了城门守敌，割断电线。几十个司号员同时吹起了冲锋号，后续部队如潮水般涌入城内。守敌不知虚实，从北门溃逃。红六团占领了遵义城。红二师智取遵义后，马不停蹄，又接连攻下娄山关和桐梓、松坎。

松坎北接长江，隔江与国民党屯聚重兵的重庆对峙。红二师占领松坎，就从正面掩护了遵义。就在红一军团奉命在遵义北面构成防线时，红三军团在乌江一线、红五军团在遵义东南、红九军团在湄潭一线也完成了布防。多条防线遥相呼应，控制了遵义中心地区。

1935 年 1 月，党中央政治局在长征途中举行的遵义会议，确立了毛泽东同志在红军和党中央的领导地位，使红军和党中央得以在极其危险的情况下保存下来，并且在这以后能够战胜张国焘的分裂主义，胜利地完成长征，打开中国革命的新局面。这在党的历史上是一个生死攸关的转折点。

郭化若感慨良多，写下了《七绝·遵义会后》："千钧重担一丝悬，有术回天事亦艰；十日长征停遵义，单纯防御责谁肩？"①

遵义会议之后，毛泽东"有了指挥权"。郭化若目击了毛泽东解救红八军团军团长周昆的情形。他回忆道：

> 遵义会议后的长征路上。我走到一个三岔路口，在一个长亭上停下脚步。由于队伍进行中在这里交叉，人很拥挤。我站了一会，突然听到后面有人用低沉的声音喊了一声"毛主席"。回头一看，原来毛主席来到了。喊声发自一个被捆绑的红军干部。我认出是不久前才被委任为第八军团军团长的周昆。
>
> "你是周昆！怎么搞的？"毛主席问。
>
> "因为队伍垮了，受到审查。"
>
> "解开！解开！"毛主席又说。保卫队人员马上松了绑。我心里非常感动和高兴。毛主席又有了指挥权。
>
> 周昆说："猛烈地扩大红军，成立了新的军团。军团部机关和各级指挥机构都缺干部，不照过去逐步锻炼、逐步升级的方式扩大红军，军队没有骨干。我坚辞不当军团长，不准，只好服从命令。部队一出发就担任侧卫，每天跑上百余里，不断遭受到敌人侧击。新兵不习惯艰苦，很多人掉队、跑散，还没有过四道封锁线，全军团剩不到几个人，我也就被捕受审了。幸好还没有……还能见到毛主席。"这段自述，正是王明"左"倾路线时期"残酷斗争""无情打击"的典型事例之一。
>
> 毛主席稍微皱眉头，似乎不是不满这位被绑的人，而是不满这位被绑人的被绑。
>
> "跟我们走！适当时候给你分配工作。"亲切有力的声音震荡在碧空中。这感动人心的场面，一直牢印在我的脑海里。
>
> 偶然的事物，从来不能不是在必然的基础上发生的。遵义会议确立了毛主席在中央的领导地位，根据当时在长征中的具体情况，首先

---

① 《郭化若诗词选》，第38页。

纠正了王明路线在军事上的错误。瓦窑堡会议是长征后遵义会议的继续，主要在政治上纠正了王明路线的错误。随之又坚决纠正了王明宗派主义的组织路线，陆续为被王明路线残酷打击的许多同志取消了处分、恢复了党籍、分配了工作。是毛主席倡导了我党有错必纠的实事求是的优良传统。①

遵义会议之后，郭化若还亲自见证了"四渡赤水"之战。"四渡赤水"之战，是中央红军长征中最惊心动魄、最精彩的军事行动，是毛泽东军事生涯中的"得意之笔"，是他高超指挥艺术的生动体现，是红军战争史上的奇观，是以少胜多、变被动为主动的光辉典范。

郭化若有诗《七绝·四渡赤水》赞曰："小桥初架渡天兵，避实击虚妙计生；且听娄山关下战，桥前火把又纵横。"②

红军主力渡过乌江后，虚张声势，佯攻贵阳，掉转头又直逼昆明。敌军赶紧驰援，远离金沙江。红军遂准备挥师渡江北上。5月2日，中革军委命令干部团迅速抢占皎平渡口。

皎平渡位于四川会理和云南元谋交界处，是金沙江的重要渡口之一。此战关系到中央红军安危全局，周恩来副主席和刘伯承参谋长赶到干部团，具体部署抢渡计划。

干部团先遣营伪装成国民党部队，强行军160里，突然袭击敌厘金局和保安队，兵不血刃抢占了皎平渡口。

为巩固皎平渡口，干部团渡过金沙江，进占通安州。

通安州是一个不大的山地街镇，居高临下，地势险要。占据这个高地，就可以直接控制住皎平渡口。

干部团在通安州打了一仗，郭化若参与了战斗谋划。原济南军区副政委欧阳平少将撰文回忆说："1935年4月30日晚，胜利抢渡金沙江的红军先遣团——干部团，第二日晨在'庆祝五一国际劳动节、庆祝抢渡金沙

---

① 郭化若《在毛主席身边工作的片断》，原载《远谋自有深韬略》，第86页。
② 《郭化若诗词选》，第39页。

江胜利'的响亮话音之下，继续前进，攀登崎岖的北山，扫除少数堵截之敌，于午后上到山上。不久，我前卫营与通安镇的敌人遭遇，经过战斗俘敌一部。从俘虏口中得知，该镇之敌是刘文辉刚到的两个团，其任务是赶到金沙江畔防备红军渡江的（当时我们听了都为之发笑）。此时我随干部团团部在指挥阵地上，亲自看到郭化若参谋极力支持毕士梯和其他首长的决心，用全团的力量，以最快的动作，歼灭这立足未稳之敌。郭还参与具体部署。我们部队于下午3时40分，发起总攻战斗，实施猛打猛攻。战斗约一小时，敌军除少数溃逃外，大部被我军歼灭。完全占领通安镇，北岸桥头堡得到确立，保障了中央机关和全军经六昼七夜完全胜利地渡过天险金沙江。郭化若在这次战斗中，起到了一个参谋应有的积极作用。"①

巧渡金沙江，被誉为"战争奇迹"。红军全部渡江后，敌人追到金沙江岸，他们望着滔滔的江水和空空荡荡的沙滩，除了偶尔听到一两声零星的凄清枪声，看不到任何红军的踪影。

1935年5月，中央红军巧渡金沙江，跳出了数十万敌军围追堵截的圈子，实现了渡江北上的战略方针，取得了前进中的主动权。蒋介石声势浩大的围追堵截计划无可奈何地破产了。

渡过金沙江后的第三天，红五军团和红一、三军团在会理附近会合。在这里，他们进行了短时间的休整。军团政治部宣传部部长黄镇等人新编了一个活报剧，名叫《一只破草鞋》，由红五军团的"猛进"剧团在晚会上演出。剧本描写的内容是：蒋介石的数十万人马跋涉数千里，一路尾追红军来到金沙江边，他们所谓的"辉煌"战果，仅仅是拾到了一只红军战士穿烂的破草鞋。

郭化若赋诗《七绝·巧渡金沙江》，曰："长江天堑浪滔滔，北上雄狮志气豪；回顾追兵数百里，从容巧渡乐呵呵。"②

过了金沙江，前面还有一条大渡河，这中间是少数民族区域。1935

① 欧阳平《忆郭化若长征中的几件事》，原载《一代儒将——郭化若纪念文集》，第88—89页。

② 《郭化若诗词选》，第40页。

年 5 月 22 日，中央红军先遣队从冕宁大桥出发，进入彝族地区。刘伯承司令员按照彝族的习俗，同首领小叶丹歃血为盟，结拜为兄弟，并赠送武器、弹药，帮助他们建立自己的武装。

郭化若回忆说："我军派刘伯承等同志与三派中较好的一派首领谈判，以送枪和现洋买路，借路通过，不住宿该地，保证不惊扰为条件，达成协议，饮血酒为盟，乃急速通过。通过后留下 2 个步兵连，由总部卫生部政委率领在北端边界上展开工作。第二晚即得到电讯，由于一些同志不警惕，遭到袭击，被残杀无遗。"①

1935 年 5 月，中央红军挥师大渡河，兼程前进。

大渡河发源于青海省，是岷江最大的支流，两岸群山耸立，险滩密布，水流湍急，素有"天险"之称。

1863 年 5 月，太平天国翼王石达开指挥的太平军余部 4 万多人在这里全军覆没。悲愤的石达开留下了"大江横我前，临流何能渡"的千古浩叹。

蒋介石效仿清代将领骆秉章围歼石达开的部署，命令薛岳指挥 3 个纵队兼程追击，命令川军刘文辉部加强大渡河北岸防御并命令杨森率全军经乐山、雅安赶赴大渡河，命令刘湘派第二十一军第六师第二旅赶赴汉源、富林加强防御。

蒋介石在上至富林、下至泸定桥的大渡河沿岸布下重兵，企图聚歼中央红军于大渡河南岸，期待"朱毛红军"重蹈太平天国覆辙，成为"石达开第二"。

为打破敌军企图，中革军委决定将中央红军组成左、右两个纵队北进。主力为左路，经冕宁大桥、拖乌等地，通过彝族聚居区，向石棉县安顺场前进，抢渡大渡河；右路纵队由红二师第五团、侦察部队及红一军团军团部组成，由军团参谋长左权、红二师政委刘亚楼率领，主要任务是占领大树堡渡口，掩护右侧翼并佯渡，策应兄弟部队在安顺场的抢渡行动，同时钳制、调动大渡河上游之敌。

---

① 《郭化若回忆录》，第 104 页。

右路纵队的这次行动，史称"佯动大树堡"。

刘忠率便衣侦察队攀登峭壁，奇袭小相岭，俘敌一个排，越西城守敌望风而逃。接着，刘忠又率部夺占了晒经关和大树堡的两个隘口，并迅速攻占了大树堡渡口。

右路纵队随即跟进，在大树堡地区做出将大举渡河攻进西康省会雅安的各种架势。川军急调安顺场、泸定桥方向北岸兵力，加强雅安一线防守。

这时，安顺场敌军兵力较为空虚。

大雨倾盆，天色空濛，一支队伍在崎岖泥泞的山路上急速前进。这是杨得志率领的中央红军先遣队红一师第一团。他们的目的地，正是安顺场。

5月24日，红一团赶到安顺场，干净利落地歼灭守敌两个连，缴获1条渡船，控制了安顺场渡口。

5月25日，红一团17名勇士在安顺场强渡大渡河成功，打开了一条前进通道。但河面水流湍急，不能架桥，渡口只有几条小船，数万红军过河，旷日持久，必然延误军机。

中央红军受阻于大渡河边。蒋介石闻讯大喜，以为数万红军犹"虎落平阳，不难就擒"，电令川军刘文辉、刘湘、杨森部坚堵河岸，并命令薛岳指挥的国民党"中央军"嫡系3个纵队加紧衔尾急追。

薛岳部昼夜兼程，已经通过德昌，正加速向大渡河赶进，情况十分紧急。

为迅速渡过大渡河，中革军委决定转向西北，争取并控制泸定桥渡河点。5月26日，中革军委做出新的部署：红一师及干部团为右纵队，红一军团军团部、红二师主力及红五军团为左纵队，同时循大渡河左右两岸向泸定桥疾速前进，协同袭取该桥。

5月27日，中革军委命令红二师，务必于本月30日夺占泸定桥。红二师四团临危受命，政委杨成武、团长黄开湘率全团指战员，从安顺场出发，沿大渡河右岸，直奔目的地。

29日6时许，红四团终于到达泸定桥西岸，占领了全部沿岸阵地。下午4时许，总攻开始了，杨成武一声令下，红四团数十名司号员同时吹响了冲锋号，22 名突击队勇士手持冲锋枪或短枪，背插马刀，腰缠 12 颗手榴弹，在二连长廖大珠率领下，冒着密集的枪弹，攀着桥栏，踏着铁索向对岸冲去。经过两个小时激战，守敌两个团被消灭大半，残敌狼狈逃窜。黄昏，红四团全面控制了泸定桥地区。

红四团占领泸定桥后，刘伯承、聂荣臻率领的红一师和干部团，沿大渡河左岸日夜兼程向北疾进，在击破敌军一个团阻拦后，顺利到达泸定城。第三天，红一军团主力到达。

杨成武将军回忆说："大家一起走到桥中央，伫立在那里，整个大桥上静静的。毛泽东大声说，同志们，我们是共产党人，是工农红军，不是石达开，不是太平军。"

"金沙水拍云崖暖，大渡桥横铁索寒。"万里长征，艰难险阻无数，而大渡河之战却突出地烙在流传广远的《七律·长征》之中。

美国总统的安全助理在重走长征路的时候，听到杨成武率红四团飞夺泸定桥的故事以后也说如果当时国民党军炸毁了泸定桥，或者说红军在这时候没有夺取泸定桥，那么中国今后的历史就要重新改写了。

郭化若有诗《七绝·急夺泸定桥》赞曰："泸定桥头铁索寒，桥前敌我战方酣；雄师急进驱顽敌，夺得长江又一关。"[①]

郭化若是在安顺场渡过大渡河的。他回忆说："干部团是 5 月 24 日从安顺场渡河的，我和红大教员陈明最后渡河。此处河宽 300 多米，水流湍急，两岸悬崖峭壁高耸入云。我和陈明上船后，渡口空寂无人。渡河很危险，我们前面一只装满物资和骡马的船，在河中心由于骡马乱动而触礁沉没了。我们的船行到河心，被浪抛上跌下，船身倾斜成 45 度。大浪盖过来，人就得从水下钻上来，从头到脚被水浇一遍。过了河，陈明同志风趣地说：'身上的虱子都抖干净了。'"[②]

陈明（1902—1941），字少微，学名若星，福建省龙岩市东肖镇人；1926 年加入中国共产党；早年与邓子恢等发起创立"奇山书社"，传播

① 《郭化若诗词选》，第 41 页。
② 《郭化若回忆录》，第 104 页。

马列主义；曾在厦门中山中学任教，随后考入上海大学学习；北伐时期任国民革命军东路军政治部组织科长，随军入闽；"四一二"事变后，赴武汉向中共中央汇报福建形势；1927年8月，作为中共中央福建省党务特派员返回厦门，组建中共闽南临时特委（任书记）；同年12月，根据中央指示在漳州召开闽南、闽北党组织联席会议，成立中共福建临时省委，任临时省委书记；后由中共中央派送苏联莫斯科东方大学学习，1931年冬回到厦门工作；1932年4月，红军东路军攻下漳州后，担任福建军区宣传部长、红军总政治部宣传科长；参加长征前，陈明为红军大学政治、军事理论教员；抗日战争期间，陈明任八路军一一五师宣传部长，参与领导创建山东抗日根据地；1941年冬，在反"扫荡"作战中，时任山东省战时工委副主任兼秘书长的陈明指挥一一五师直属机关在大青山与日军周旋达7个星期，在大谷台陷入日军一个旅团重围，壮烈殉国。

过了大渡河，郭化若、陈明他们在安靖坝住了两天。沿河上行，到达泸定县后，又沿大渡河右岸逆行。此时，郭化若担负了单独率领一个营殿后的任务；同时，必须照顾好"五老"。

干部团保护和照顾老同志，是特殊而重要的任务。时任干部团政委的宋任穷说："遵义会议以后，部队进行了整编，中央把一些老同志送到干部团，由我们保护和照顾。如董必武、徐特立两位老同志，还有成仿吾、冯雪峰、李一氓等同志都到了干部团。毛泽东同志对陈赓同志和我讲：'对董老、徐老你们一定要保护好，出了问题唯你们是问。'"[1]

在一次敌机的骚扰中，郭化若这个营和"五老"失联了，搞得郭化若"很紧张"。郭化若说："大约6月初，干部团要我单独带1个营掩护卫生部，走在最后。长征队伍中德高望重的老同志，像徐特立、董必武、谢觉哉等被称为'五老'，也跟卫生部行动。一天从汉源县的化林坪出发，遇到了敌机的骚扰，由于分散隐蔽，'五老'走了另一条道。我们到了水子地宿营时，还不见'五老'，我便带着战士往回找，天黑时才迎回'五

———
① 《宋任穷回忆录》，第50页。

老'。因为那一带敌川军杨森的部队在活动，情况很复杂，当时搞得很紧张。后来我们路过天全、芦山时，又与杨森所部发生过战斗。"①

郭化若回忆中的"五老"，是苏区对5位德高望重的老同志的习惯尊称。参加长征的，实际上只有"四老"。丁玲主编的《红军长征记》中有"必武"《出发前》一文，其中说："在中央根据地，因叔衡、特立、觉哉、伯渠和我五个人年龄稍大，诸同志都呼我们'五老'。出发时我与特立、觉哉、伯渠等，都随着红军移动，经历了千山万水、苦雨凄风。飞机轰炸过无数次，敌人抄袭过无数次，苗山蛮荒的绝粮，草地雪山的露营，没有障碍住我们，我们都完全地随着大队红军到达了目的地。只有叔衡同志留在了根据地，落到了反革命的手中，而成为他们的牺牲品。这是怎样的令人悲愤的事呵！"②此版书籍对"必武"进行了注释："董必武（1886—1975），中共一大代表，曾任中共中央政治局委员，中华人民共和国副主席、代主席。参加长征的'四老'之一（另外'三老'是谢觉哉、徐特立、林伯渠）。"

"五老"中，何叔衡没有参加长征。

何叔衡（1876—1935），字玉衡，号琥璜，出生于湖南省宁乡县一个农民家庭，无产阶级革命家，是中共一大代表、中国共产党创始人之一。1931年11月，何叔衡当选为中华苏维埃共和国中央执行委员会委员，任临时中央政府工农检察人民委员、内务人民委员部代部长、临时最高法庭主席等职。1934年10月，中央红军主力长征后，何叔衡奉命留在中央革命根据地坚持游击战争。1935年2月24日，从江西转移福建途中，在长汀突围战斗时壮烈牺牲，时年59岁。2009年9月10日，何叔衡被评为100位为中华人民共和国成立做出突出贡献的英雄模范人物之一。

爬雪山·过草地

中央红军占领泸定城之后，即沿河南下，然后分路向天全、芦山进发。

---

① 《郭化若回忆录》，第105页。
② 《红军长征记》，第2页。

5月31日，红四团出奇制胜，打下了位于泸定县东南、汉源县西北的飞越岭垭口，为全军打开了通向天全、芦山等地的通道。

6月8日，中央红军一举突破敌人天全、芦山防线，进抵夹金山脚下大尧碛地区。

夹金山是中央红军在长征途中跨越的第一座大雪山，海拔4900多米，位于宝兴西北、懋功之南、理县西南，终年积雪，空气稀薄，气候变化无常，时阴时晴，时雨时雪，忽而冰雹骤降，忽而狂风大作，有"神山"之称。有歌谣唱道："夹金山，夹金山，鸟儿飞不过，人不攀。要想越过夹金山，除非神仙降人间。"

一路闯关夺隘、所向披靡的红四团，再次担任前卫团重任，奉命为全军踏开一条雪山通道。

《杨成武回忆录》记载说："12日9时许，在洪亮的集合号声中，部队从邻近的几个小村落向大尧碛村集结，进行翻雪山的动员……9时许，队伍浩浩荡荡地沿着河旁的小路，向夹金山麓进发。"①

红军是铁打的英雄好汉，他们以大无畏的英雄气概，发扬阶级友爱，互相帮助，忍受饥饿和高山缺氧，冒风雪、战严寒，向生命极限发起挑战，一步一喘地向峰顶迈进。

中央统战部原副部长童小鹏时任红一军团政治部秘书，他在《军中日记》中记载了1935年6月12日翻越夹金山的情形："出发后40里就开始上山，由山脚至山顶30里，但路陡处只十数里，可是因为地势特高空气稀薄，又加之这几天来吃包谷营养不良，故将及顶时，个个都手脚疲软、气喘头晕，每行几十步又要稍休息后始能继进。"

时任红二师作战参谋的黄炜华将军对爬雪山有刻骨铭心的记忆。他回忆说："红二师奉命为先行师，在宝兴城南关地区准备3天，令红四团为前卫团于6月12日开始爬山……我在爬雪山时生病发高烧，体力不支，躺在路旁。刘忠同志看到后，就说：'黄炜华起来，骑我的马前进！'刘

---

① 《杨成武回忆录》，第181页。

忠把我扶到马上，我得救了。"

阙中一将军在他的回忆录《跟随毛主席过万水千山》一书中，以"风雪夹金山"为题，回忆了他跟随毛主席过雪山的壮举："快到山顶，空气愈显稀薄，呼吸更困难了。大家只怪自己的嘴巴鼻子太小了，恨不得一口把天也吞下去。卫生员小钟脸色苍白，摇摇欲倒。毛主席看他不行，就要他拉住小红马的尾巴。小钟不愿享受这份照顾，摇摇头，硬着脖子往前走，可没走几步就停了下来，张着嘴，大口大口地拼命喘气。主席说：'你怎么不听话呢？这样下去，你就非常危险了。'接着就下命令，要小钟拉住马尾巴。小钟话也说不出，眼泪汪汪地拉住了马尾巴。"

翻过夹金山后，红一方面军将要和红四方面军会师。为此，红一方面军开展了热烈的捐献活动，准备用省下的"伙食尾子"买些慰问品给红四方面军的战友。携带"伙食尾子"的这个特殊任务就交给了时任中革军委总直属队政治处技术书记的卢仁灿。卢仁灿携带着沉重的钱袋艰难地翻越大雪山，快到山顶了——这是最艰险的时候，一些战友因高寒缺氧瞬间失去了年轻的生命。恰恰在这个时候，卢仁灿发现他装钱的米袋子松了，有银圆掉在地上了。他就要去捡。周围的同志就跟他说，别动，别动，就别捡了，赶紧走，不能停，停都不能停。可是当时他就冒着危险把这个钱捡上来了。

翻越大雪山后，郭化若写下了《雪山》，表达了一个革命者的英雄气概："海拔六千米，途中亘一山；冰天又雪地，行人叹路难。夜来狂风奔怒吼，雹飞如弹又如斗；风雹扑人人欲倒，坚持勇进更抖擞。"[1]

郭化若保护"五老"翻越了大雪山。《郭化若回忆录》说："上山前我们都喝了姜汤，但身上只穿单衣，到了山脚下就感到寒气袭人，越往上走冷得越厉害。到了山顶，冻得浑身发抖，加上空气稀薄，迈步十分艰难。我还有保护'五老'的任务，但也从'五老'身上吸取了力量。他们比我大20多岁，没有一个掉队的，我还有什么可说的呢？"[2]

---

① 《郭化若诗词选》，第43页。
② 《郭化若回忆录》，第105页。

中央红军怀着坚定的革命信念，发扬革命英雄主义精神，凭着坚忍不拔的毅力和团结奋战，战胜了风雪严寒和高山缺氧等重重险阻，终于把人迹罕至的大雪山踩在了脚下。

聂荣臻在回忆录中说："就整个来说，我们全靠万众一心、群策群力、互相帮助，发扬了阶级友爱，胜利地越过了夹金山。我也和大家一起，因为想到我们盼望已久的四方面军战友就在山脚下，自己也说不清哪里来的那一股体力，硬坚持越过了雪山。"①

6月18日，红一方面军全部翻过夹金山，与红四方面军在懋功胜利会师。

郭化若将军回忆说："过了雪山，天晴了，明亮了。看到山下有部队来回走动，接着听到前面欢呼'一、四方面军会合了'。这是大家日夜盼望的时刻，人人兴奋异常，走变成了小跑。我们进入达维镇时，红四方军的同志还敲锣打鼓列队欢迎呢。"②

中央红军和红四方面军会师后，总兵力10万多人，士气高涨，战斗力大为增强。

中央红军翻越大雪山之后，一路征战，所向披靡，但形势仍极为严峻：胡宗南在松潘地区的漳腊、龙虎关、包座一带集结了几个师；东面的川军也占领了整个岷江东岸，一部已经占领了岷江西岸的杂谷脑；追击中央红军的刘文辉部已经赶到了懋功，并向抚边前进；国民党中央军嫡系薛岳、周浑元部集结于雅州，形成了多面围攻之势。

1935年6月26日，中央政治局在两河口召开扩大会议，讨论战略方针问题。该会议是两大红军主力会师后的一次重要会议。会议确定了两军共同北上，在川陕甘创建根据地的战略方针，并做出了攻打松潘的计划。

松潘是四川西北部的重要城镇，控制着由四川北出甘南的交通要道。红军如果占领这个地区，可以避免西绕茫茫草地，直出甘南。这时，胡宗南部仍分散在松潘、平武、文县地区，尚未集中，碉堡也未筑成，且粮食

---

① 《聂荣臻元帅回忆录》，第219页。

② 《郭化若回忆录》，第105页。

缺乏，战机非常有利。由于张国焘借口一再拖延，不肯打，结果失去了战机，红军只好绕若儿盖大草地边上通过。

松潘草地位于青藏高原与四川盆地的连接地段，纵横数百千米，面积约 15200 平方千米，地势由东、南、西三面向北倾斜，白河、黑河迂回曲折由南向北贯穿其间，沼泽草甸遍布，腐草堆积，处处陷阱，泥泞难行。

早在《松潘战役计划》制定后，为探明道路，红六团在红一军团政治部主任朱瑞率领下，由康猫寺地区进入草地，由于情况不明，携带粮食不多，饥寒交迫，再加上遭遇敌千余骑兵袭击，损失较大。

毛泽东亲自点将，英勇善战的红四团奉命穿越松潘草地，为全军探路。

8 月 21 日清晨，红四团全团背负肩扛武器弹药、粮食、路标和木柴，浩浩荡荡地从若儿盖出发了。

红四团克服重重困难，经过 6 天 6 夜艰难行军，胜利地走出了"死亡地带"的水草地，到达了班佑，为全军踩出了一条通道。

走出草地后，杨成武将军感慨地说："6 天，饥寒交迫的 6 天，困难重重的 6 天。在这 6 天里，我们和大自然作斗争，献出了多少宝贵的生命！如今，在党和毛主席的领导下，依靠阶级友爱和团结互助，以及红军特有的坚忍不拔的革命精神，我们终于在茫茫的草地上踏开了一条北上抗日的前进道路。"

沿着红四团开辟的道路，红一军、军委纵队、红三军、红军大学等部随后跟进，开始了一场征服川西北草地的艰难行军。

在茫茫的水草地上，红军指战员面对着凶恶的敌人，面对着深不可测的沼泽陷阱，面对着变化无常的严酷气候，还要面对着极度的疲惫、疾病和饥寒。

在这艰险异常的征途中，许多红军战士没有倒在敌人的炮火下，却被严酷的自然环境夺去了宝贵的生命。

时任红三十一军政治部宣传科科长卢仁灿将军回忆说："头天晚上，大伙还一堆一堆地围着篝火取暖。第二天太阳升起，部队要出发了，一些战友一动不动地扛着枪坐在早已熄灭的篝火边，再也起不来了。"

1984年，全美作家协会主席哈里森·索尔兹伯里在写作《长征——前所未闻的故事》这本名著时，采访了时任解放军军事医学科学院院长的涂通今将军。涂通今将军说："空气稀薄使人变得虚弱。每个人跌进泥沼之中，就像在西安出土的泥人一样。医生用樟脑和嗅盐抢救昏迷的人，但有些人再也没有醒过来。"

多年以后，郭化若将军回忆起过草地的情形，对其变幻无常的天气，使用了"古怪"一词。他说："草地是一片大沼泽，天气十分古怪，'半天云雨半天晴，处处软泥处处坑；失足坑深不知底，无人无法助攀登'。不但这边天云雨、雷电，那边晴天化日，而且顷刻之间这边天和那边天会互换过来。地上到处有陷坑，只有请人带路，沿一条小路可以前进。茫茫无际草地，我们只走了一角，用了5天半，沿途看见用树枝搭的棚子内，遗下许多伤病员；还看见一匹马陷在泥坑中，一动不动，永远不会再起来了。"[1]

在草地这个"死亡陷阱"，红军付出了巨大的代价。仅据红一军团统计，牺牲和掉队的就有500多人。

横跨草地，面对极端的艰难困苦，广大红军指战员始终保持昂扬的革命斗志，团结互助，坚忍不拔，前赴后继，一往无前，创造了中外军事史上的奇迹，写下了"革命理想高于天"的不朽篇章。

"发生了如此重大的意外事件"

放弃松潘战役后，红军总部于8月3日拟定了《夏洮战役计划》，规定红军分左右两路行动：路军由红四方面军3个军和红一方面军的第五、九军团组成，由朱德总司令、张国焘总政委、刘伯承总参谋长率领由阿坝北进；右路军由红一方面军第一、三军团和红四方面军2个主力军组成，由红军前敌总指挥部总指挥徐向前、政委陈昌浩、参谋长叶剑英率领经班

---

[1] 《郭化若回忆录》，第106页。

佑北上。党中央和干部团随右路军行动。8月29日至31日，右路军在包座歼灭国民党军四十九师5000多人，控制了包座地区，打开了向甘南进军的门户。随即，右路军进入巴西和牙弄、阿西一带。9月3日，张国焘致电徐向前、陈昌浩并转党中央，公开反对北上方针。9月8日，张国焘致电徐向前、陈昌浩，命令"一、三军暂停向罗达进，右路军即准备南下，立即设法解决南下的具体问题"。张国焘还命令左路军中的红四方面军驻马尔康地区的部队，要他们转令军委纵队移到马尔康待命，如其不听则将其扣留。为此，毛泽东、周恩来等联名致电张国焘，催促张国焘等率部"在阿坝、卓克基补充粮食后，改道北进"。就在这时，一个分裂红军的更大危机出现了。《叶剑英年谱》记载："（1935年）9月9日，张国焘从阿坝致电徐向前、陈昌浩并转中共中央，再次表示反对北进，坚持南下，并称'左右两路绝不可分开行动'。另背着中央密电陈昌浩率右路军南下，并企图分裂和危害党中央。叶剑英看到张国焘的密电，立即赶到毛泽东住地报告。毛泽东抄下电文，告诉叶剑英处境危险，要赶快回去，务必提高警惕，以防意外。叶剑英立即返回前敌指挥部，将电报交给了陈昌浩。叶剑英走后，毛泽东同张闻天、秦邦宪等紧急磋商，一致认为再继续说服等待张国焘率部北上，不仅没有可能，而且会招致严重后果。当晚，在红三军驻地，毛泽东同张闻天、周恩来、秦邦宪、王稼祥召开紧急会议，决定迅速脱离险区，率领红一、三军立即北上。"[①]

中共中央机关和红一、三军团单独北上的行动，带来了极大的"震动"。《徐向前回忆录》记载："他们于九月九日夜间开拔，第二天清晨，我们才知道。那天早晨，我刚刚起床，底下就来报告，说叶剑英同志不见了，指挥部的军用地图也不见了。我和陈昌浩大吃一惊。接着，前面部队打来电话，说中央红军已经连夜出走，还放了警戒哨。何畏当时在红军大学，他跑来问：'是不是命令叫走？'陈昌浩说：'我没有下命令，赶紧叫他们回来！'发生了如此重大的意外事件，使我愣了神，坐在床板上，半个钟

---

① 《叶剑英年谱》，第108页。

头说不出话来。心想这是怎么搞的呀，我们毫无思想准备呀，感到心情沉重，很受刺激，脑袋麻木得很。前面有人不明真相，打电话来请示：'中央红军走了，还对我们警戒，打不打？'陈昌浩拿着电话筒，问我怎么办。我说：'哪有红军打红军的道理！叫他们听指挥，无论如何不能打！'陈昌浩不错，当时完全同意我的意见，做了答复，避免了事态的进一步恶化。他是政治委员，有最后的决定权，假如他感情用事，下决心打，我是很难阻止的。在这点上，不能否认陈昌浩同志维护团结的作用。那天上午，前敌指挥部开了锅，人来人往，乱哄哄的。我心情极坏，躺在床板上，不想说一句话。"①

郭化若亲身见证了这次的"重大的意外事件"。他在回忆录中写道："9月9日，（张国焘）还秘密电令陈昌浩率右路军南下，企图分裂和危害党中央，情况万分危急。当晚，毛泽东和中央其他领导同志决定立即脱离险境，率红一、三军团及军委纵队、红大、干部团北上，沿包座河上游向东北方向行进。干部团住在一座大喇嘛寺内，10日上午紧急集合出发，在路边休息待命。等到下午周恩来同志满脸怒容走过来，对宋任穷同志说'走，出发'，干部团立即跟着出发了。我猜想中央又出了什么问题。部队通过了卡岗寺敌人的封锁线，翻过了两座山，连夜行军80里，到了一个小村庄宿营。第二天继续北进。当爬上一个小山坡时，有几个骑兵通讯员边跑边喊：'陈昌浩政委命令，部队停止前进！'开始没人理他，接着红大教育长李特（四方面军副参谋长）高喊：'停止前进！'部队出现混乱，有的说：'陈昌浩算什么，这是周副主席命令走的。'这时李德和李特吵起来了，李德扭着李特要见毛泽东。就在这个时候，毛泽东在半山坡上出现了。他一手叉腰，一手在空中挥舞，高声喊道：'愿意跟党中央北上的跟着走，愿意回去跟张国焘的可以回去。你们将来还会回来的。'干部团的指战员高呼：'我们跟毛主席前进！'原四方面军的学员有的停下来了，其他同志继续前进。"②

① 《徐向前回忆录》，第335页。
② 《郭化若回忆录》，第107页。

第四章 「长征全凭一片心」

· 87 ·

时任干部团政委的宋任穷也以亲历者的角度记录了这一过程：

我们摸黑走了 20 多里路，天快亮了，忽然后面传来命令："传令兵通过，部队原地停下。"这是陈昌浩同志派人送来的张国焘要南下，不准北上的命令。红军是很守纪律的，虽然大家对此命令不满，但部队还是就地停了下来。

这时候，毛泽东同志和其他中央领导同志走在红军学校前头，在半山坡一块很小的平地上停了下来。王稼祥、叶剑英、杨尚昆等同志也到了这里。我们都赶到毛泽东同志跟前。张国焘的追随者、红军学校教育长李特，这时持枪带着几个人从后面追到这里。李特问毛泽东同志："现在总政治委员张国焘同志来了命令要南下，你们怎么还要北上？"跟着李特的几个警卫员，手提驳壳枪，指头按着扳机，气势汹汹，气氛十分紧张。

面对李特的无礼威胁要挟，毛泽东同志从容不迫，镇定自若地同往常一样，从维护党的团结、统一出发，对李特晓以大义，语气平稳、庄重，耐心地讲明了当时的政治形势和军事形势，指出在当时的情况下我军只能北上，万万不可南下。毛泽东同志冷静而坚定地说："这件事可以商量。大家分析一下形势，看是北上好，还是南下好。现在只有北上一条路可以走，因为南边集中了国民党的主要兵力，而陕西、甘肃的敌人比较薄弱，这是一。第二，北上抗日，我们可以树起抗日的旗帜；南下是没有出路的，是得不到全国人民的拥护的。"毛泽东同志严肃地正告李特："彭德怀同志率领的三军团就走在后面。彭德怀同志是主张北上，坚决反对南下的。他对张国焘同志要南下，火气大得很哩！你们考虑考虑吧！大家要团结，不要红军打红军嘛！"

毛泽东同志的严正警告，使李特不敢轻举妄动。因为彭德怀同志在红军中享有能征善战的声威，他们不能不有所顾忌。

最后，毛泽东同志恳切地对李特说："请你向国焘同志转达我的意见。根据对当前政治形势分析，南下是没有出路的，南面的敌人力量很大。我相信，北上才是真正的出路，才是唯一正确的。我相信，不出一年你们一定会北上的。你们南下，我们欢送。我们前面走，给你们开路，欢迎你们后面来。我们前面走，欢迎你们后面来。"

最后一句话，接连讲了三遍。毛泽东同志这一番话，语重心长，给我们留下了深刻的印象。至今不少同志还清楚地记得。[①]

在这个危机四伏的关头，郭化若一直在场。《郭化若回忆录》写道："毛泽东招呼我过去，从袋子里拿出一封信来说：'化若同志，你在这里等一下（因为前面有岔道），红四方面军工兵营的营长来了，就交给他。'我知道这是张国焘在搞分裂，革命又遇到了风险。在这一、四方面军分道扬镳的时候，毛泽东同志将这封信交给我转交，这是对我的信任。我说坚决完成任务。"[②]

红四方面军的一些同志顺原路南下，他们的心情非常复杂，默默无语。大约1个小时之后，一些扛着大斧、铁锹的队伍走过来了。这正是红四方面军的工兵营。郭化若把书信交给了工兵营长。他一听是毛主席给他的信，立正用双手捧了过去。这封信，是党中央《为执行北上方针告同志书》。

胜利北上

9月12日，中央政治局在俄界召开了扩大会议，讨论了北上的战略方针，通过了《关于张国焘同志的错误的决定》。这一决定只传达到中央委员，未向全党公布。之后，红一方面军主力继续北上。

9月17日，杨成武、黄开湘率红四团夺占天险腊子口。《聂荣臻元帅回忆录》中说："腊子口一战，北上的通道打开了。如果腊子口不打开，我军往南不好回，往北又出不去，无论军事上、政治上，都会处于进退

---

① 《宋任穷回忆录》，第76—77页。
② 《郭化若回忆录》，第107页。

失据的境地。现在好了，腊子口一打开，全盘棋都走活了。"[1]

9月20日，红一方面军主力翻越岷山，到达宕昌县的哈达铺。9月22日，中共中央在哈达铺召开了红一、三军的团以上干部会议。按照中央政治局俄界会议决定，军委纵队和红一方面军主力整编为中国工农红军陕甘支队，下辖3个纵队。全支队共7000多人。

此后，陕甘支队通过敌渭河封锁线，攻占榜罗镇。

此时，红军面临着敌军骑兵可能制造的"麻烦"。郭化若为营部和警卫连全体干部战士讲授了对付敌骑兵的方法。欧阳平将军回忆说："红军长征出了哈达铺，通过渭河敌人封锁线，于1935年9月底，在榜罗镇休整一天。上午全支队（红一方面军已整编为陕甘支队）连以上干部开大会，听取毛泽东、洛甫、彭德怀等领导同志的政治动员讲话。我们干部营（由干部团改编为干部营）听完了毛泽东等领导同志报告后，回到驻地分头进行讨论学习。到黄昏时，集合营部和警卫连全体干部战士，由郭化若参谋上课，专讲对付敌人骑兵的问题。他着重讲到在我们去和陕甘红军会合的前进道路上，敌人必然要使用骑兵拦截袭击我们。对付骑兵，我们是缺乏经验的。有了准备就不怕，随时准备同敌人骑兵战斗。发现敌骑，绝不要惊慌，要沉着，不能乱跑。大伙围成圆圈，端好枪，敌骑向我们任何方向前进，我们都能以猛烈的火力射击，杀伤敌人，迫使敌骑兵撤退，造成我友邻部队消灭敌人的机会。课讲完后，郭化若带领大家唱《打骑兵歌》，齐唱：'敌人骑兵不可怕，又高又大又好打……'那时我在干部营营部任指导员，对郭这次讲课，至今记忆犹新。"[2]

陕甘支队翻越六盘山，于1935年10月19日，到达陕北吴起镇。

红军刚刚停脚，一路尾随而来的宁夏军阀马鸿宾、马鸿逵的骑兵和原东北军白凤翔的骑兵赶到了附近，对红军形成夹击之势。

毛泽东下令："割掉尾巴！"

10月21日，彭德怀指挥红军陕甘支队第一、二纵队在吴起镇头道川

① 《聂荣臻元帅回忆录》，第229页。
② 欧阳平《忆郭化若长征中的几件事》，原载《一代儒将——郭化若纪念文集》，第89页。

布下伏兵，干净利索地消灭了敌骑1个团，击垮3个团，俘敌700多人，缴获一批轻重武器和战马，补充了红军新建的骑兵队。

刚进入陕北就打了一个漂亮的胜仗，毛泽东闻讯大喜，挥毫写下了一首六言诗："山高路远坑深，大军纵横驰奔；谁敢横刀立马？唯我彭大将军。"

中央红军的长征，从1934年10月17日跨越于都河开始，至1935年10月19日抵达吴起镇结束，共行军368天，15整天打大决战，白天行军235天，夜晚行军18天，日平均行军37千米；跨越18条山脉，其中5条终年积雪；渡过24条河流，穿越方圆15200平方千米草地；转战11个省，占领过大小62个城市，通过6个少数民族地区；几乎平均每天就有一次遭遇战，平均每行进一千米就有三四个战士献出生命。

毛泽东高度评价了中国工农红军长征的伟大意义。他说："长征是历史纪录上的第一次，长征是宣言书，长征是宣传队，长征是播种机。总而言之，长征是以我们胜利、敌人失败的结果而告结束。"

在举世闻名的两万五千里长征中，在中央红军8.6万人的队伍里，有近3万名八闽将士。他们为红军长征的胜利付出了巨大的牺牲，做出了不朽的贡献。他们的英勇事迹和伟大的革命精神将永载史册，万古流芳！

第五章　延安岁月

从庆阳步校到中央党校

1936年6月1日，瓦窑堡米粮山上红旗招展，锣鼓喧天，抗日红军大学简朴而热烈的开学仪式正在如期进行。人们注意到，旧庙广场上临时搭建的主席台两侧，贴着一副端庄凝重的行书对联："欢迎新学员，迎接新胜利；高举抗日旗，创造新世界。"这副对联的作者，正是有"儒将"之称的原中国工农红军学校训练处处长郭化若。

抗日红军大学是在中国工农红军学校的基础上创建的，设3个科，分别培训师级干部、营连干部，以及班排干部、部分红军老战士。办学计划由郭化若拟定，经毛泽东主席亲自批准。毛泽东、周恩来等中央领导签发了招生布告，抗日红军各部对这项工作高度重视，指定专人挑选学员，派专人护送到校。

6月21日，抗日红军大学遭到了国民党军第八十六师的偷袭。危急关头，红二十九军、红三十军奉命赶到，打退了敌人。

几天后，抗日红军大学第一、二科随中央机关迁到保安，第三科迁到了环县。

第三科学员有800多人，占全校学员总数的百分之七十多。郭化若任第三科训练处处长，兼任教员，工作格外繁忙。由于形势变化，这期学员提前毕业，奔赴抗日战场。

1936年11月29日，红军第二、四方面军的2所随营学校与抗日红军大学第三科合并，组成中国工农红军教导师，也称抗日红军大学第二校，郭化若任教导师参谋长、抗日红军大学第二校教育长。3个月后，第二校更名为"抗日步兵学校",因为校址由甘肃环县迁到了庆阳,又称"庆阳步校",下辖 4 个营 12 个队,学员 1400 多人。

庆阳步校理论联系实际,专门开设了抗日游击战争的战术教程。为此,郭化若编写了《抗日的步兵战术问答》军事讲义,以通俗易懂的问答形式,对连以下分队战术的 214 个问题,进行了系统的讲解。

郭化若为了编写教材,常常夜以继日地工作。一天,郭化若来到教室上课,刚讲了几句,便眼前一黑,突然栽倒在地上。

郭化若很快被抢救过来了。休息一周后,郭化若的病情仍无好转。于是,他给毛泽东、罗瑞卿分别写了一封信,请求到延安治病。几天后,毛泽东发来电报,内容是这样的:

郭化若同志:

在保安接到你的信,又看到你给罗瑞卿同志的信,今日又接到来信,你的工作要求与身体情形已经知道了。你在长期苏维埃战争中,为革命奋斗到底的忠诚与劳绩,我们都是完全承认与一致赞扬的。你的身体情形如此,除同意你下期来延安外,正在替你买药,不久可买来寄给你。学习、工作应在不损伤身体的原则下,减少到适当程度。

毛泽东

1937 年 6 月 4 日

郭化若回忆说:"电报字字情真意切,感人肺腑。过了几天,又收到毛主席寄来的许多药品。我深为打扰了毛主席而深感不安。毛主席给我的这份电报一直珍藏在我的身边。"[1]

西安事变和平解决后,陕北红军改编为八路军,开赴抗日前线。因组建八路军急需干部,庆阳步校撤销了。

1937 年 7 月 8 日,郭化若收到毛泽东的一份电报。电报说:"步校结

① 《一代儒将——郭化若传奇》,第 84 页。

束可来延安。"7月底，郭化若离开庆阳，赶往延安，向中共中央组织部报到。

抗日战争开始后，经国共两党协议，中国工农红军改编为八路军和新四军。1937年8月洛川会议期间，中共中央军委分配郭化若到八路军第一一五师任参谋处长。他因自己的党籍尚未恢复，身体又欠佳，请求缓去。

到达延安后，郭化若等待分配工作。在这段时间里，他一连5天将自己关在闷热的窑洞内，写出了洋洋万言的《改进军事教育的意见书》。主要内容包括：一是要贯彻好军事教育的基本方针，即理论与实际的联系、教育与作战的联系、所学与所用的联系，使教育为了作战，适应作战的要求；二是在军事教育的组织上，应确立首长负责制，各级军事首长对于军事教育必须亲自动手，把自己部队的战斗经验整理起来，集中起来，并在教育中实施下去，贯彻下去；三是干部（特别是军事干部）必须加强对军事的学习，具体规定各级干部学习军事的时间，建立干部学习军事的组织，确定各级干部学习军事的方法。这些意见，受到毛泽东的高度重视。

几天后，中央组织部分配郭化若到中央党校学习。

9月5日，毛泽东给郭化若写了一封信，信中说：

化若同志：

　　你暂一星期内勿去党校，帮助把红大教育工作改进一番。尔后你虽去党校学习，仍请你对军事教育作我的顾问（先生），因为你懂得这项，而我是不懂得的。你暂去党校学习，不是解除军事。那天我对你说了，军事需要你的地方是很多的。你的意见书，已交红大罗、周、莫、刘、杨五人阅看，阅后讨论请你参加。

毛泽东
5号早

文中说到的红大，即中国人民抗日红军大学；罗、周、莫、刘、杨五人，指罗瑞卿（抗大教育长）、周士第（抗第七分校校长）、刘亚楼（抗大训练部长）、莫文骅（抗大政治部主任）、杨立三（抗大校务部长）等人。

9月6日，毛泽东再次致信郭化若。

化若同志：

　　红大准备下星期讨论你的意见书，请你不参加党校野营，回城帮助我及罗瑞卿同志一番，使第三期抗大教育各部门工作有所改进。

毛泽东

九月六日十四时

　　1937年年底，郭化若在中央党校学习结业后，张闻天对他说："你的工作分配问题我们不考虑了。毛主席留你在延安工作，住的地方都安排好了，是抗大校长室。你就上主席那儿报到去吧。"

　　郭化若回忆说："到了延安，最令我高兴的是能经常见到毛主席。"

　　从这年9月到年底，郭化若在延安中共中央党校第五班学习。他既当学员，又当教员。他的讲课才能和优良作风给人们留下了难忘的印象。当时的五班班长邓力群回忆说："'游击战争'这一门课，就是他（指郭化若）和罗炳辉同志两人教的。这样，我同他就有了既是同学又是师生的特别情谊。""化若同志文化高，长期当参谋，讲起来条分缕析，很得要领。他还能够用自己的语言概括游击战争的基本规律。""化若同志一点也不特殊，同普通学员一样遵守规矩。特别是轮到他讲'游击战争'，也还是照样同全班同学一起整队进入教室，然后再从位置上站起来，到前面讲课。讲完课后，依然坐回到他的位置上，一起整队离开教室。他是真正把自己看作这个集体中的普通的一员。"[1]

　　当年的党校学员罗青长说："郭化若同志在给学员讲课中，把抗日游击战争提高到战略的高度加以认识，阐明毛泽东的抗日战争指导思想是中国抗日战争独创的军事路线，是对马列主义的重大贡献。他通过深入浅出、通俗易懂的语言，把自己深刻领会到的内涵，详细而透彻地传

---

[1]　《一代儒将——郭化若纪念文集》，第10—11页。

授给全体学员。经过抗战胜利的实践，完全证明了毛泽东同志这一战略思想的英明，同时也验证了郭化若同志预见的正确。郭化若同志在宣传毛泽东思想，特别是抗日战争中的战略和战术思想上，做出了重要贡献，为培养我党我军的高级干部尽了自己的力量。听了郭老的讲课使我终生受益。"①

协助统帅　著书立说

郭化若在中共中央党校学习结束后，调毛泽东身边从事军事理论研究。1938年初，他被任命为军委编译处处长，在毛泽东直接指导下编辑"抗日战争丛书"。

一天，毛泽东对郭化若说，抗战全面展开后，"亡国论"和"速胜论"以外，还有一种轻视游击战争的错误倾向，他要写一篇关于抗日游击战争的文章，批驳这些观点。毛泽东指示郭化若，召集罗瑞卿、刘亚楼、萧劲光等同志召开一个座谈会，请大家发表意见。

座谈会开得很成功。毛泽东指示郭化若就座谈会发言，尽快拟出一份抗日游击战争战略问题的写作提纲。

根据这一指示，郭化若连夜着手工作。这天深夜，一位军委秘书敲开了郭化若的房门，送来了毛泽东的一封信。来信写道：

化若同志：

　　你写战略，应找些必要的参考书看看，如黄埔的《战略讲义》，日本人的《论内外线作战》（在莫主任处），德国克劳塞维茨的《战争论》，鲁登道夫的《全体性战争论》，蒋百里的《国防论》，苏联的《野战条令》等，其他可能找到的战略书、报纸上发表的抗战以来论战争的文章通讯亦须搜集研究。先到延安城有的搜集（商借）来看。

――――――――――
① 《一代儒将——郭化若纪念文集》，第117页。

你不担任任何别的事，专注于战略问题的研究及编辑部事务，务把军事理论问题弄出个头绪来。

毛泽东

十二月二十八日

　　上文提及的"莫主任"，即时任抗日军政大学政治部主任的莫文骅，1955年与郭化若同时授中将军衔。他在《缅怀老战友郭化若同志》一文中回忆道："那时，毛主席正继续研究战略问题。有一天，我到他那里汇报工作时，顺便说，我有一本日本人写的《论内外线作战》的小册子，看了，觉得还好。我的话还没说完，他即插话说：'借给我看。'我说，我回去后即送给主席。当我的书还未送到时，他便给化若同志去信说：'你写战略，应找些必要的参考书看看，如……日本人写的《论内外线作战》（在莫主任处）……'后来，我和化若同志还议论过这件事。当时，我觉得过去我军是战略上内线作战，而今，毛主席考虑到日后战争的发展，会从内线作战转变为外线作战的。所以，要预先研究这个问题。毛主席常说，打仗和下棋一样，要预先想到三步。虽未到外线作战，但要预先研究这个问题，到时才能从容不迫。真令人佩服之至！"[①]

　　郭化若接到毛主席的书信后，立即落实，跑遍了延安城各大学、图书馆，稍微与战略沾边的书籍都找来了，但他仍然感到资料不足，于是，向组织提出了前往西安买书的要求。

　　第二天，也就是1938年1月5日，毛泽东来信了。来信说：

化若同志：

　　（一）你不必去西安，用我的名义写封信，一致伯渠，一致剑英，说明编辑部工作需要买书，各附一书清单请其代买。

　　（二）译俄文书，由你组织，报酬可照你拟办法。

_____

① 《一代儒将——郭化若纪念文集》，第27页。

（三）战略问题头几章，阅后付你。

毛泽东

一月五日

信中提及的剑英，即叶剑英元帅，时任红一方面军和军委参谋长。1936年9月，叶剑英被党中央派往西安，积极联络各方面爱国力量。这期间，他多次为毛泽东购买书籍。《叶剑英年谱》记载："1936年10月22日，毛泽东致信叶剑英、刘鼎：'……要买一批通俗的社会科学、自然科学及哲学书，大约共买10种至15种，要经过选择真正是通俗的而又有价值的（例如艾思奇的《大众哲学》、柳湜《街头讲话》之类），每种买50部，共价不过100元至300元，请剑兄经手选择，鼎兄经手购买……'买来的军事书多不合用，多是战术技术的，我们要的是战役指挥与战略的，请按此标准选买若干。买一部《孙子兵法》来。"[①]《叶剑英年谱》记载："1936年11月20日，叶剑英致电刘鼎：'毛请你买《御批通鉴》《孙子十家注》以及《曾国藩全集》各一部。'"[②]

文中提及的刘鼎，四川南溪人，1924年入党，长征干部，时任延安军事技术学校校长、八路军总部军工部长。

这次，毛泽东在来信中，指示郭化若组织翻译俄文书籍。根据这个指示，郭化若组织力量翻译《外国游击战争战例》等著作，并继续编写"战略问题"的材料，撰写了《抗日游击战争战术的基本方针》一文，经毛泽东阅改后刊登在《解放》第28期上。

延安时期，毛泽东主席多次写信给郭化若。其中有7封信，郭化若一直珍藏。部分原载中共中央文献研究室、中央档案馆主办的《党的文献》1993年第3期。兹转引中央文献出版社出版的樊昊著《毛泽东和他的军事谋士》附录中的另三封信。

---

① 《叶剑英年谱》，第141页。

② 《叶剑英年谱》，第144页。

致郭化若

（1938 年 1 月 27 日）

化若同志：

政治工作意见很好，已交莫自己去改。

游击战争两文亦请你阅改，择其中较好一篇在明廿八日下午三时以前改好（不是提出意见，而是实行修改不妥地方）送我为盼！

毛泽东

一月廿七日

致郭化若

（1938 年 2 月 7 日）

化若同志：

请催促亚楼按期编好，办法仍照亚楼前定集体写法。你的第六章收到。你何日搬来。

毛泽东

七日

致郭化若

（1938 年 2 月 22 日）

化若同志：

择一个更好的提纲，收集所有的材料（包括《解放》发表的），用你一人的编写体裁，整理编写一部《抗日游击战争》。亚楼对此实际无暇写，应由你来担负，《战略问题》暂放后面。

《政治工作》须亦如《游击战争》一样，收集集体写作并由谭政负责，恐他事忙，亦由你负责催收并整编。务期在短时把两书先弄出。

毛泽东

廿二日

1938 年 5 月，毛泽东完成了《抗日游击战争的战略问题》的书稿，派人送给了郭化若，并附书信：

化若同志：

第一节最后修改毕，可即付印。校对须注意，你自己至少校一次。

二、三、四节抄好后送我看看。

毛泽东

12 日

注意标点符号，不使弄错一个。

1938 年 5 月，《抗日游击战争的战略问题》在《解放》杂志第 40 期发表。同年 6 月，由郭化若负责校对，延安解放社出版了单行本。

毛泽东极为关心恢复郭化若的党籍。1938 年 5 月 3 日，毛泽东亲自给郭化若写了一封信。

化若同志：

你的问题我同陈云同志说过，他也赞成一个明确的解决，他答应与你谈一次，并希望你把过去的情形写给他，以便考虑将重新入党改为恢复党籍及在党内发一适当通知的问题。

毛泽东

五月三日

遵照毛泽东的嘱咐，郭化若将 1932 年自己被错误开除党籍的情况，向时任中共中央组织部部长的陈云做了汇报。

陈云于 7 月 17 日致函郭化若说：

化若同志：

我代表中央组织部正式通知你，中央组织部于 7 月 12 日正式通过恢复你的党籍，认为1932年在江西红校时，"托派"分子供你为"托派"是没有根据的，供词（是）不可靠的。

　　此致
敬礼！

陈云

7月17日（1938年）

军委总政治部组织部也于23日给郭化若来信：

郭化若同志：

　　关于你请求恢复党籍的问题，经过中央组织部决定1938年7月12日恢复你的党籍，就是过去被开除时间的那一段仍给你党龄。党认为你7年来是坚持了为党的路线奋斗，并且证明当时有人供你为"托派"中委的供词是不可靠的。请持这一恢复党籍之决定转告总支委及本支部，并写在党员登记表上，以作为根据为盼。

　　此致
敬礼！

总政治部组织部

7月23日（1938年）

　　《郭化若回忆录》记载："之后，陈云同志又在抗大干部会上两次宣布恢复我的党籍问题。至此，我背了7年的沉重的历史包袱卸下来了。许多熟人都向我祝贺，我自己也兴奋得几个晚上没有睡好觉。"[①]

　　《八闽开国将军》第一卷（下）中有胡兆才著《"军中秀才"郭化若》，其中写道："郭化若的党籍问题终于解决了，压在郭化若心中的一块巨石

----

① 《郭化若回忆录》，第144页。

在毛泽东的亲自干预下搬掉了，郭化若一身轻松。俗话说，好运来了挡都挡不住，郭化若的喜事接踵而来。一位年轻漂亮、端庄贤惠的武汉姑娘夏邦华早就爱上了郭化若，曾多次向郭化若表示爱慕。郭化若虽然爱她，可是一想到自己的'问题'，怕害了她，便'拒绝'了她的爱。现在，他们中间的鸿沟没有了，郭化若卸下了包袱，她更是欣喜若狂。这天，她迈着坚定的脚步，走进了郭化若的办公室，向他表白自己的爱情。郭化若再也没有顾虑，两人开始了热恋。有情人终成眷属，不久，两人走进了婚姻的殿堂。"①

为更好地指导全国抗日游击战争，毛泽东指示郭化若组织编辑"抗日战争丛书"。

郭化若回忆说："主席的意思是先弄出两本书来，即《抗日游击战争》和《政治工作》。"

郭化若在考虑提纲时，第一本书准备分三个部分，第一部分论述抗日战争总的战略方针，第二部分讲游击战争的一般问题，第三部分讨论抗日游击战争的战术问题。郭化若认为，每一部分都可以写成一本书，篇幅太长，写作和出版周期也长，发到部队也不便于携带。于是，郭化若就这些问题请示毛泽东。毛泽东批准同意了郭化若多出几个小册子的方案。

"抗日战争丛书"一共出版发行了5种：第一种是《抗日游击战争的一般问题》，由毛泽东、陈昌浩、刘亚楼、肖劲光、郭化若集体写作；第二种是《论持久战》，由毛泽东写作；第三种是《抗日游击战争的战术问题》，由郭化若、周纯全、陈伯钧、李振远等人写作；第四种是《论抗日游击战》，由朱德写作；第五种是《抗日军队中的政治工作》，由罗瑞卿写作。这套丛书对抗日战争起过重要的指导作用，其中最著名的是毛泽东的《论持久战》。《论持久战》极大地鼓舞了全国人民的抗战热忱，成为指导全国抗日战争的光辉篇章。

---

① 《"军中秀才"郭化若》，第749页。

军委一局局长

1938年7月，中央军委任命郭化若为军委一局局长。

军委一局在王家坪。王家坪位于延安县城东北3华里，靠近延河东的一条山沟里。

原军委一局作战参谋、沈阳军区参谋长杨迪回忆说："王家坪是中央军委和总参谋部所在地，王家坪又是军委、总参的代号名称。""王家坪从外表看，似乎没有什么特别的警卫，但实际警卫很森严，没有证件进不了王家坪。即使进了王家坪也不能随意走动，只能在指定的接待室等待你要找的人。因此，王家坪就显得很神秘和神圣。当时，同志们相遇，问你在哪儿工作，只要回答说'王家坪'，他们就不会再向下问了，都知道这是秘密的军事重地。"[1]

军委一局是作战局，"牵一发而动全身"，极其繁忙。郭化若回忆说："最多时参谋人员30多人还感到人手紧张。"

杨迪回忆说："抗日战争时期的中央军委总参谋部，很精干，下辖只有3个局：一局是作战局，随中央军委和总参谋部驻王家坪，负责作战、情报、军务、军训、测绘以及机要译电等工作，差不多包揽了总参谋部的大部分工作。抗战初期，一局还负责中央军委、总参谋部和驻王家坪的所有人员的生活管理工作。二局负责截收、破译国民党及其军队的电报。为了保密，将二局安置在距延安以北有60千米的安塞县城郊，警卫很森严。延安人谁也不知道有这个机关，更不知道驻在哪里了。三局是负责我党我军的无线电通信联络，驻在延安县城西北郊的枣园。1941年后，因一局工作任务太重，又太复杂，中央军委为使一局能集中精力掌握全国、全军作战和情报等工作，以及了解、掌握第二次世界大战的情况，决定将军委以及负责一局本身的行政事务性工作的管理科从一局分出去，成立了军委

---

[1] 《抗日战争在总参谋部——一位作战参谋的历史回眸》，第7—8页。

办公厅，负责军委首长、总参谋长和一局，以及住在王家坪的我军高级领导同志和日本友人的生活保障等事宜，以后，又增加了对来访问的国际友人、美军观察组的接待工作。这样极为精干的编制，三个局又分驻较远，就自然地使一局成为行使总参谋部主要工作的职能部门。"①

创办《八路军军政杂志》

1939年1月，中央军委决定，以抗日战争研究会名义，在延安创办《八路军军政杂志》。编委成员有毛泽东、王稼祥、萧劲光、萧向荣和郭化若，由郭化若具体负责编辑工作。

《八路军军政杂志》是八路军总政治部的机关刊物。毛泽东、周恩来、朱德等中央领导同志对杂志很关心，经常过问。毛泽东还亲自阅改文章。

《八路军军政杂志》于1939年1月15日创刊，每月1期，每期约12万字，发行3000份，供八路军、新四军营以上领导干部阅读，同时面向国民党军的军官；发表共产党对于抗日民族解放战争的主张，并研究抗日战争的经验，报道前线将士英勇作战的事迹和战绩。

毛泽东、周恩来、朱德、彭德怀、刘伯承、邓小平、贺龙、陈毅、聂荣臻、叶剑英、谭震林、谭政等人，都为该杂志撰写过重要的军政著述。

郭化若本人也是杂志的主要撰稿人之一，他写的《日本的速胜利论为什么必将失败》（1939年7月，《八路军军政杂志》第一卷第1期）、《在技术贫乏人力优越条件下的运动战》（1939年8月）、《孔明兵法之一斑》（1940年5月）、《打破敌人的筑堡修路政策》（1940年5月）、《八路军的军事理论》（1940年7月）、《八路军的参谋工作（司令部工作）》（1940年8月）、《论百团大战及其胜利》（1940年10月）、《遭遇战斗》（1941年5月）、《抗战第四周年中的新四军》（1941年7月）、《防御战斗》（1941年8月）等许多军事论著，都在《八路军军政杂志》上发表过。

---

① 《抗日战争在总参谋部——一位作战参谋的历史回眸》，第9—10页。

这本杂志不仅讲究内容丰富生动，而且编排形式上也力求活泼多样，设有战地通讯、捷讯汇报、译丛、一周国内军事动态述评等专栏，在当时物质条件困难的情况下仍争取印刷精美，每期都有套色木刻画页、铜板照片、图画、地图、题词等。刊物为24开本，便于携带。

为了深入地反映八路军前线的战地生活，杂志社还组织了一支由21人组成的前线记者团。

《八路军军政杂志》于1942年3月停刊，3年零3个月间，共出版4卷39期。

《郭化若回忆录》写道："这本杂志编辑部的编辑和工作人员却始终只有我一个人，而且我当时还是军委一局局长，只能插空做编辑工作。我每天要处理上万字稿件，常常要工作到深夜，甚至通宵达旦地干。那时年轻也不觉得累。现在想来，当时总算为宣传抗日战争出了点力，感到莫大的安慰。"[1]

保存主席文稿

郭化若来到军委一局之前有个不成文的规定：为了防止中央文电丢失泄密，每月底都要清点，集中销毁。有一次，郭化若目睹毛泽东起草的大量文稿在大火中化为灰烬，心里十分难过。他向毛泽东建议说："从长远着想，从现在起将这些重要文稿保存好，留给后人一笔财富。"毛泽东说："我同意你的建议，问题是你们要吃苦了，保存文件，要吃苦的。责任心要强，这是一件光荣而艰苦的工作。"

郭化若和军委一局的同志们很好地完成了这一"光荣而艰苦的工作"。

30多年过去了，1979年秋末，在上海的一次电影招待会上，郭化若偶然遇到了一位延安时期军委一局机要科的工作人员，他们亲切地交谈了起来。

郭化若回忆说："……我管机要科的时间很短，算来只做了两件事，

---

① 《郭化若回忆录》，第16页。

一是规定把毛主席亲笔起草的关于政策、策略的电稿专门保存下来，二是起草了一个机要规则。"

这位同志笑了，他对老首长郭化若说："我就是专管保存毛主席亲笔起草的电稿的工作人员，电稿已经全部保存了下来。"

抓业务学习，抓制度建设

郭化若在军委一局局长任职期内，曾用很大气力抓了机关建设。他着重抓了两件事：

一是抓参谋人员的业务学习，以不断提高参谋人员的工作水平。郭化若很重视组织大家学习参谋业务，特别注意让参谋人员学习毛泽东的亲笔电文。郭化若还有计划地选送参谋人员轮流进学校或培训班学校深造。

郭化若还逐渐建立了一局的会议、汇报、值班等一整套制度，仅向上汇报的就有《每日情况要报》《作战室周报》《一月军事动态》等。1939年6月，针对各部队军事报告不够统一的问题，一局还起草了以军委名义下发的《对各种报告种类及时间的规定》。

二是建立健全必要的制度，使参谋工作有章可循。1940年初，根据中共中央军委关于加强各级司令部机关建设的指示，在郭化若主持下，一局起草了《八路军司令部工作条例》《参谋部对晋西北参谋会议的意见》。

知己知彼

郭化若极为重视情报工作，及时了解全国各战略区的作战态势。他按照军委首长的要求，对敌、友、我三方军队的部署和动态，每日进行分析研究，每周做出小综合汇报，每半月做出大综合汇报，每月写出有情况、有分析并附有略图的书面综合报告。这些汇报和报告，为中央军委制定战略、战役方针和对敌斗争决策及时提供了依据。3月30日，军委一局向中共中央、中央军委首长的报告指出，国民党顽固派在第一次"反共"高潮被打退后，有逐步向山东、华中、中原地区制造"磨擦"的趋势。毛泽东看后于4月1日为中共中央、中央军委亲拟电报，要求华北八路军抽调足够力量（四五万人）南下华中增援新四军，打退国民党军的进攻，建设以淮河以北、淮南铁路以东、长江以北、大海以西为范围的新的抗日根据地。这份电报，为之后打退国民党军第二次"反共"高潮，提前从思想上和军事部署上做了准备。

起草中央军委文电

为中共中央军委起草文电和首长讲话稿，也是军委一局的重要工作。郭化若带领部属起草了大量电文。1940年上半年，军委一局搜集整理了八路军、新四军对日作战和自身发展的情况以及敌后抗日根据地的基本情况，为中共中央发表《纪念抗战三周年宣言》提供了基础材料。

8月，郭化若发表《八路军参谋工作（司令部工作）》专文，对八路军参谋工作的地位、作用及其组织形式、工作范围等都做了具体说明和详细介绍，对作战部门的业务范围和工作职责也做了明确说明。

驳斥顽固派

1940年10月19日，何应钦、白崇禧以国民政府军事委员会正、副参谋总长的名义，致电八路军总司令朱德、副总司令彭德怀、新四军军长叶挺，攻击中共及其领导的武装力量，强令在长江南北坚持抗战的八路军、新四军必须在一个月内全部开赴黄河以北。为揭露国民党的反共图谋，根据中央军委首长指示，在郭化若主持下，军委一局起草了复电，有理有据地驳斥了何应钦、白崇禧来电中的反共污蔑和无理要求，断然拒绝要八路军、新四军撤到黄河以北的命令。同时表示，为顾全大局，坚持团结抗战，新四军驻江南正规部队将移至长江以北。这个电稿，经毛泽东审定后，以朱德、彭德怀、叶挺、项英名义于11月9日复电何应钦、白崇禧，给予国民党当局以有力的回击。

研判敌军战略意图

1941年上半年，国民党为反苏反共，大造日军会"北进"的舆论。

杨迪回忆说："这时，一局郭化若局长，在一次星期一的周会上，对作战室的同志说：'日本侵略军的战略意图到底是北进还是南进，现在国民党统治区正在议论纷纷。这个问题正是我们一局要研究、分析清楚的战略问题，应该迅速向中央军委提出我们的意见与建议。情报科与作战科应集中一部分同志专门研究这个问题。一个星期研究一次。研究几次后，就可以拿出我们的意见来。'郭化若局长又说：'对这个战略问题的研究，请朱军同志（情报科长）牵头，安东同志（作战科长）协助。'"[1]情报科和作战科认真深入地分析了当时的国际与日本的情况，认为日本侵略军"北进"的可能性小，"南进"的可能性大。主要理由是：一、苏联远东幅员广阔，日本要进攻远东，必须投入较大的兵力。日本侵略中国，投入80多万兵力，陷在中国战场，不仅不能抽出兵力，而且越陷越深。日本要发动向苏联的进攻，必须动用数十万兵力，这样日本所有的兵力都得用上去。苏联在远东驻军有五六十万，超过了关东军的，日本侵略军用数十万人也不占优势，而且那里冬天又长，又很寒冷，它的后勤保障和供应也是很困难的。二、日本向苏联远东进攻，仍只能靠陆军，日本海军只能在沿海协助进攻，日本空军也不比苏联空军占优势。而且它在中国东北边境的机场有限，把海军的航空母舰用上来，万一南面英美海军有所动作，它就无法对付了。日本要在太平洋与美英海军争霸，这是日本海军一贯的指导方针，它必须会考虑到的。三、日本军队已在中苏边境的张鼓峰和在中蒙边境的诺门罕两次与苏军交战，都遭到失败，由此可以看出苏联陆军和空军的战斗力比日本军队要强。日本要大举进攻苏联，必须考虑可操胜券的把握到底如何。四、从获取战略资源上看，苏联远东隐藏大量的石油、煤矿和木材等资源，但还没有大规模开发出来。即使已经开发出来的，日本要运输出来，也很不容易。还有一个难题，就是西伯利亚不产粮食、蔬菜，几十万大军打进去后，人没有吃的，马没有喂的，也是一件很不好办的事。而东南亚地区物产丰富，战略资源多，对日本这个极缺少战略资源的国家，

---

① 《抗日战争在总参谋部——一位作战参谋的历史回眸》，第111页。

既可以掠夺东南亚的资源，达到它以战养战的目的，又可以进一步扩大战争。五、进攻东南亚，还可以切断英美援助中国抗战的陆上运输线。六、日本如果进攻苏联，在政治上也会遭到国际舆论谴责和国内人民的反对。因此，研究的结论是日本人不会北进，至少也是可能性很小；日本人要南进，但现在暂时还不会行动，它还要观察欧洲战场的发展变化，才会最后定下决心。可以肯定地认为：日本为了与英、美争夺亚洲、太平洋的霸主，必将与英、美开战。

　　郭化若同意这一研究和分析的结论，指示将此分析判断发一期《作战室周报》，送呈参谋长和中央军委首长参阅。

发起"延安黄埔同学会"

　　延安时期，毛主席指示郭化若："民族统一战线是取得抗战胜利的一个法宝，一定要多做统一战线工作。"还说："蒋介石是靠黄埔军校起家的，国民党军队的军官中有一大批黄埔生，你也是黄埔出来的，可以利用同学关系做说服工作，扩大抗日力量。"[①]

　　根据毛主席的指示，郭化若给一些黄埔同学写信。一天，重庆黄埔同学总会的陈宏谟来到了延安。陈宏谟是四川内江人，黄埔军校第五期炮科毕业，时任国民党军事委员会派驻八路军总部联络参谋。他和郭化若"谈得来"。他说，国共两党中都有黄埔生，他们各事其主，但爱国之心是大多数人共有的；同时，老同学之间的感情也很复杂。他说，他当排长时，国共战争中争夺一个山头，他带兵冲上一个山顶后，正要往下扔手榴弹，突然发现带头冲上来的是黄埔的同班同学，两人相对，都默默无语了。陈宏谟的这个故事，对郭化若很有启发。当时全国的黄埔同学很多，当师长以上的就有 200 多人，力量很大。郭化若产生了一个想法：创办一个由共产党领导的黄埔同学会。

---

① 《郭化若回忆录》，第140页。

郭化若将这个想法向毛泽东、朱德做了汇报，得到他们的肯定支持，指示尽快付诸行动，认真做好这一工作。

郭化若立即联络了在延安工作的黄埔同学，有吴奚如、李逸民、许光达、宋时轮等，他们都同意郭化若的想法。1941年春，八路军一二九师副师长徐向前调回延安工作，他是黄埔军校第一期的毕业生，他也赞同成立一个红色的黄埔同学会。经过商量，徐向前、郭化若以个人的名义发起成立"延安黄埔同学会"，宗旨是"加强抗战，坚持抗战"，接受重庆黄埔同学会的指导，挂分会的牌子。

1941年10月4日下午，延安黄埔同学会在延安中央军委总政部军人俱乐部成立，百余名黄埔同学与会，当年黄埔军校教授部副主任叶剑英，黄埔军校队长陈奇涵，国民党军驻八路军联络参谋、黄埔校友陈宏谟，中共中央统战部代表刘澜涛，总政治部代表胡耀邦，八路军留守兵团代表曹里怀、莫文骅等到会祝贺。大会主席徐向前首先致辞。他说："在延安黄埔同学甚多，各依所长从事政治、军事、经济、文化等工作，但因联系尚不密切，未能充分收到互相研究、互相砥砺的效果。"他强调说："黄埔有革命的光荣历史与优良传统。为发扬黄埔传统精神，而更加推动革命工作，成立同学会极为必要。"第二战区副司令长官、八路军总司令朱德到会做了演讲。他说："黄埔军校曾经是国共两党团结合作的学校，在革命军队的建设上做过贡献，有光荣的历史。""惜大革命失败后，国共分裂，对于中国民族与黄埔同学来说，都是不幸的。现在国家民族正处在生死存亡之秋，黄埔同学更需团结，以贯彻抗战到底。"曾任黄埔军校教授部副主任、八路军总参谋长叶剑英在会上发表了热情讲话。他说："黄埔同学在革命史上地位是光荣而重要的。在抗战中，只要黄埔同学真正全部发扬黄埔精神，谁敢中途妥协？谁敢进行内战？"黄埔同学代表陈宏谟、陶铸、郭化若、李逸民也在会上讲话，对延安黄埔同学会成立表示热烈祝贺。会议通过了章程，选举产生了由徐向前、萧克、林彪、左权、陈赓、罗瑞卿、陈宏谟、郭化若、陶铸、许光达、陈伯钧、宋时轮等组成的理事会，孟庆树等5人为候补理事，徐向前为会长。会议致电蒋介石："学生等为了团结抗战，发扬黄埔的革命传统与作风，并相互切磋研究军事学术起见，经于本日在延安召集延安同学，成立黄埔同学分会。"①

1941年10月6日，《解放日报》以大幅版面报道了黄埔同学会延安分会成立的新闻，主标题为"延安成立黄埔同学分会"，副标题为"朱副司令长官莅临讲话，大会通过致蒋委员长电"。中外各媒体的报道，引起了全国各民主党派的热议，震惊了国民党上层，成为当时抗战阶段的"一件大事"。

黄埔同学会积极开展宣传活动，通过给校友写信，吸引了许多黄埔校友投奔延安，凝聚和团结了抗战力量。

1984年6月16日，黄埔军校同学会在人民大会堂召开成立大会，徐向前当选为会长，聂荣臻、郭化若等为顾问。郭化若说："这件事过去50多年了，大陆的黄埔同学会仍在发挥黄埔革命传统与作风，为促进全国团结，实现祖国统一大业而尽力工作。我想延安黄埔同学会应该是现在大陆黄埔同学会的前身。"②

"模范战士上炮来"

1941年8月，郭化若调任抗日军政大学第三分校校长，兼任军委第四局局长。郭化若赴任后，根据正在培训的第二期学员的不同情况，因材施教。到11月，这期学员全部毕业离校。

11月21日，中共中央军委发布《关于成立军事教育委员会和军事学院的决定》。《决定》指出，为了切实整顿军委所属各院校的教育起见，特拟定以朱德、叶剑英、萧劲光、谭政、许光达、郭化若、叶季壮、王斌、王诤等9人组成教育委员会，由朱德负责领导。军委同时决定，将军政学院第三、四队高级干部班与抗大三分校合组为军事学院，由朱德任院长、叶剑英任副院长、郭化若任教育长。

---

① 《郭化若回忆录》，第141页。
② 《郭化若回忆录》，第141页。

军事学院于 12 月 1 日正式开学。全院分高干队与特科队两部分。高干队是原军政学院第三、四队的高干班，学员都是旅以上干部；特科队则是原抗大三分校的学员。朱德、叶剑英工作很忙，由郭化若主持全院工作。

1943 年 5 月，军事学院由延安迁往绥德，并入从晋东南敌后迁回的抗大总校。郭化若奉命调到总司令朱德处任政治秘书，参加军委机关的审干工作。同年 9 月，调中共中央党校军事教育处任处长。郭化若在中央党校参加整风学习，在接着进行的审干中，组织上再次做出了郭化若未加入过"托派"的结论。

《功勋卓著的一代儒将——深切怀念郭化若同志》一文中写道："1941年 8 月，郭化若同志被任命为抗日军政大学三分校校长。同年 11 月，又到新组建的军事学院当教育长，协助院长朱德、副院长叶剑英主持全院工作。在这两所院校工作的 2 年中，郭化若同志倾注了全部心血。他针对一些学员感到'文化低，读不进''年纪大，记不住'等思想认识问题，要求大家提高对学习意义的认识，知难而进，刻苦学习，用功读书，认真听课，决心学好军事、政治、文化课程，将来更好地为革命工作。为提高教学水平，他组织教员研究教学法，开展教学观摩，讨论交流经验，并对教员的自身修养、课前准备、授课方法、课后辅导等问题提出了严格的要求。这两所院校为我军培养了大批高素质的军政干部，有很多同志在抗战中后期和解放战争时期成为我军的重要骨干。"[1]

1944 年 11 月底的一天，天气寒冷。郭化若接到陕甘宁晋绥五省联防军司令部的通知，说是司令员贺龙要约他去谈话。

郭化若明白，这一定是创办炮兵学校的事。1 个月前，贺龙司令员给郭化若打过招呼，说抗日战争就要转入战略反攻了，我军将开始转入攻占大城市和夺取交通要道的正规战，急切需要加强炮兵力量，必须很快培养一大批炮兵干部。为此，拟调郭化若到炮团工作。

炮团相关情况，有文为证。1957 年，时任中国人民解放军炮兵政治

---

[1] 《一代儒将——郭化若纪念文集》，第 23 页。

委员的邱创成为《人民炮兵30年画册》写了一篇序言，收录"中国人民解放军历史资料丛书"《炮兵·回忆史料》时，题为"人民炮兵的成长"。其中写道："……经过长征，除在战斗中损失和因行动不便而不得不埋藏的一部分火炮以外，其余的炮都由炮兵的全体指战员用背、拉、抬的方法，带到了陕北，整编成4个炮兵连，为中国人民解放军炮兵保存了极宝贵的种子。""红军改编为八路军，深入敌后抗战。首战平型关，缴获日军的火炮一部，同时又收集到了阎锡山军队败退时丢弃在滹沱河内的8门山炮和2门野炮。1937年冬，总部以原有的炮兵和汾阳游击队的4个连，组建八路军的第一个炮兵团——总部炮兵团（1938年1月28日在临汾正式成立）。这个炮兵团的成员，有老红军，有同蒲铁路的工人，还有一部分当地的和来自全国各地的知识青年。"

炮兵团成立以后，经过洛川一年整训，就开赴晋东南参加艰苦的敌后斗争。1941年，调回延安，此时在南泥湾搞生产。郭化若认为培养大批炮兵干部是具有战略眼光的做法，但靠炮兵团培养干部是很有限的，建议把炮团扩建成一所学校。

党中央、中央军委一直对炮团很重视关心。《郭化若回忆录》写道："这个炮团成立后，党中央、中央军委很重视、很关心，朱德、刘少奇等同志来这里参观、视察过；周恩来同志亲自从武汉带来了炮对镜；毛泽东同志在炮团成立1周年时还送了锦旗，写了指示信，鼓励炮团全体官兵要努力学习政治军事，造成抗日战争中的有力兵团，达成战无不胜、攻无不克之目的，'为民族争光荣，为八路军争模范'。"[1]

中央军委决定以八路军炮兵团为基础组建炮兵学校，校址设在距延安45千米的南泥湾陶宝峪，由郭化若担任炮兵学校校长，全面负责该校的组建工作。

《郭化若回忆录》记载："我到了联防司令部接待室，屁股还没有坐下来，贺老总就出来了。他握着我的手说：'化若同志，你提的建议中央

---

[1] 《郭化若回忆录》，第187页。

批了，炮团改为炮校，由你当校长。'接着，徐向前同志也来了，他是联防副司令。我们一块分析了国内外形势，认为炮兵干部很快就要派上用场，必须尽快建校、尽快招生、尽快开学。贺老总叼上烟斗，问我半年内开课怎么样，我说争取 3 个月。接着又研究了炮校班子的组成、开办经费、供应保障等问题。贺老总再三强调，一要选好教员，二要选好学员，三要尽快开学，中间有什么困难，尽管找他。我建议由军委给各军区发个通知，筹建炮校要调教员、选学员，请他们支持。"[1]

上文提及的"炮校班子的组成"，基本上是由炮团的原班人马组成，郭化若任校长，邱创成任政委，原炮团副团长匡裕民任副校长，原参谋长张志毅任训练部长，刘何任政治部主任。

原八路军总部炮兵团教导营营长、延安炮校训练部副部长宋承志回忆道："化若同志到职后，首先抓了学员和干部问题……当时，在干部问题上一个十分突出的问题是：在延安整风康生搞的'挽救失足者'运动中，炮兵团的大批干部受到冲击，被划为'两条心'干部，有的被定为什么分子，受到批斗。干部思想一度混乱，积极性受到挫伤，部分同志要求调离炮兵。对此，化若同志提出，必须解脱这部分干部，使他们放下包袱，轻装前进，否则，建校工作就要受到极大影响。党委统一认识后，化若同志立即主持召开全校干部大会。会上，他从国内外形势讲到建校的使命，从建校的使命讲到干部的作用，充分肯定炮兵团的干部素质是好的，是经过革命战争锻炼和考验的。他郑重地宣布：凡是在'抢救'运动中被打成'两条心'和'什么分子'的，一律彻底平反，一风吹掉。同时，号召大家不计前嫌，团结一致，尽快完成建校任务。一席话如春风化雨，使全体人员感动万分，不少同志流下了眼泪。大会之后，干部的面貌和工作姿态发生了深刻变化。原来要求调动工作的，表示安心工作，调也不走了；纷纷表决心，立志干一辈子炮兵。全校一派朝气蓬勃。"[2]

各军区、军分区接到中央军委的电报后，高度重视，很快从抗大总校、

① 《郭化若回忆录》，第 185—186 页。

② 《一代儒将——郭化若纪念文集》，第 123 页。

七分校、延属分区各机关和陕甘宁边区各旅，选拔了许多优秀学员和干部来炮校学习和工作。1945年2月中旬，正好3个月，调来的干部和学员陆续到齐了，郭化若组织了全校军人大会，做第一次编队动员。全校编为3个炮兵大队，每个大队设3个炮兵队，另设工兵科、迫击炮队、秘书室、警卫连。"红军神炮手"赵章成为迫击炮队队长。全校共1300多人。

《郭化若回忆录》记载："一切准备就绪后，我向贺老总做了汇报。他非常高兴，笑得胡子都不停抖动。他说：'这样快就办起来了，真漂亮，真痛快！'我说这和中央军委及联司首长的支持是分不开的。我这句话一点也不是恭维，是实话。因为当时前线战事很紧，谁能把办炮校的事看得那么重？没有中央军委的尚方宝剑，光调干、调学员都不知要拖到猴年马月呢。贺老总说：'还有啥子事要我做的，尽管谈吧。'我请示举行开学典礼。贺老总说，这是件大事，要报告，我马上办。他给朱总司令通了电话，朱德同志在电话里也很高兴，说这么快就可以开学了；现在党中央正准备开'七大'，都抽不出身，炮校可以先开课，开学典礼等七大后再补。我又向贺老总汇报了炮校下一步的工作打算。临走时，贺老总笑呵呵地说：'你是我军的大功臣。不过，我看你气色不太好，可能这一阵累的，一定要注意休息。'"[1]

为搞好炮兵专业训练，郭化若提出了"炮兵军事教育教授八法"，即：一是集体研究，二要少讲多做，三搞实验教育，四应按部前进，五要各科配合，六以典型推动，七应组织教育，八要经常考绩。

3月14日，延安炮兵学校再次举行了全校军人大会。郭化若做了第二次编队动员，传达了全期8个月的训练计划。

延安炮校是怎样训练的呢？时任延安炮兵学校训练部副部长兼二大队大队长的宋承志回忆："当时的最大困难是教学设备缺乏，仅有火炮16门、炮队镜1架、布苏里（苏式方向盘）1架，其他器材更不足。学校动员大家出主意、想办法，自己动手克服困难。如火炮器材少，就进行'分班教学'，

---

① 《郭化若回忆录》，第189—190页。

'人闲炮不闲'；演习连射击时，没有通信器材，就用人传口令；方向盘、炮队镜等器材不足，就用木头或硬纸板做成代用品来练习操作；上课没有粉笔，就用白土来替代；训练骡马炮兵要学习备鞍等动作，由于马匹少，便在操场上搭起和牲口一样高矮的木头架子，学员们先在上边一遍又一遍练习备鞍、卸鞍，等掌握了动作要领后，再到真马上训练；那时没有正规的教材，就油印一些讲义，由于印数较少，只能一个班、一个区队发一份，大家就分头抄写在自己的笔记本上。"①

训练效果怎么样？时任延安炮兵学校秘书主任铁砧回忆："8月的南泥湾，山林分外葱郁，庄稼长得格外茁壮。人们心花怒放，练兵的情绪日渐高涨，学习成绩直线上升。为了检查学习效果，在一个炎热的下午，炮校进行了第一次考核性实弹射击。第一大队在850米的距离上射击假想的进攻目标——三台庄碉堡，9发射命中8发。第二大队第六队的射击更为出色，他们发射的2发炮弹从假设目标——树丛正中穿越而过。实弹射击取得了令人振奋的好成绩。"②

延安炮兵学校在短短几个月中培养了一大批指挥干部和技术人员，为建立人民解放军的强大炮兵奠定了基础。

4月中旬，毛主席接见了延安炮校排以上干部。《郭化若回忆录》记载："4月中旬，我去参加党的第七次全国代表大会时，曾带着炮校排以上干部到了延安。毛主席还抽空单独接见了炮校的干部，勉励大家认清形势，为了展开抗日战略反攻，努力学习炮兵专业知识，将来像种子一样到各部队去生根，开花，结果。"③

1945年4月23日至6月11日，中共七大在延安杨家岭中央大礼堂隆重举行。

七大胜利结束后，1945年8月1日，延安炮兵学校开学典礼隆重举行。铁砧回忆："当朱德总司令、叶剑英参谋长及陕甘宁晋绥联防军肖劲光副

---

① 《炮兵·回忆史料》，第184页。
② 《炮兵·回忆史料》，第180页。
③ 《郭化若回忆录》，第192页。

司令员、朱瑞代校长（当时郭化若校长因病休养）等登上主席台时，台下掌声雷动。朱总司令首先讲话。他从当前形势讲到为什么要建立炮兵学校，强调炮校要继承与发扬红大、抗大的光荣传统。为了夺取抗日战争的最后胜利，他号召'模范战士上炮来'！"[1]

几十年来，中国人民解放军炮兵部队和炮兵院校不断发展壮大。《军事历史》1996年第5期发表了一篇题为《延安炮校校长郭化若》的文章，署名为"炮兵指挥学院"。文章说："人民解放军炮兵指挥学院是由延安炮兵学校延续和发展起来的指挥院校。它坐落在塞上古城——河北宣化，占地300万平方米，已成为一所培养陆军炮兵和防空兵旅、团、营军政指挥官，炮兵硕士研究生和部队初级指挥军官的综合性炮兵指挥院校，成为炮兵的最高学府。炮兵指挥学院的发展，是中共中央、中央军委正确领导的结果，也是一代又一代院校工作者辛勤奋斗的结果。这其中凝结着炮兵院校的奠基人、我们的老校长郭化若同志的心血。1989年，在我们庆祝建院45周年之际，他还给我们题词，勉励我们'继续发扬延安艰苦奋斗的革命传统'。"

潜心兵学

1938年秋，毛泽东对郭化若说："国民党中的顽固派，花岗岩脑袋，不承认游击战的战略地位，不搞运动战与阵地战相结合，处处招架，处处挨打，能不打败仗吗？化若同志，你能不能写点关于古兵法的文章，宣传点运动战思想？对国民党的军官，搬古兵法，他们懂，听得进；讲马列，讲唯物辩证法，他们听不进。"

为落实毛泽东的指示，郭化若立即找了一些古兵法的资料，潜心学习研究，很快写出了《赤壁之役及其对民族抗战的启示》《齐燕即墨之战的初步研究》《淝水之战初探》等一批借用古兵法对抗日战争战略战术具有

---

[1] 《炮兵·回忆史料》，第179页。

针砭意义的文章。一些国民党将领读了这些文章以后，都觉得"令吾深省"，认为文章"切中时弊矣"。

从 1939 年 8 月起，郭化若把学习研究古兵法的重点集中到了《孙子兵法》上。他按照毛泽东的指点，经过 3 个月的挑灯夜战，写出了 4 万余字的《孙子兵法之初步研究》。

该文对孙武出生和活动的年代、当时的政治经济状况及哲学思想，以及孙子以前的战争和战略思想给予孙子的影响，做了系统的探讨；对《孙子兵法》的成书以及孙武和孙膑的关系做了考证；对孙子的战略思想和哲学思想做了全面的介绍和科学的评价。一方面，他细心挖掘《孙子兵法》中反映战争共同规律的卓越的战略思想，以及包含在其中的宝贵的唯物论、辩证法要素；另一方面，又明确指出这部古代兵书由于受到阶级和时代的局限，其战略思想和哲学思想都不可避免地存在着种种缺陷。

郭化若的这篇文章受到毛泽东的称赞。毛泽东先让他在抗日战争研究会上作讲演，然后又让他把文章整理刊登在同年 9 月 25 日出版的《八路军军政杂志》。

之后，郭化若以《八路军的军事理论》为题，写了一篇专论。文章详细论述了八路军军事理论的特点及产生的条件，明确指出这一理论，是在半封建半殖民地中国的经济基础上和新民主主义革命的政治基础上产生与建立起来的，是以唯物辩证法的思想方法创立与建设起来的；它接受了外国的、中国的历史遗产，是从中国历史中诞生的。文章根据毛泽东的《论持久战》《抗日游击战争的战略问题》等重要著作，把八路军的军事理论概括为 11 条。在逐条做了具体解释以后，文章指出："八路军的军事理论与其在抗战中的实际行动的一致和联系，不但给予全国友军以借鉴，而且也给予全世界殖民地半殖民地的被压迫民族以借鉴，不久还会被东方新的革命战争所证明。"这篇文章，比较全面地介绍了毛泽东军事思想及其对抗战的指导作用。

这期间，郭化若还对军事辩证法做了潜心研究，并取得丰硕成果，对军事理论宝库做出了重大贡献。

1940 年 8 月，郭化若应延安新哲学会之请，在该会第一届年会上做关于军事辩证法的报告。这个报告，把当时抗战中所发生的军事上的争论提到哲学高度进行分析，不点名地批评了以蒋介石、阎锡山为代表的军事上的唯心论与机械论，借以推动国民党军队积极抗战。这个报告于次年1月至4月以《军事辩证法之一斑》为题，在《八路军军政杂志》上连载，后来又以单行本问世。

郭化若依据毛泽东把辩证唯物论应用到军事领域的有关教导，结合抗日战争的实践，就战争的辩证唯物论和战法的唯物辩证法，做了系统和深刻的阐述。他从"战争的本质"入笔，运用丰富的材料，对战争和战法方面的一系列对立统一的关系，诸如战争与经济、战争与政治的关系，战略战术之差别性与同一性的关系，全局性与局部性的关系，战略战术之斗争形式与军队之物质内容的关系，物力与人力有机构成的战斗力中的多样矛盾及其利用，时间与空间的关系、敌我、优劣、攻防、胜败之相互作用，相互渗透与相互推移，由战略防御到战略反攻是战争双方战力从量变到质变的斗争构成等等，做了细致的、辩证的分析。这是一篇较早运用马克思列宁主义哲学明确地系统论述军事辩证法的著作，在延安，在国民党统治区，尤其在国民党军官中产生了积极影响。

延安往事

郭化若将军在延安的战斗岁月，有许许多多珍贵往事。兹根据其回忆，摘要部分，作为这一章节的重要内容。

临危受命

1940 年初，马步芳部队的一个骑兵师，借口抵御日寇，向八路军提出要经过延安开往绥德黄河岸边，妄图到了延安以后就赖着不走，打下一个钉子。骑兵师当时驻在洛川以南几十里的交口镇，整装待发。据此，毛主席、周恩来副主席决定派郭化若到那个骑兵师去做劝阻工作。

郭化若带了1个警卫员就出发了。郭化若在去骑兵师以前，先到国民党政府洛川专员公署会见了钟专员，打了个招呼。郭化若刚一离开，钟专员就抢先赶到骑兵师师部，与师长马禄共商对策。郭化若到达骑兵师驻地后，劝告他们不要越过介子河向陕甘宁边区开进，破坏抗日大局："如不听劝告，由此产生的一切后果，均由你们负责。"师长马禄和钟专员，一面表示要派个参谋随郭化若去延安，继续进行谈判；一面仍坚持要听从蒋介石的号令，部队将按原定计划向预定地点开进。劝阻无效，郭化若火速离开了该师驻地。

到哪里去调部队呢？请求总部调部队来已经来不及了，只能就近想办法。当时，鄜县驻有留守兵团一个特务团，该团的政委袁光原是红一方面军无线电队的指导员。凌晨3点左右，郭化若赶到就近的交道镇，在特务团的一个连部打通了驻县城的袁光政委电话，命令他立即赶到交道镇。袁光带了一个警卫员很快赶到。郭化若简要说明了紧急情况，说："毛主席指示，不准马禄的部队过洛川以北的介子河。但他们现在可能已经越过了介子河向交道镇开进了。你们要立即调部队去堵住他们，最低限度不能让他们开进交道镇。"袁光执行命令，立即调动部队。

郭化若返回延安，向毛主席、周副主席汇报了情况。接着，八路军留守兵团又派出部队增援特务团。

顽军骑兵师开进到交道镇以南不远时，发现八路军严阵以待，增援部队陆续赶来，就不敢冒险继续向北开进，过了一段时间，悄悄溜了回去。

废寝忘食

郭化若将军回忆：

大约是1937年初冬，毛主席住在延安旧城西北角靠城墙边上石砌的三孔窑洞内。有一天，我清晨爬山回来，看到太阳刚照到毛主席窑洞前，主席正坐在门口晒太阳。我走过去对主席说："主席今天起得真早！"主席回答说："我还没有睡哩！"

红军到达延安后，毛主席工作繁忙，每天多是到半夜两三点左右休息，然后吃饭、睡觉。大家都佩服他精力充沛，也都为他的过度劳累担心。而主席却毫不在意，常常通宵工作，有时他可以连续工作两三天不睡觉。每天一早机要科送来电报文件，毛主席总要通看一下摘要，有急需答复的，立即答复。如果要答复的文件多，就一直工作下去，连早饭也不吃。

"主席！给你搞个钟来好吗？"

"不，不要钟好！"他非常干脆地回答，"有了钟就不自由了。没有钟，自由，什么时候工作做完，就什么时候睡觉。"

"如果有人约你谈话呢？"

"我叫秘书到时间喊我。"

有一天傍晚时候，我随同三四个老同志来看主席，正好主席工作告一段落站起来休息，和大家闲谈。天黑了，主席叫搞饭吃，大家也没有推辞。延安当时的生活十分艰苦，主席也和大家一样，就是吃几两肉也有严格限制，不许多买，更不许给他炖鸡吃。因此有客人来，只好多炒两个鸡蛋，再加一点延安所仅有的红萝卜之类的蔬菜。大家在等着开饭，主席有趣地问："人为什么每天要吃三顿饭？吃一顿饭不行吗？我就常常一天吃一餐。"我们大家不知如何回答好。一会，饭开出来了，四个菜、一个汤、一大锅米饭。我们几个人自然而然地交换了一下眼色，都不大言语地吃着饭，有的吃两碗，有的吃一碗半。大家看看菜，都不大好意思下筷。主席则侃侃而谈，古今中外，无所不至。当前情况和将来工作也都谈到。主席看看大家都吃完饭放下筷子时，问："都吃饱了吗？"大家不约而同地回答："吃饱了。"主席说："还有许多菜哩！菜里有营养。"他这才大口地吃起饭来，把盘里很少的剩菜吃光。其实他每餐规定的菜，已被我们吃去了一半还多。主席和战士同甘苦、共患难，从井冈山时期同吃红米南瓜起，就一直这样的。

毛主席做工作时总是集中全部精力，忘记吃饭和睡觉而不知疲倦。他常常教导我们要动脑筋思考问题，坐着想不出，起来走走，边走边想，走走想不出，就坐下来想，一定要把问题想通。主席考虑重大问题就是这样的。他总是从实际出发，深思熟虑，不想出个最好的解决办法绝不休止。井冈山时期，三次反"围剿"，一直到遵义会议后，他指挥红军摆脱十五倍于己的敌人，巧妙地渡过天险金沙江，急夺泸定桥，每次的决策总是出乎狡诈残暴的敌人蒋介石的意料之外。西安事变和平解决后，蒋介石妄想让红军与日本帝国主义周旋，借刀杀人，消灭红军。抗日战争爆发后，毛主席总结了第一、二次国内战争的经验，提出独立自主的山地游击战的战略方针。这一方针使我军和我抗日根据地在八年中呈几十倍的发展，敌后艰苦的抗战成为我军20多年武装斗争全过程中大发展阶段，从而打下解放战争我军20多场胜利的基础。解放战争中许多战役的打法，也是在战争史上光辉的范例。毛主席想出的办法总是最妙的，不但全军全国称快，就连敌人也不得不害怕与钦佩。他废寝忘食地思考问题，在领导中国革命长期艰苦斗争中，多方面地发展了马列主义，特别在战略策略方面更为丰富①。

尊重别人

郭化若将军回忆：

西安事变后，毛主席进了延安城，住在延安城内的一所石窑洞里。

当时，延安城破旧不堪，不但没有什么高楼大厦，连一座整洁的好房屋也难得。然而从全国四方八面不远千里而来访问毛主席的名流学者络绎不绝。

凡是来访者，毛主席都接见。时间多安排在夜间，大多数是从夜晚10点左右开始，谈三四个小时，有的则谈到半夜3时至4时，客人还舍不得告别，毛主席也畅谈不倦。

我没有参加招待工作，但常常听到被接见的各方面人士的反映。

①　郭化若《在毛主席身边工作的片断》，原载《远谋自有深韬略》，第89—90页。

他们的政治观点虽不尽相同，然而和毛主席谈话后，却异口同声地称赞不已，一致钦佩。当时毛主席虽已有很高的威望，然而红军毕竟还弱小，根据地也很小，共产党的影响并未遍及全国。我们全军对毛主席的信赖和钦佩是早已确定了，并早已深信在毛主席领导下定能战胜国内外敌人。这是不待说的。但对外来的名流学者，他们怎么在这一谈之后就那么佩服主席呢？主要原因在哪里？我和秘书处的同志谈论起来，总觉得这是个奇迹。

有一天夜晚，我去看望主席，汇报了最近来访者的反映之后，冒昧地把这个问题提出来了。毛主席回答说："尊重别人。"他重复讲"尊重"两字，并解释了尊重别人是个原则问题，只有尊重别人才能团结多数。毛主席对来访的名流学者，都谈到抗日民族统一战线和抗日民族战争的方针和办法，不过都是用商量的态度，诚恳征求对方的意见，并倾听对方的意见。这是尊重别人的一种表现。

有一次，有一位老教授会见毛主席后非常感动地对我说："我去见主席，主席拿出纸烟来招待，可是不巧烟吸完了，只剩下一支，你想主席怎么办？他自己吸不请客当然不好，拿来请客自己不吸也不好，于是毛主席将这支纸烟分成两半，给我半支，他自己吸半支。这件小事可以看出毛主席待人热情、诚恳而又亲切。这使我很受感动。"

毛主席的谦虚诚恳态度和对团结抗战前途的英明预见，正确的方针、办法，使许多名流学者心悦诚服。

我把主席讲的尊重别人才能团结多数，当作对我的教诲，永远铭记在心里。[1]

发愤读书

郭化若将军回忆，毛主席一到延安就搜集马列主义的书，挤出时间，不分昼夜，发愤读书。有一次，郭化若在毛主席的办公室内，看到桌面上

---

[1]　郭化若《在毛主席身边工作的片断》，原载《远谋自有深韬略》，第90—91页。

放着一本《辩证法唯物论教程》，翻开一看，开头和空白处都有墨笔小字的旁批，内容全是中国革命中路线斗争的经验教训。他这些旁批，后来就逐步发展成为他的光辉著作《实践论》。到延安后不久，在一次小型会议上，毛主席对郭化若他们说："李达同志给我寄了一本《社会学大纲》，我已经看了十遍。我写信请他再寄10本来，让你们也可以看看。"接着他又说："李达还寄我一本《经济学大纲》，我现在已读了三遍半，也准备读它十遍。"①

"我折本了"

1937年八九月间，郭化若从庆阳回到延安，毛主席教哲学的高潮已经过去。郭化若听到学员们说，主席讲哲学深入浅出，讲得非常生动、活泼、有趣，许多听众不断发出笑声，有时则哄堂大笑。一次，郭化若对毛主席说出了他不在延安听课的遗憾。毛主席幽默地说："我折本了。"郭化若不大理解，有点诧异。毛主席说："我花了三天四夜的时间，才准备好讲课提纲，讲矛盾统一法则，哪知只讲了半天就讲完了。岂不折本了吗？"

郭化若说："毛主席所说的'折本'当然是开玩笑，他历来是把'学而不厌'和'诲人不倦'两句成语统一起来，看作教学相长的。他自己学了就向干部讲，把讲课前的准备和上课时的讲解，作为加深研究的方法。在陕北公学讲了哲学课后，主席又应红军大学（后改抗日军政大学，简称"抗大"）的请求，讲了唯物论和辩证法。总政治部把讲课的记录稿整理出来，经过毛主席同意，打印若干份，分给我们学习。后来毛主席根据记录稿，选出其中'辩证唯物论中的实践论'和'唯物辩证法中的矛盾统一法则'两节，整理加工成为现在我们所看到的《矛盾论》和《实践论》。《矛盾论》《实践论》和后来写的《关于正确处理人民内部矛盾的问题》和《人的正确思想是从哪里来的》4本哲学著作，就成为当代马列主义哲学发展的新成果。"②

---

① 郭化若《回忆在毛主席身边工作的点滴——纪念毛主席诞生八十五年周年》。

② 《郭化若回忆录》，第202—203页。

绝妙挽联

1937 年 11 月的一个晚上,第二天要开个大会,纪念孙中山先生诞辰和追悼抗日烈士。八路军留守处办公厅主任邀请郭化若去书写挽联,这些挽联是几位老同志写的。郭化若认为这些挽联写得不大妥,他也不敢改,就派人送给毛主席审查。

这已经是寒冷的深夜子时,大厅里,燃起了一盆木炭火。这时,挽联送回来了。郭化若一看,改得好,既符合挽联的格式,讲究平仄,又有新思想、新风格。郭化若开始挥笔书写,写了一副又一副。这时,新改的又送来了,一副比一副好。

半夜 1 时或 2 时左右,毛主席办公室派人又送来了新的挽联稿。这是毛主席自拟的,不但内容、形式好,写在白宣纸上的毛笔字也分外生动有力。郭化若惊叹毛主席精力充沛,愈是夜深,精神愈是旺盛。毛主席自拟的挽联,一副副由通讯员送来,一副比一副更妙,郭化若高兴地照写着。几十年以后,郭化若还记得其中的一副对联:国共合作的基础如何?孙先生云:共产主义是三民主义的好朋友;抗日胜利的原因安在?国人皆曰:侵略阵线是和平阵线的死对头。

电稿追忆

抗日战争时期,毛主席起草了很多电稿,郭化若能清晰地追忆其中的部分。平型关之战胜利后,国民党准备在山西北部的忻口地区组织一次积极防御的忻口战役。毛主席提出保证忻口战役的胜利,必须具备如下四个条件,缺一不可:一、担任占领阵地防御的部队,必须能顽强坚守;二、担任从两翼出击的部队,必须能适时勇猛出击;三、担任截断敌后方运输供给线的部队,必须保证确实截断平型关、雁门关敌后交通,使敌粮、油、弹供应不上;四、必须有得力部队保障战役翼侧安全,以防止敌人迂回到我方的侧后。郭化若回忆,当时的部署是,东北军、西北军和晋绥军分别担任守备和出击,八路军担任截断敌后运输线。这一部署是根据国共合作协议，国民党军队担任正面正规战，共产党部队担任敌后游击战制定的。这是合理的分工，也是国民党同意了的。八路军很好地完成了截断雁门关和平型关敌人后方运输线的任务，包括袭击阳明堡敌机场。可是国民党军一触即溃，甚至未触先溃。日本侵略军突破娘子关，迂回到山西省会太原的侧后。国民党军放弃太原。毛主席的英明预见，在电文中表现得最为明显。①

带头开荒

郭化若回忆：

八路军开赴华北敌后，我们贯彻执行了民族统一战线政策，停止了过去"打土豪，分田地"的办法。国民党出于"反共"的本性，却不顾大敌当前，阴谋置我军于死地。他们不遵守协议，连很少的一点军饷也不发了。

毛主席召集在延安的各单位负责人开会。毛主席讲得非常简单明确："何应钦不发饷了。我们怎么办？等着饿死吗？我想大家都不会同意的。解散回家吗？我想大家也不会同意。那么怎么办呢？只有大家动手，开荒种地，解决困难。"

大家都表示完全同意，热烈拥护，许多人还提出一些具体的建议。毛主席当场表示他也参加开荒。同志们都认为主席领导全党全国抗战，工作重要，不必参加。有人提出："我们为主席代耕！"主席说："我一定参加开荒。地点就选在我门口。只开一亩地，不多也不少。我还能自己动手，坚决不要人代耕。"

果然，毛主席在他的窑洞门前选了一块空地。一清早，他还未睡觉，就荷着锄头出门开荒，挖了一会，回窑里办公，办公一阵，又出来挖地。

---

① 郭化若《回忆在毛主席身边工作的点滴——纪念毛主席诞生八十五年周年》。

过不多久，毛主席根据他自己少年时代种田的经验，认为挖得差不多了，叫人来认真一量，果然一亩有多。

毛主席总结生产运动经验，亲笔题了8个大字：自己动手，丰衣足食。全部敌后的八路军、新四军都开展了生产运动。我军紧紧抓住了整风、生产两个环节，就立于不败之地。[①]

夜谈哲学

郭化若回忆：

　　一段时间，在杨家岭毛主席办公的窑洞里，每到星期三夜晚，总有七八个人围在一支蜡烛前，漫谈马列主义哲学。这个会是毛主席组织的，每次他都亲自主持。事先指定一个报告人，准备好发言提纲，首先发言。然后大家发表意见。开始谈的都是毛主席秘书处的秘书或干事，谈的只是哲学的一般常识或通俗讲话。随后逐渐扩大，也有高级干部和哲学家参加，人数增加了，座谈的内容也有所发展，地点移到了中央组织部的窑洞内，中央组织部还准备了简单的面食招待。党政军干部学习哲学的热潮形成了。毛主席很高兴，进一步提出成立"新哲学会"，由艾思奇、何思敬等主持，具体工作由我去做。毛主席提出筹备召开新哲学年会，艾思奇、何思敬等都表示拥护。这个年会，有200多人参加，开了三四个半天。我将年会情况向毛主席做了汇报，毛主席很高兴，立即决定第二天在西北饭店庆祝。这一天，西北饭店摆了几桌酒菜，费用是毛主席用自己的稿费支付的。人们满脸笑容而来，毛主席宣布新哲学会成立，走到每一桌去，和每个人碰杯。大家都受到极大鼓舞。

---

① 郭化若《在毛主席身边工作的片断》，原载《远谋自有深韬略》，第95—96页。

一条珍贵的围巾

抗日战争纪念网有一篇题为《朱德赠予郭化若的围巾》的"文物背后的故事"，节录如下：

在福建省革命历史纪念馆里，珍藏着一条褐色毛围巾，上面分布着几处明显的破洞。岁月给这条围巾留下了沧桑的痕迹，同时也承载着一个动人的历史记忆，因为它是抗日战争时期朱德总司令在延安亲手赠予郭化若御寒用的。

这条围巾的故事发生在抗日战争时期隆冬时节的延安，到处冰封雪盖，尤其到深夜便愈发严寒。一天深夜，参加完军委会议的朱德在踱步回窑洞的路上，发现不远处郭化若的窑洞依然闪着微微的烛光，眉头不禁微微皱起。

对于郭化若这位同志，朱德印象很深。他们的初次相逢是在闽西，朱德记得这位风尘仆仆的年轻人，用了数月时间从厦门步行到龙岩，追上红军部队，向自己递上介绍信，明亮的双眸里透出了革命者的坚毅。王明"左"倾教条主义统治中央时，郭化若坚定站在朱德一边，一起为受打压的毛泽东说话，被贬到红军大学当教员。长征时期，郭化若更是赤脚上路，凭着信念走完了两万五千里长征路，"长征全靠一片心"。念及于此，朱德默默赞许："铮铮铁骨，是我们红军的汉子。"

长征到达陕北后，郭化若因"托派"问题，至今尚未安排职务，只是暂时到总参谋部工作，并担任毛泽东的秘书。朱德经常在毛泽东住处碰到郭化若，看他为毛泽东处理文稿。总参谋部工作繁忙，郭化若经常要处理如敌情通报、作战命令等十万火急的文件，这会儿估计又准备不眠不休、彻夜处理特急文件了。朱德想，老这样下去，他的身体可怎么受得了？

朱德于是疾步向前，推门而入。郭化若被这推门声惊动，抬头发现是朱总司令，赶忙站起身来，欣喜地说："朱老总，您怎么来了？"

朱德故意板起脸："化若同志，我不来，你是准备把自己累死呀！"

郭化若赶紧辩解道："我不觉得累，做好总参的工作，总算是为宣传抗日战争出了点力，对我而言是莫大的鼓舞啊！"

朱德只得劝慰道："你白天要处理公务，晚上又要协助毛主席处理文稿，保重身体是第一位。"他看着郭化若微微颤抖的身体，解下了自己脖子上的围巾，亲自为郭化若系上，说："化若啊，你不仅要做总参的工作，还要研究《孙子兵法》，又是主席的军事高参，恩来同志表扬你是我们共产党的秀才，是专家学者。你还主编《八路军军政杂志》，深入研究抗日游击战争的战略问题。现在看来，这都是你没日没夜、通宵达旦地工作换来的成果。但身体是革命的本钱，只有休息好，才能更好地工作啊！"

郭化若感受到朱总司令言语中深切的关切，更被脖子上传递的温暖所包围，激动地说："我都听朱老总的，把手头上这几份文件处理完我立马休息。"

朱德只得拍拍他的肩膀："怪不得毛主席批评你总也长不胖。"

这条普通的围巾，饱含着朱德对郭化若弥足珍贵的关爱。在艰苦岁月里，这条围巾时时刻刻温暖着郭化若，让他始终保持一位共产党员的高尚品质和革命初心。

1999 年 11 月 29 日，郭化若同志的夫人史翔云亲手将这条围巾捐赠给福建省革命历史纪念馆，成为馆里的国家一级文物。

五首七绝

《郭化若诗词选》中，收录有郭化若延安时期写下的五首七绝。一首是《七绝·战地歌声》："惊天动地战歌酣，侵入狂军应胆寒；杀敌不教片甲遁，雄师铁血壮山河。"另两首写于 1943 年 9 月，题为《秋夜偶成》，其一为："群山映血月光寒，万垒千堡笑里看；遍地民兵同破袭，百团战后几多团？"其二为："塞外西风着意凉，三军早已备寒装；自耕自织丰衣食，笑把他乡作故乡。"再有两首题为《病中和病友，1945 年 12 月于延安和平医院》。一首依原韵:"一夜银涛没陌阡,八年抗战毁田园;峨嵋兵士衣犹薄,忍向长城送旧年。"一首再和仍依原韵:"雪覆阴山血覆阡,凯歌已奏未归田;协商有议无期会,秣马厉兵欢度年。"① 五首七绝,记载了郭化若延安岁月的历史片段,抒发了一代儒将以苦为乐、蔑视困难、奋发向上、大气磅礴的战斗豪情。

---

① 《郭化若诗词选》,第49—54页。

第六章　驰骋解放战场

奔赴前线

1945 年 8 月 28 日，一架运输机在延安轰然起飞。云集在宝塔山下的延安军民，注目着这架飞机往西南方向渐行渐远，心情复杂，久久不能平静。

抗战胜利了，中国面临着"两种命运、两种前途"的大决战。

飞机上坐的，是中共领袖毛泽东一行。为了挽救和平，毛泽东毅然深入"虎穴"，飞往重庆谈判。

那边是"和平谈判"，这边却是黑云压城、山雨欲来。

国民党军重兵集团沿同蒲、平汉、津浦三路，同时向解放区大举进攻。

国民党军第二战区司令长官阎锡山的精锐部队进占太原后，经临汾、浮山以南地区，扑向晋冀鲁豫的腹地上党地区。

毛泽东说："你们打得越好，我越安全，谈得越好。别的法子是没有的。"

晋冀鲁豫军区司令员刘伯承、政委邓小平遵照毛泽东"放手打"的指示精神，集中太行、太岳、冀南 3 区主力及地方兵团 3 万多人，准备在上党地区打一场大仗。

这时，在延安医院的病床上，躺着一位身体虚弱的儒雅军人。他听得空中的轰鸣声，望着西南天空，似乎心情格外复杂。

他是郭化若，病体使他难以为领袖送行。

还是 4 月中旬，郭化若参加中共第七次全国代表大会时，带着炮校排以上干部到了延安。毛泽东抽空接见了他们，勉励大家认清形势，为了展开抗日战略反攻，努力学习炮兵专业知识，将来像种子一样到各部队生根开花结果。

在抗日战争即将取得胜利的前夜，中国共产党于 1945 年 4 月 23 日至 6 月 11 日在延安召开了第七次全国代表大会。出席七大的代表共 755 名，其中正式代表 547 名、候补代表 208 名，代表全党 121 万党员，分为中直（包括军直系统）、西北、晋绥、晋察冀、晋冀鲁豫、山东、华中和大后方 8 个代表团。

大会号召全党发扬三大作风，带领全国人民为实现党的任务而斗争。大会选出中共委员 44 人、候补中共委员 33 人，组成了新的中共委员会。中共七大是一次团结的大会、胜利的大会，使全党的认识在马克思列宁主义、毛泽东思想的基础上统一起来，使全党达到了空前的团结和统一，为抗日战争和新民主主义革命在全国的胜利做了准备。

大会通过了毛泽东《论联合政府》的政治报告、朱德《论解放区战场》的军事报告和刘少奇《关于修改党章的报告》。大会分析了国内外的政治形势，总结了新民主主义革命的经验，阐述了新民主主义基本理论，制定了党的政治路线，即"放手发动群众，壮大人民力量，在我党的领导下，打败日本侵略者，解放全中国，建立一个新民主主义的中国"。大会总结了武装斗争、统一战线和党的建设的经验，深刻地论述了进行新民主主义革命的"三大法宝"以及党的三大作风——理论和实践相结合、密切联系群众、批评和自我批评，确定以马克思列宁主义与中国革命实践相统一的毛泽东思想作为全党一切工作的指针。

在出席七大期间，郭化若病倒了，被送进了白求恩国际和平医院。郭化若一连 18 天昏迷不醒。医生诊断为"神经衰弱症"。

郭化若的"神经衰弱症"由来已久。时任中央教导师（步兵学校）卫生处医务主任的涂通今将军回忆说："我认识郭化若同志就是在卫生处给他看病时认识的，以后逐渐成为挚友。记得在 1937 年 2 月的一天，我和卫生处刘夕青到临时干部病房给化若同志看病时，他很客气地接待了我们。我们详细地询问了他的病史并检查了他的全身情况后，初步诊断为'神经衰弱症'。"①。

郭化若回忆说："我身在医院，心在炮校，非常思念炮校。炮校同志也很关心我，他们常来医院谈炮校的情、谈工作。8月1日，中央军委调朱瑞同志任炮校代理校长，他也常来医院商讨工作。不久，日本宣布投降，抗日战争胜利结束。"②

1945年9月19日，中共中央致电各中央局，正式提出"向北发展，向南防御"的战略方针，强调"目前全党全军的主要任务，是继续打击敌伪，完全控制热、察两省，发展东北我之力量并争取控制东北，以便依靠东北和热、察两省，加强全国各解放区及国民党地区人民的斗争，争取和平民主及国共谈判的有利地位"③。为此，中共中央从山东、新四军及晋冀鲁豫、晋察冀、晋绥等军区和延安总部，先后调动2万名干部和11万部队，向东北进军。由此，中国共产党经略东北、收复东北的战略，随着形势的发展，转向应对内战危险并进而向解放全中国的方向推进。

这年11月底，延安炮校奉命迁往东北。郭化若仍在医院治病，无法随行。炮校同志一再热切地盼望郭化若老校长"回来主持校政"。当第二年6月郭化若病愈出院时，上级对郭化若另有任命，他再也没能够回到他热爱的炮校工做了。

1946年6月26日，蒋介石在完成了内战的准备之后，撕毁了停战协定和政协决议，国民党以30万军队围攻中原解放区，向解放区发动了全面进攻。全国解放战争由此正式开始。

全面内战爆发时，国民党在军事上和经济上都暂时占有优势。他们有430万军队，占领着3亿以上人口的地区，控制着全国大部分城市和绝大部分铁路交通线。他们还接收了100万投降侵华日军的全部装备，并且有美帝国主义大量的军事和经济援助。

当时，中国人民解放军只有120万人，不及国民党军队的三分之一，

---

① 涂通今《怀念郭化若同志》，原载《一代儒将——郭化若纪念文集》，第95页。

② 《郭化若回忆录》，第192页。

③ 《建党以来重要文献选编（1921—1949）·第22册》，第685页。

第六章 驰骋解放战场

装备是"小米加步枪",并且被分割在十几块根据地里。解放区只有1亿多人,其中大部分地区"土改"刚刚开始,反动封建势力还没有被肃清,革命的后方还不够巩固。同时,解放区基本上没有外援,一切靠自力更生。

为了打败国民党的军事进攻,毛泽东在1946年7月为中共中央起草了党内指示《以自卫战争粉碎蒋介石的进攻》,9月又为中央军委起草了党内指示《集中优势兵力,各个歼灭敌人》,提出了打败国民党的军事方针。

就在这黑云压城、山雨欲来的大背景下,1946年6月6日,郭化若带着妻儿,随同前来延安开会的新四军副军长张云逸离开延安。他们渡过黄河,由晋入鲁,穿过国民党军的层层封锁线,辗转几千里,于7月初到达临沂。

临沂是陇海铁路以北的军事重地,是鲁南、鲁中和滨海解放区的联系枢纽,1945年9月11日,山东军区司令员兼政委罗荣桓率部攻克此地后,成为山东解放区首府。

1945年10月中旬,新四军军长陈毅由延安来到山东,兼任山东军区司令员。此前,罗荣桓奉命率领山东解放区的主力部队开赴东北地区作战。

陈毅司令员与郭化若是红军时期的老战友了,此次见面,格外亲切。寒暄过后,陈毅快人快语,对郭化若进行工作安排,拟任其为鲁南军区司令员,并征求郭化若的意见。

郭化若根据实际情况,主动让贤,甘当副职。郭化若回忆说:"我了解了山东解放区和鲁南的情况后表示,全面内战爆发,鲁南是山东的前沿,首当其冲。组织上安排我到鲁南担任主要领导职务,是对我的信任。但鉴于我刚到华东,对山东特别是鲁南的情况不熟悉,而原在鲁南担任领导职务的傅秋涛、张光中同志在鲁南工作的时间比较长,对那里的情况比较了解,由他们任主官更合适,我可以担任副职。经过再三请求,组织上同意了我的意见,任命我为鲁南军区副司令员兼人民武装部部长,分管作战、后勤、民兵等方面的工作。"①

---

① 《郭化若回忆录》,第193页。

傅秋涛（1907—1981），湖南省平江县人；1929 年入党，1933 年参加红军；曾任中共湘鄂赣省委书记兼湘鄂赣军区政委；参加了南方三年游击战争；抗战时期，任新四军第一支队司令员兼政治委员，新四军第七师副师长等职，转战南北；在皖南事变中，率部突出重围；解放战争初期，任中共鲁南区党委书记、鲁南军区司令员等职。

张光中（1901—1984），又名张心亭、张耀华，江苏省沛县人；1931 年入党；是著名的"铁道游击队"的创建者和上级领导人、鲁南人民抗日武装的主要创始人之一。

鲁南军区下辖 3 个军分区和 2 个警备旅，辖区北起兖州，南至陇海铁路，东达临沂，西临微山湖。鲁南军区西边与晋冀鲁豫解放区接壤、南边与苏皖解放区相邻，战略位置十分重要。

从 1946 年 7 月起，国民党军开始对解放区进行了全面进攻，在围攻中原解放区的同时，集中 58 个旅的兵力进攻山东解放区，由徐州绥靖公署主任薛岳指挥，采取由南向北、由西向东逐步压缩的方针，进攻华东解放区。

8 月初，国民党军大举向鲁南地区发动进攻，企图打通津浦路韩庄至临城间的铁道交通线。山东野战军主力第一纵队奉命南下。8 月中旬，第一纵队到达鲁南。鲁南军区部队转为协助主力部队作战。

第一纵队司令员是新四军猛将叶飞。

叶飞（1914—1999），原名叶启亨，曾用名叶琛，祖籍福建省南安市金淘镇；21 岁起任中共闽东特委书记、闽东军政委员会主席兼红军闽东独立师政委；三年游击战期间，多次挫败国民党军"清剿"，恢复和重建了闽东游击区；抗战爆发后，闽东红军改编为新四军第三支队第六团；抗战中功勋卓著，升为第一师师长兼苏中军区司令员和中共苏中区委书记、苏浙军区副司令员；解放战争初期，任山东野战军第一纵队司令员。

郭化若到达鲁南后，用很短的时间，跑遍了鲁南北部山区和南部山地丘陵，召开民兵干部会议，讲解游击战的战术运用，特别提倡抗日战争时期的地雷战，提出了要求，布置了任务。他将鲁南民兵骨干武装起来，发出了"坚持边沿，插入敌后"和"打响""炸响"的号召；还要求各分区设立"民兵兵工厂"，制造地雷，以满足民兵的战斗需要。

9月初，国民党军3个师占领了多义沟、台儿庄、车辐山一线，鲁南军区部队和第一纵队密切配合，在阻击和反击战中歼敌一部。随后，鲁南地区有一部分成为敌后，我主力撤至向城、卞庄、长城一线与敌对峙。

10月初，毛泽东代表中央总结了我军2个月的战争经验，其中特别指出："2个月的经验证明：在民兵、游击队、武装工作队等地方武装组织得好的地方，虽然被敌人暂时占领了许多点线，我们仍能控制广大的乡村。""今后必须加强党的领导，在暂时被敌占领地区，发展地方武装，坚持游击战争，保护群众利益，打击反动派活动。"

郭化若在抓民兵工作时，善于见微知著，抓典型事件。他刚到任之时，在8月底的一次战斗结束后，发现一个民兵担架队员用刀在他的担架上划杠，就感到奇怪。郭化若便问他为什么划杠？这位队员红着脸，觉得挺不好意思的，不说话。郭化若和颜悦色地一再引导。这位队员说，他每抢救一个伤员，就在上面划一条杠，也就是留着一个念想。郭化若博古通今，在回司令部的路上，想起了古代将帅统军讲究赏罚分明，谁立了功，就由专人在"功劳谱"上记录下来。郭化若是《孙子兵法》研究专家，《孙子兵法·计篇》中就写道："主孰有道？将孰有能？天地孰得？法令孰行？兵众孰强？士卒孰练？赏罚孰明？吾以此知胜负矣。"由此可见，赏罚之重要。郭化若认为，可以借鉴古代"功劳谱"的制度，在民兵中广泛开展"功劳运动"，以提高广大民兵的积极性。郭化若的设想得到了鲁南军区领导的一致赞同。9月，郭化若主持召开了鲁南民兵会议，提出了发起民兵"功劳运动"（后改称"立功运动"）的倡议，号召"每个民兵立一件功劳"，每个立功人员发一份"立功证"。会后，郭化若又代鲁南行署和军区起草了"立功奖励条例"。鲁南军区民兵立功运动开展了起来。山东军区和山东省政府对鲁南军区上报的民兵立功运动的经验高度重视，联合颁发了《关于民兵自卫队开展立功运动的暂行办法》和《关于开展立功运动的指示》，普遍开展立功运动。这一运动，很快推广到整个华东野战军战区。

11月11日，延安《解放日报》发表了《广泛开展立功运动》的评论文章，称赞华东解放区开展的立功运动"是人民自卫战争中的一个创举"，号召各解放区普遍开展这一运动。

1947年9月，郭化若发表了《广大民兵参战是战胜敌人的重要因素》。他总结说，鲁南民兵一年来参战可分为3个阶段，3个阶段的特点和任务各异。第一阶段，主要战场在鲁南外围，任务是"坚持边沿，剿匪反特"；第二阶段，战场逐渐接近鲁南，任务是"支援前线，帮助主力"；第三阶段，鲁南转为敌人直接后方，任务是"坚持游击，准备反攻"。郭化若在这篇文章中，总结了民兵工作的8条经验教训：一是开展立功运动是发挥广大民兵群众参战积极性的最后办法；二是地雷战使敌人感到最头痛；三是"剿匪""反特"与围剿"还乡团"斗争中，使用民兵配合地方兵团作战收效最大；四是适当地指挥发挥民兵"坚持边沿"的伟大作用；五是只有大量使用民兵担任"战地勤务"，才能大量发挥民兵在自卫战争中的伟大作用；六是使用民兵参战时，注意照顾民兵情绪，不但可以巩固、提高其作用，而且还能扩大宣传；七是要游击战打得好，战前应有充分思想准备，并要有周密的组织准备；八是从敌区撤离大量民兵至安全地带整训，应看作战略部署之一。

文章内容高屋建瓴，条分缕析，对鲁南民兵工作具有很强的指导意义和实际的可操作性。

鲁南大捷

1947年1月下旬，国民党军统帅部制定"鲁南会战"计划，集中31万多人的兵力，企图在临沂地区同华东野战军决战。其中，南线8个整编师20个旅为主要突击集团，由台儿庄至城头一线分三路北犯；北线由第二"绥靖"区副司令李仙洲率2个军、1个整编师共9个师为辅助突击集团，从明水、淄川、博山等地南下，实行南北夹击。

华东野战军在几次求歼南线之敌未成后，经中央军委批准，毅然转兵北上，求歼李仙洲集团。

2月10日，华东野战军以一部兵力伪装全军在临沂附近阻击南线之敌，主力则秘密北上。19日，将李仙洲集团包围在新泰、莱芜地区。20日晚发起攻击，至23日，全歼该敌7个师。接着，华东野战军乘胜横扫胶济线之敌。此役共歼敌7万多，收复县城13座。

《郭化若回忆录》记载："为更好地指挥鲁南作战，完成保卫临沂和维护苏鲁联系的任务……10月19日，中央军委根据华东局的建议，指示山东军区以第一纵队司令部为基础，迅速组成鲁南前线指挥部，以叶飞为司令员，我为副司令员兼参谋长，傅秋涛为政治委员，谭启龙为副政治委员，统一指挥第一纵队、鲁南第十师、滨海警备旅在鲁南基干武装配合下，阻击向鲁南进犯的国民党军。"①

1946年底，华东地区的人民解放军决定发起鲁南战役。《粟裕回忆录·鲁南大捷》记载："鲁南战役从定下战役决心到战役发起，只有八九天时间，战前准备工作十分紧张……为便于指挥，我们决定将参战部队变成左、右两个纵队。右纵队以第八、九、十、四师之第十团、滨海警备旅及鲁南军区特务团组成，由鲁中军区司令员王建安、政委向明，鲁南军区政委傅秋涛、副司令员郭化若统一指挥，其任务是攻占敌防御地区左翼诸山地要点，切断敌向峄县、枣庄的退路，并阻击峄县、枣庄之敌的增援。得手后再攻向城，割裂敌第一六九旅与第四十四旅的联系，歼灭傅山口、太子堂地区之第四十四旅。上述任务达成后，再配合左纵队围歼敌整编第二十六师师部及第一快速纵队。左纵队由陶勇同志所部第一师和叶飞同志所部第一纵队组成，归野战军直接指挥，担负歼灭第一六九旅及第一快速纵队的任务，首先围歼卞庄之敌，同时切断整编第二十六师与整编三十三军的联系，在右纵队配合下攻歼敌第一六九旅和第一快速纵队。"②

华东野战军作战命令规定，各部均应于1947年1月1日拂晓前进入指定集结地域，战役发起时间为1月2日24时。

① 《郭化若回忆录》，第196页。
② 《粟裕回忆录·鲁南大捷》，第346—347页。

各参战部队迅速隐蔽北上，一律夜行晓宿。

大战在即，郭化若思绪万千，写下"七绝二首"，题为《鲁南战前随笔》，时为 1946 年 12 月。诗曰："轻车此去逐烟尘，万垒千山听杀声；血溅肉飞寻常事，但筹良策获石城。""朔风飒飒夜漫漫，揽辔东来意未安；谁策多筹谋全胜，不教顽骑度苍山。"注释说："苍山在临沂西 30 里。敌整编五十九师和第一快速纵队拟向临沂进攻。省委已电令鲁中向南增兵，余奉命阻止敌军于苍山之西，为期 10 天。当夜只找到滨海独立旅 2 个团坚守，苦战一天，仍占卞庄。鲁南第十师尚不知在何处。10 天的司令，任重才轻，有感作此。"[①]

中央文献出版社出版的《八闽开国将军》第三卷记载了"卞庄阻击战"情况，节录如下：

当时，滨海警备旅刚组建不到 1 年，虽下辖 3 个团，但连队缺员，装备低劣，没有独立担当过作战任务。

卞庄位于临（沂）枣（庄）公路中段，西北依偎群山，东临沂河。

1946 年 12 月 11 日夜，在友邻部队的配合下，滨海警备旅三团进入傅山口前的东新兴、青山奎、大青套，一团进入尚岩南的陈桥、杨桥。

……13 日，解放军主力部队发动的宿北战役拉开序幕。敌整编二十六师派出 2 个步兵团，在飞机、坦克掩护下，向卞庄以西的向城进犯。我守卫在向城以南陈桥、杨桥的一团，经 3 小时激战，给敌军以重大杀伤。但由于北路敌人突入向城，8 辆坦克沿公路窜至卞庄西 3 千米的地仓谷屯，警备旅遂收缩至卞庄一线，巧设防御阵地，进行阵地作战。

上午 8 时，村落间还弥漫着淡淡的晨雾，敌整编第二十六师所属之第四十四、一六九旅的 2 个精锐团，在野炮、山炮和 24 辆坦克、

① 《郭化若诗词选》，第 57—58 页。

7架飞机的配合下，从临枣铁路南北两侧，分路成扇形对卞庄进攻。敌西北方向的一路抢占了俯视卞庄的铁角山高地后，即掩护公路上的主攻部队，向我第一防御中心大官庄进攻……待十几辆坦克进入我前沿阵地后，我隐蔽在阵地上的2门三七战防炮突然射击，击中坦克2辆，1辆起火，1辆炸坏履带被拉走。

……敌军的又一次冲锋被打退后，戴家村前500米开阔地上，两辆冒着黑烟的坦克，翻倒在我前沿阵地上。这时，敌军又把突击方向转回到大官庄一线，敌军的进攻从下午5时一直持续到深夜。

18日清晨，新华社邯郸广播电台向全世界广播：17日，临沂前线我军在卞庄一举击毁击伤蒋军坦克7辆，创我军打坦克的光辉战例。美械装备整编第二十六师和第一快速纵队被阻于卞庄一线。

卞庄阻击战，不仅保卫了临沂，配合了宿北战役，首创我军一举击毁击伤坦克多辆，以不及百人伤亡，歼敌1200多人的光辉战绩，而且初步获得了对敌军机械化部队的作战经验，为鲁南战役的胜利创造了条件。

1947年元旦拂晓前，郭化若、傅秋涛率领鲁南第十师等部队按时到达钓鱼台、卞庄一线以北地区隐蔽集结，并于当日向部队发出歼击第二十六师的命令。

鲁南第十师是山东野战军下属编制。1946年10月中旬，以鲁南军区警备第九旅扩编为山东野战军第十师。师长贺健（原一分区司令员），政治委员张雄（原二分区司令员兼政委），下辖第二十八、二十九、三十团。

国民党整编第二十六师是用美国武器装备的部队，有较强的战斗力。归该师指挥的第一快速纵队，是一支机械化部队，拥有美式榴弹炮、坦克等重型装备。

1月2日晚，解放军对缺乏戒备的敌第二十六师发起突然进攻。郭化若等指挥右集团于当晚占领四马寨，控制了阻击敌人援军的有利阵地，同时攻占了寨山、青山、塔山等要点。3日晚上，右集团部队攻占了敌人的指挥中枢马庄，全歼第二十六师所属的第四十四旅。卞庄地区的第二十六师的另一个旅——一六九旅大部亦被左集团部队歼灭。至此，陷入孤立的第一快速纵队已被我军紧紧围困在陈家桥、作字沟的狭小地区之内。

4日上午，第一快速纵队仓皇向西突围。为了迅速抓住敌人，郭化若等率领部队由傅山口直插漏汁湖，与兄弟部队一起将敌军包围在下湖、漏汁湖之间的洼地内。时值雨雪交加，道路泥泞，敌军坦克、车辆行动迟缓，人员、辎重乱作一团。郭化若等指挥部队发扬英勇顽强的战斗作风，以爆炸、火烧等手段和敌人的坦克进行搏斗。经过数小时激战，除有7辆坦克逃走外，第一快速纵队被我军歼灭。

鲁南战役第一阶段结束后，陈毅司令员有诗纪事。《陈毅年谱》记载："1947年1月4日下午，在（鲁南战役）第一阶段作战胜利结束后，偕张鼎丞、张云逸等巡视战场。纵身登上一辆刚缴获的美制坦克，和同行人合影留念。一些被俘的坦克兵说：'我们在印度、缅甸打了3年，一直向前冲，美国人对我们也看得起，想不到今天会败得这样惨！'陈毅听后哈哈大笑，乘兴赋诗一首：'快速纵队走如飞，印缅归来自鼓吹；鲁南泥泞行不得，坦克都成废铁堆。'"[1]

接着，华野参战部队连续作战，攻克峄县、枣庄等地，扩大战果。1月20日，鲁南战役胜利结束。

何以祥时任山东野战军第八师师长，率部参加了攻克峄县等战斗。他的《血路雄关——我的征战回忆》记载："战斗胜利结束，我们迎着清晨的阳光，踏着冰雪来到城南师直属队住的小村里。几个通讯员把马励武带了进来。马励武是国民党军中将师长，黄埔军校一期毕业生，1928年曾任蒋介石的侍从副官。这次战斗中，他的头被打伤，缠绕着厚厚的一圈纱布，见了我连连点头。我问了他一些情况，他一一做了回答。他又接着说：'咳，国军失败，鄙人实在惭愧。贵军行动神速，出人意料，大战兵力集中，士气旺盛，炮火猛烈，堪称空前，鄙人万分拜服。'"[2]

---

① 《陈毅年谱》，第479页。

② 《血路雄关——我的征战回忆》，第235页。

国民党军的腐败，是导致其失败的一个重要原因。《叶飞回忆录》第二十六章《新年的献礼——鲁南战役》有小标题为"竟有这样的'指挥官'"一节，其中说："敌整二十六师师长马励武是黄埔一期生。这个部队原属薛岳指挥，有一定的战斗力。但是，军官对士兵剥削严重。部队流行着牢骚话：'要吃苦，跟马励武；三月不关饷，还找二百五。'事实证明，这个马励武确是个笨蛋。宿北战役以后，他畏惧我军回师被歼，不敢前进，但也不敢退回，也不调整部署，只原地构筑工事驻守，而他自己竟然丢开部队回峄县过年去了。"①

此役歼敌 2 个整编师、1 个快速纵队共 5.3 万多人，解除了国民党军对山东解放区首府临沂的威胁，并取得了对国民党军机械化部队作战的宝贵经验。此役还缴获坦克 24 辆、炮 89 门、汽车 474 辆，为华东部队组建特种兵纵队提供了装备条件。

在鲁南战役结束后，郭化若听说陈毅司令员在有关战役的大政方针确定后，就同其他同志摆开棋盘，一面从容下围棋，一面静候前线佳音。郭化若写下《阮郎归·鲁南战役》，记载此情此景："群山万垒战酣时，风高怒马嘶。将军对客夜敲棋，纷纷捷报飞。坚城破，战车羁，健儿带笑归。高台又纵钓鱼丝，春风鳜正肥。"

敌后游击战

由于国民党军在全国战场连遭败绩，大量有生力量被我军歼灭，加上战争深入解放区，补给线延长，守备兵力增多，因而越来越感到兵力不足，要在全国各战场到处进行攻势作战已经力不从心。因此，蒋介石从 1947年 3 月起，不得不放弃全面进攻，转向对陕北和山东两个解放区实行重点进攻。

国民党军队对山东解放区的重点进攻，是从 1947 年 3 月下旬开始的。

---

① 《叶飞回忆录》，第 317—318 页。

他们妄图首先打通津浦铁路徐州南段和临沂至兖州公路，全部占领鲁南解放区，然后寻找我军主力在鲁中山区决战，或者迫使我军北渡黄河，以实现他们占领整个解放区的目的。

在敌军集结重兵大举进攻鲁南的情况下，郭化若和鲁南军区其他首长带领军区武装进入抱犊山区坚持斗争。

3月27日，国民党集中4个整编师的兵力，分南北两路，向抱犊山区和天宝山区进行疯狂的"清剿""扫荡"。南路敌人先后占领抱犊崮周围村庄及梁邱、高桥等地，北路敌人占领了城前、张家庄、欧家裕一带地区。敌军所到之处，"还乡团"乘机进行反攻倒算，破坏群众组织，捕杀军属、村干部，反动气焰十分嚣张。

为了保卫群众利益，坚持农村阵地，支援与配合主力部队作战，打破敌人想把鲁南变成其进攻整个山东解放区的基地的企图，郭化若等人指挥坚持敌后的鲁南军区部队，开展了艰苦卓绝的游击战争。

3月30日，鲁南地方武装第十七团在配合主力部队作战中，歼灭敌军整编第五十九师第三十八旅一部，并一度迫使南路敌人向后收缩到郭里集、枣庄外围一线。4月6日，敌人采取奔袭合围的战法，企图将鲁南军区武装一举消灭或驱逐出鲁南山区。在郭化若等人率领下，鲁南军民以顽强的斗争精神，以民兵、武工队、基干武装相结合，机动灵活地和敌人周旋。在半个多月的反"扫荡"斗争中，不仅守住了农村阵地，还利用战斗间隙转运大批作战物资和主力部队的伤病员到安全地带，保证主力部队及时得到休整。

4月中旬，郭化若等根据当时的斗争形势，向华东局、华东军区提出向敌人占领的交通线广泛出击的建议。经同意后，他们就部署第一军分区的武装向费县、梁邱公路及太平邑至城前一线以西展开活动；第二军分区武装向津浦铁路界河至临城段以东地区进行活动；第三军分区武装一部向临沂以南活动，另一部向枣庄、台儿庄、邳县及兰陵一带活动，打击保安团队及"还乡团"，破坏交通线；在1个月的时间内，累计作战97次，毙伤俘敌2000多人，有力地打击了国民党地方武装，摧毁了反动区、乡政权，鼓舞了敌后群众的斗争情绪，配合了野战军作战。

5月中旬，华东野战军发起孟良崮战役。战役开始前，上级要求鲁南军区部队向位于青驼寺地区的敌军侧后攻击，切断青驼寺至临沂的公路，破坏敌人从鲁南至鲁中前线的交通补给线；同时，以一部兵力袭扰临沂，牵制敌人。根据上级要求，郭化若于5月上旬就指挥军区特务团袭击费县，第三军分区武装袭击临沂附近的机场，另一部袭击临沂新安镇公路上的重要据点郯城、马头，第一军分区在滋阳临沂公路中段卡桥、平邑一线积极开展游击活动，破坏费县至紫荆关及泗水城以西的交通。

孟良崮战役于5月13日发起后，郭化若等率领的鲁南军区武装已经逼近临沂，威胁敌人的后方，并且控制了临沂至青驼寺公路的一段，牵制了敌军整编第二十师和第六十四师向垛庄、青驼寺的增援。到16日晚战役结束的时候，这两个师的敌军还没有赶到青驼寺去增援。

孟良崮战役后，郭化若等乘敌人兵力空虚的机会，指挥部队广泛袭扰敌军据点，破坏交通线，打击小股出扰的敌人，对敌人的后方形成严重的威胁。敌军为排除这一威胁，从5月20日起，用12个团的兵力，分别从界河、邹县、泗水、城前出动，向邹县东部、红山等地区连续"扫荡"。鲁南军区武装以灵活的游击战对付敌人，先后进行大小战斗45次，粉碎了敌人万人以上规模的合击就有6次，并乘机插到敌人的侧后，攻克铁佛寺、郭里集、马坡等据点，歼敌2万多人，粉碎了敌人全面控制鲁南的计划。

6月16日，敌军又集中31个团的兵力，向鲁南山区进行毁灭性的"清剿"。鲁南军区武装以少数武工队配合民兵坚持内线与敌人周旋，基干武装转移到外线去对敌作战。坚持到6月底，全国解放战争已经开始转入战略进攻。鲁南军区武装利用这个有利时机，迅速向平原地区发展，配合野战军作战。7月上旬，为配合华东野战军第一、四纵队攻击费县守敌敌第五十九师第三十八旅，郭化若带领军区武装在峄县、枣庄、临城以北一线，拦截南线敌军第五十九师第一八〇旅等部的增援，并将其击溃，保证了主力部队能够全歼第三十八旅。随后，郭化若又率领部队在天宝山进行反"清剿"作战，并且以一部分兵力挺进邹县、滕县以东地区，在1个月时间内，歼敌 1700 多名，基本上恢复了鲁南山区。

国民党军队对山东解放区的重点进攻被粉碎了。从 1947 年 8 月起，遵照中央军委的战略部署，华东野战军的第一、三、四、六、八、十等纵队开始转入外线作战。就在此时，郭化若调离鲁南军区，任第六纵队副司令员。

在离开鲁南军区以前，郭化若认真总结了 1 年来鲁南民兵工作经验。这个经验，后来在 1947 年 9 月 28 日，以"广大民兵参战是战胜敌人的重要因素"为题，以谈话的形式发表在解放区的报纸上。

这是一篇关于民兵工作的重要文章。它之所以重要，不仅是因为总结的 8 条具体经验，对当时的民兵工作有现实的指导意义；更因为它依据毛泽东关于民兵的地位和作用的教导，提出了一些十分重要的思想。郭化若说："过去的民兵工作组织不巩固与'土改'不彻底有很大关系。'土改'彻底后，百分之九十农民真正翻身，组织到农会中去，并在农会中动员百分之八十的会员参加民兵，则估计可以整理出七八百万精干民兵。如再能在冬季与战役空隙中加以普遍的轮训，则可以成为战争的极伟大的力量，必将成为战胜敌人的决定因素之一。"郭化若认为，"民兵是无产阶级提高农民的最有利的组织形式""是我军建军最可靠的基础""是最经济的'预备兵'，可以不花被服给养就能在广大的农民中进行军事训练"。"他们不但是翻身群众中的优秀分子、'土改'中的积极分子，而且是农村中的新'民警'，是新民主主义政权的支柱，是广大人民在自己解放战争中表现其能力的宽大场所"。郭化若最后的结论是："只有把民兵作用提高到政治上战略上来认识，才能上下一致。大家一致地在各级领导机关一元化的领导之下，从政治上、战略上布置与推动这一工作，使广大人民在自卫战争中全部发挥其能力。"

郭化若的这篇文章，得到朱德总司令的肯定。1947 年 11 月 19 日，朱德在河北河间县给郭化若的亲笔信中说："你的民兵报告是有经验的，你到野司后仍须注意这一工作。"

逐鹿中原

沙土集战役

1947年8月，郭化若调到华东野战军第六纵队任副司令员。就任以前，他先奉召去华野司令部，晋见了陈毅司令员和粟裕副司令员。陈粟向他介绍了全国各战场特别是南线战场的形势后，告诉他："我们两人准备率第六纵队和特种兵纵队，组成西线兵团，在陇海路南北机动作战，会同刘邓、陈谢两军共同执行外线作战任务，在长江以北、伏牛山以东、陇海路以南、津浦路以西开辟中原新解放区。这是一个十分光荣也十分艰巨的任务。只要这一步棋走好了，全国战局就会从根本上改观，往后的棋子就好走了。"

接着，粟裕又给郭化若介绍了第六纵队的情况："它是红军主力长征后，留在南方坚持游击战争的一支部队，1938年改编成新四军第一支队第二团。说起'老二团'，江南的老百姓无不翘起大拇指称赞；抗战胜利后，编成华中野战军第六纵队，后来扩编为第六师；1947年2月，又编成华东野战军第六纵队，下面辖有第十六、十七、十八师；司令员王必成，政委江渭清，副司令员皮定均，副政治委员兼政治部主任陈时夫，参谋长杜屏。"

王必成是华东有名的战将，湖北省麻城市乘马岗镇小寨村人；1929年参加中国工农红军，在战斗中成长为红八十九师副师长；参加了鄂豫皖革命根据地历次反"围剿"斗争和红四方面军长征；抗战时期，任新四军第一支队第二团团长，新四军苏北指挥部第二纵队司令员，第一师第二旅旅长，第十六旅旅长，苏浙军区第一纵队司令员；解放战争时期，任新四军第六师副师长，华中野战军第六纵队司令员，华东野战军第六纵队司令员；战功卓著。

叶飞在《怀念王必成同志》一文中说："几年前，有位年轻的党史工作者来采访，向我提出一个问题：'江苏抗战和华东解放战争的史料里多次提到叶王陶，不知是谁？现在何处？用过叶琛、聂扬等化名的，是否就是你？'……叶王陶不是一个人，而是叶飞、王必成、陶勇三人的合称。叶、王、陶不是'桃园三结义'，而是从 1940 年夏，新四军苏北指挥部所属 3 个纵队的司令员，第一纵队司令员叶飞，第二纵队司令员王必成，第三纵队司令员陶勇。这 3 个纵队一直并肩作战，3 个司令员的姓也就一直联在一起了。"叶飞在回忆了王必成大量的战斗功勋之后，点到了他的一些性格特点："很多同志都说王必成同志有些怪。他，确是不苟言笑，落落寡合，而且易生闷气，有些孤僻。我却认为，王必成同志是富于无产阶级的阶级情谊的。"[1]

粟裕说，第六纵队这个部队有个最大的特点，就是善于溶化俘虏，但由于部队成分复杂，纪律方面就差了一点。第六纵队又是一支英勇顽强、战斗作风过硬的部队，但也有一个缺点，就是打红了眼以后，不太讲究战术。

陈粟首长在讲了这些情况以后，希望郭化若到第六纵队以后好好协助王司令员、江政委抓好部队工作，尤其是在纪律方面和战术训练方面多下点工夫。

郭化若到第六纵队后，协助王必成打的第一仗，是沙土集战役，这也是第六纵队过黄河以后打的比较大的一次战役。

1947 年 9 月初，国民党军得悉华东我军即将南渡黄河后，迅速派第五军和整编第五十七师阻止我军渡河。这两股敌人于 7 日分别进至隋官屯、贾敬屯一带，相距 20 多千米。华东野战军首长决定，立即以第三、八纵队和第六纵队主力南北夹击战斗力较弱的整编第五十七师，把它包围在沙土集地区加以歼灭。

第六纵队接到命令后，立即冒雨涉水，日夜兼程，于 9 月 8 日先后赶到沙土集地区。这时，国民党整编第五十七师已被第三、八纵队包围在沙土集地区。根据上级命令，第六纵队以第十七师配合兄弟部队担任阻击国民党军第五军的增援任务，以第十六、十八师投入围歼战，第十六

---

① 《虎将王必成》，第 13—20 页。

师攻击沙土集西北角，第十八师主力向西门进攻，另以1个团配合兄弟部队阻击菏泽方向来的援敌。

9月8日晚8时，我军向沙土集的敌人发起总攻。敌人在我围攻部队的猛烈打击下企图向西突围，被担任西门攻击任务的第六纵队第十八师第五十二团堵截，被迫退缩固守。经过2个小时的激烈战斗，兄弟部队首先突入镇内，向街心发展。第六纵队第十八师在付出重大牺牲后也从西门突破敌人防御。第十六师因为到达攻击位置较晚，准备尚未完成就仓促投入战斗，突击没有成功。战至9日晨，沙土集之敌五十七师被全部歼灭，第六纵队生俘了该师中将师长段霖茂以下2700多人。

沙土集战役是华东我军转入战略进攻后的第一个胜仗。这次胜利，极大地鼓舞了我军的士气，为向豫皖苏进军打开了通道，并有力地配合了刘邓大军的行动，中共中央致电热烈祝贺。

第六纵队虽然在这次战役中较好地完成了任务，但也暴露出部队存在的一些问题。战后，郭化若召集司令部的同志和团以上干部，进行了村落攻坚战的经验总结。郭化若文质彬彬，说话不急不慢，条理分明。郭化若在肯定这次战役的成功经验后，重点指出了部队目前存在的一些不足。比如，通讯联络不畅，对情况和任务了解不够，未能按原定时间到达预定地点，影响了协同作战；战术技术上墨守成规，不会使用炸药爆破，遇到鹿砦等障碍物只会用手清除，不但延误时间，还增加了伤亡；战术上不善于组织火力掩护突击，进攻队形过于密集，增加了不必要的伤亡等等。大家听了，觉得郭副司令员讲到点子上了，都很有感触。时任第十八师第五十二团政委的彭冲参加了这次总结会。他在一篇回忆文章中说："会后，大家私下里对化若同志都竖起了大拇指，认为这位郭副司令员果然名不虚传。"①

---

① 彭冲《一代儒将，风范长存》，原载1996年9月2日《人民日报》。

处变不惊

沙土集战役之后，部队在菏泽地区进行了短期休整，随后按原计划向豫皖苏边区挺进。

据彭冲《一代儒将，风范长存》中回忆，在华东战区，他和郭化若曾共同历险并彻夜长谈。

彭冲回忆说：

记得一天将近傍晚的时候，我正骑马随部队向临泉方向奔袭。突然，有两辆卡车从后面赶上来，在我身边戛然停下。车上一人伸出身子招呼我："彭政委，跟我们一起先走吧，过过车瘾。"我一看，原来是纵队副司令皮定均同志。车是沙土集战役中缴获的美式卡车，在当时，这还是挺威风的。我也没客气，把马交给警卫员，跳上了后面一辆。上车后才发现，纵队的王必成司令、化若同志，还有其他几位副司令员都在车上。王司令、皮副司令等几位同志都是我十分熟悉的了。化若同志虽是第一次交谈，却很投缘。化若是个儒将，对书法、诗词有很深的造诣。而我小时候读过私塾，参加革命后也一直坚持学习，对书法和诗词也很喜爱。这使得我们的闲聊很快由一般的拉家常转向深入。到后来，汽车上好像只有我们两人在聊似的。皮副司令开玩笑说，化若到六纵后闲聊的话加起来也没现在这么多。

天黑的时候，我们来到一个村庄。这时，一件意想不到的事发生了。坐在前面的警卫员报告说，村子有敌人的民团在活动，人数不详，估计有1个连。而我们的警卫排加起来不过40多人，大部队早被我们甩在了几十千米之后，气氛有点紧张起来。必成同志很冷静，命令两辆车把车篷放下来，遮盖严实，然后减速慢行，显得从从容容的样子。果然，黑灯瞎火的，在周围晃荡的民团士兵一时也搞不清我们的身份，看我们坐着美式卡车，大大方方的，便以为"国军"来了，有的士兵还向我们打招呼。过了村子后，大家商量了一下，认为前面敌情不明，离大部队又远，不宜深入，应找一僻静的地方，等大部队接应。恰好，附近有一座破庙，我们便把车停了下来，就地警戒。

情况虽然有点紧张，可我们这些人经历过的危险都不算少，对这点危险也就不十分在意了。除皮定均同志忙着指挥警卫排战士在庙外警戒外，其他同志进了庙后依然接着车上的话题继续闲聊。后来，王司令和其他几位同志到隔壁休息，只有我和化若谈兴正浓。过去听说，化若不苟言笑，可通过这次交谈，我发现化若其实是个感情非常丰富的人。他向我讲起小时候因为家里穷，为了供他读书，先后卖了两个妹妹时，几乎都要落泪了。①

郭化若与彭冲一见如故，彻夜长谈。天亮后，大部队赶了上来，盘踞在附近的敌民团立即作鸟兽散。

"舞龙灯"北移濮阳

1948年2月，恽前程奉命从第十六师第十六团调到纵队司令部任作训科长。他认为郭化若副司令员"是一位知识渊博、经验丰富、文武双全、淳朴大方、有儒将风度的首长"。他见证了郭化若精心策划第六纵队北移濮阳的全过程。

恽前程在《深切的思念，难忘的回忆》②一文中记载：

华东野战军粟裕副司令员为过长江南下歼敌作战做准备，命令第一、四、六纵队越过陇海路北移鲁西南休整补给。当敌发现华野前指、第四纵队越过陇海北移，即令邱清泉兵团（下辖新五军、整编七十五师、整编七十师、第一快速纵队、独立第一骑兵旅）对我华野前指、第四纵队进行跟踪追击，妄图歼我军于黄河以南地区。粟裕副司令员据此情况将在鲁西南休整补给改到黄河北濮阳地区进行。为保障华野

---

① 彭冲《一代儒将，风范长存》，原载1996年9月2日《人民日报》。
② 《一代儒将——郭化若纪念文集》，第197页。

前指、第四纵队背敌北渡黄河，命第一、六纵队攻歼陇海路上的兰封、考城等地守敌，诱敌邱兵团南来增援。2月18日夜，第一、六纵队在叶飞统一指挥下，分别对兰封、考城等地守敌发起攻击，敌邱兵团果然奉命掉头南来增援。我第一、六纵队完成攻歼兰封、考城等地守敌后，即主动撤离，向陇海路南转移。敌邱兵团跟踪南下阻我北移，妄图围歼我于陇海路以南地区。我为避免与敌作战，在柘城、太康、扶沟一线南北与敌周旋。

郭副司令为早日摆脱敌人跟踪，北移濮阳，在与敌周旋中，根据敌跟踪情况，采取"舞龙灯"的战法，忽东忽西，拉来拉去，尽量与敌保持一定的距离，使敌既打不到我，也抓不到我，反而被我拖得疲惫不堪。2月27日夜，纵队转移到太康东南之安平、玄武一带。郭副司令上午稍事休息时接上级通报：胡琏、孙元良两兵团于2月下旬南北对进，企图打通平汉路中段。刘邓一部仍在沙河以南、汾河以北休整。下午接侦察报告：邱兵团到太康、朱口、柘城一线，距我30至40华里。郭副司令对上述情况，看图反复思考，对敌情分析判断后说："敌企图打通平汉路，我突向平汉路挺进，会使敌产生错觉，以为我要出击平汉路。邱兵团知道我向平汉路挺进，认为是其歼我纵之良机，必来会同胡、孙两兵团东西夹歼我纵。如敌西进至扶沟、西华一线，我即迅速秘密东移，争取与敌邱兵团拉开2日行程的距离，我即能摆脱敌人跟踪，北移鲁西南，渡黄河到濮阳。"他让我请纵队首长到作战室研究敌情，确定今晚行动。郭副司令讲了他的上述想法，王必成司令、江渭清政委、皮定均副司令等同意郭的想法。即命于是日夜突向西移，经两夜行军，3月1日拂晓到扶沟西南之固城、张桥地区。中午接上级通报：敌胡琏、孙元良兵团已分别进至漯河、许昌，打通了平汉路中段。胡琏兵团一部从漯河出发，有向沙河以南刘邓部队进攻的企图。另据我侦察报告，今（1日）下午敌邱兵团先头部队已抵达扶沟、西华一线。另接第一纵队通报，第一纵队已利用敌邱兵团追踪六纵之机，昨已从柘城北上，越过陇海路，进入鲁西南。郭副司令鉴于敌邱兵团抵达西华、扶沟一线，诱敌西来目的已达，对王必成司令、江渭清政委建议：为迅速摆脱敌人，采取隐真示假、金蝉蜕壳的战法，留纵队和各师侦察分队由王香雄副处长统一指挥，在固城、张桥周围积极活动，伴言我即将击破平汉路；在敌进攻时，迟滞敌之行动，迷惑敌人；纵队主力今晚迅速东移。王、江等同意郭的建议。郭副司令为隐蔽我纵行动，精心组织部队运动，明确保密要求。纵队主力于 1 日晚从敌整七十五师与新五军之间的间隙，秘密东移到太康西北之常营地区。敌未发现我纵东移。我 2 日夜晚续向睢县以西之西陵寺转移，敌仍未发现我纵东移。我 3 日向固城、张桥地区进攻。从而我与敌拉开了 200 余里的距离，使纵队顺利北移，安全渡过黄河，于 3 月 13 日到达濮阳。

纵观上述回忆资料，郭化若示形于敌、调动敌军、乘隙突围、组织部队北移的行动，有"四渡赤水出奇兵"的神韵，却也"危机四伏"。

对此，《郭化若回忆录》记载："为粉碎敌阻我北渡之企图，粟裕同志决定先求歼追敌一部，尔后再进至黄河以北在安定的环境下休整。遂即命令我纵及第一纵队向兰封、考城敌人攻击，引诱第五军来援，以保障野司及第四纵队北渡黄河，尔后我们 2 个纵队再以突然秘密之动作，渡过黄河，进至濮阳地区休整。"[①] 这一段，大致是说第一纵队、第六纵队掩护主力北渡，攻城诱援，"再以突然秘密之动作"，渡过黄河。而对于恽前程的精彩描述，似没有回应。

叶飞将军回忆说："……中央军委命令我一纵和四纵、六纵北渡黄河休整。各部到达鲁西南考城、曹县地区后，敌五军、整编七十五师、八十五师等部与我军纠缠，五十五师 2 个旅进占考城，五十八师一部进占兰封，企图寻我决战。2 月 18 日，我纵攻克考城；19 日，第六纵队攻克兰封。野司命令我纵于陇海铁路两侧地区与敌五军、整七十五师等部继

---

① 《郭化若回忆录》，第 216 页。

续周旋，以策应兄弟部队北渡。2月下旬，四纵、六纵乘隙北渡黄河。为了迷惑和摆脱敌人，我纵于29日晚急速南下，经西陵寺至太康以东地区后，然后向西绕至太康以西，吸引敌军纷纷南下。我纵乘机于3月5日以每晚80里至100里行程突然挥师北上，摆脱了敌人的纠缠。7日，全纵先后到达临濮集以南地区集结。9日，各师依次渡过黄河。"①

对比三位战争亲历者的回忆，颇有出入。关于第一、六纵队过黄河时间，恽文回忆为：第一纵队，2月29日；第六纵队，3月10日左右。郭文回忆为：2个纵队并肩行动，未注明过河具体时间。叶文回忆为：第一纵队，3月9日；第六纵队，2月下旬。

查《粟裕年谱》，有相关记载。"（1948年）2月19日，发出致陈士榘、唐亮并报刘伯承、邓小平、中共中央军委并告宋时轮、王秉璋、张霖之电，提出：第一、六纵队攻考城、兰封，第十、十一纵队可否将七十五师诱至适当地带，尔后配合第三、八纵队及陈谢歼灭之。""2月21日，率领华东野战军指挥机关和部队渡黄河北上。华野参谋日记记载：'晚上出发，在李桥过河。刮起大风，飞沙走石，日月无光。'""2月28日，发出致刘伯承、邓小平、李达电，报告：第四纵队已到濮阳地区，第一、六纵队即渡黄河，可吸引敌第五军、第八十四师向北。""3月5日，7时，发出致叶飞、何克希、谭启龙、王秉璋、郭化若、皮定均、陈庆先电，指示：第一、六两纵队应从敌人两翼转至敌后向北转移。第十、十一两纵队今晚开始攻涡阳、太和。同日午时，发出致饶漱石、陈毅（当时正在河北省平山县西柏坡参加中共中央工作委员会召开的会议）并中共中央军委、中共中央工作委员会、华东局、张云逸、邓子恢电，报告：已率华野指挥机关和第四纵队于2月27日到达濮阳地区休整，已令第一、六纵队从敌军间隙中北移，预计3月15日到达濮阳地区集结……""3月7日2时，中共中央军委电示粟裕：应令第一、六纵队迅速渡河至北岸。同日8时，发出致刘伯承、邓小平并中共中央军委电，报告：第一、六纵队已于2月

① 《叶飞回忆录》，第379页。

第六章 驰骋解放战场

5 日晚跳出敌会合点，到达柳河附近……同日酉时，发出致中共中央军委电，报告：第一、六纵队 12 日可开始渡河。""3 月 12 日，辰时，与刘先胜、张震联名发出致中共中央军委、中工委（请转陈毅、饶漱石）、张云逸、邓子恢电，报告：第一、六纵队已于 3 月 11 日渡河完毕……"①

综上所述，华野指挥机关及第四纵队于 2 月 21 日过河，而第一纵队、第六纵对则与敌周旋 20 多天，于 3 月 11 日渡河完毕。其间，中共中央军委对留在南岸的第一、六纵队甚为关切。3 月 7 日 2 时，中共中央军委电示粟裕："应令第一、六纵队迅速渡河至北岸。"笔者注意到 3 月 5 日粟裕的电文，致第六纵队领导部分，只提"郭化若、皮定均"，可见郭化若在指挥该部转移时的重要作用。

整饬军纪

1948 年 1 月下旬，中央军委主席毛泽东与到陕北汇报工作的陈毅研究以后，经中央军委决定，由粟裕率领华东野战军第一、四、六纵队，经过休整补充后南渡长江，深入蒋介石的基本统治区，创建新的根据地，调动中原一部分敌军南下，以便打开中原战局。

根据中央军委的这个决策，华东野战军副司令员粟裕率领第一、四、六纵队于 3 月中旬全部到达黄河北岸，进入濮阳地区，开展以"三查"（查阶级、查工作、查斗志）、"三整"（整顿思想、整顿组织、整顿作风）为中心的新式整军运动，提高部队的组织纪律性，使部队进一步走向正规化，为渡江南下做好充分的准备。

濮阳整训开始以前，郭化若对第六纵队在组织纪律和思想作风方面存在的问题已经有所觉察。他感到，部队纪律比较差，居功自傲，军阀主义、本位主义比较严重。尤其是军阀主义，已经成为巩固部队、加强上下团结、提高部队战斗力的一大障碍。他对陈老总批评的"三子"部队（一到宿营地就抢房子、打枣子、抓鸡子）深有感触，认为第六纵队也存在同样的问题。

---

① 《粟裕年谱》，第 202—203 页。

一次，他在行军路上发现一个连队赶着几头大黄牛一起行军。经过查问，才知道这几头牛是在驻地群众斗争地主分浮财时弄来准备改善伙食的。他当场给予了严厉的批评，并责令立即退还给农会。濮阳整训开始后，他又逐级找师、团、营、连干部谈话，进一步了解了不少问题，更加深了对部队存在的军阀主义等错误倾向的认识。

郭化若与纵队其他领导共同研究后，决定在部队开展普遍深入的教育，广泛发动群众，一一摆出部队存在的种种不良倾向，查原因，论危害；同时，广泛开展批评与自我批评，进行群众性的自我教育活动。

在纵队召开的团以上干部会上，郭化若一方面根据所了解的情况，指出部队存在的各种严重倾向及其危害性，提出了克服这些倾向的办法；另一方面，又以纵队副司令员的身份，对抓部队管理教育工作不力的问题，带头做了自我批评，承担了自己的责任。郭化若还经常奔波于第六纵队所属师、团驻地，一个单位一个单位地解决存在的重点问题。

在第六纵队党委的领导下，经过郭化若等同志的努力工作，第六纵队的整军搞得深入扎实，效果显著。华东野战军前委及时总结并推广了第六纵队的整军经验。

濮阳整训期间，郭化若曾多次晋见陈毅司令员和粟裕副司令员，陈、粟首长认真听取了他关于部队情况的汇报和对整军重点的看法。郭化若汇报时说："我到野战部队工作的半年多时间内，越来越明显地感觉到军阀主义对部队的危害。这些军阀主义作风主要表现在3个方面：一是有些人不清楚我们共产党领导的人民军队的性质，严重违反群众纪律，闹本位，闹山头；二是官兵之间生活水平相差太远，个别领导比国民党军官还阔气，这怎么体现官兵平等的原则；三是上下级以及同级之间关系紧张，往往闹一些无原则的纠纷，对执行命令打折扣，阳奉阴违。如果不及时改进我们的作风，纠正军阀主义倾向，将使我军离人民军队的要求越来越远。对这一问题，我怀有深深的忧虑，希望能在这次整训中好好整顿一下。"陈、粟首长听了郭化若的汇报，表示赞同，说是大家想到一起来了，决定将反对军阀主义的问题作为华东野战军前委扩大会议讨论的一个重点。后来，华野前委扩大会议还通过了《关于开展反军阀主义倾向的决议》。

中共中央对华东野战军的濮阳整训十分重视，朱德总司令还专门到濮阳来视察工作。朱德在濮阳期间，郭化若曾两次去看望他。朱德对他讲了有关全国形势方面的问题，告诉他说："在全国解放战争开始后不久，毛泽东同志曾经估计战争可能打三五年，但要准备打 10 年、15 年，这就叫'持久战'；现在国民党方面占优势，经过一两年，这种优势会逐渐消失，双方达到平衡，到那时候，我们就算爬上了山顶，往后下山就比较容易了。"朱德总司令说："从当前的形势看，现在我们快要爬到山顶了，是最困难也是最有希望的时刻。"朱德勉励他要好好努力，多做贡献。最后，朱德还告诉他一个重要情况："中央已经采纳了粟裕的建议，决定第一、四、六纵队暂不渡江南下，留在中原地区，会同中原的刘邓大军和华野的其他部队打几个大仗。这就是最后爬上山顶的一个重要步骤。"①

郭化若回忆说："朱总司令还告诉我，毛主席在陕北转战 1 年多，生活很艰苦，工作很紧张，但身体倒反而更好了。我们中央书记处的 5 个书记在陈南庄见面，开会研究问题，他还是那样傲视天下、挥笔八极。朱总司令的一席话，使我大大地开阔了眼界。"②

对第六纵队和华野的整军运动，朱德非常满意，给予高度评价。朱德还在一次会议上特地表扬了郭化若。他说："化若在延安给我当秘书时，是个称职的秀才。没想到抓起部队工作来，也有两下子。"

《郭化若诗词选》收录有郭化若在此期间写的《高阳台》："炮火连天，弹痕遍地，燕云秦月胡笳。廿载风尘，沙场深处为家。依稀夜接天山梦，独倚栏、海隔烟遮。据雕鞍、古道荒郊，日暮春赊。江南父老倒悬久，盼渡江梅柳，出海云霞。逐鹿中原，渡河行看飞槎。红旗指处摧枯朽，待从头，重建中华。卜归期，一冬残雪，两度荷花。"③

《陈毅年谱》记载："5 月 18 日，朱德离濮阳北返。临行前，朱德交

---

① 《郭化若回忆录》，第 220 页。
② 《郭化若回忆录》，第 220 页。
③ 《郭化若诗词选》，第 63 页。

给陈毅一个信封，里面是唱和的诗 2 首。其中一首是郭化若写呈朱总司令的。"①

陈毅司令员与郭化若时有诗作唱和。1948 年 5 月 20 日，陈毅作《和郭副司令并呈朱总司令以志其亲临前线之快》，诗曰："读罢新诗兴不残，又将远举付深谈；总戎令下风扫雪，立马吴山更图南。首夏清和花事残，为讨不庭向江南；郭郎妙笔留春在，总座新诗气如磐。战局几回抵掌谈，反复指点计艰难；北线迩来传屡捷，逐鹿自古在中原。耻杀无辜得天下，东征西怨万方从；温温不作惊人语，大度自然是真雄。"

《陈毅年谱》记载："5 月 20 日，致郭化若一信并和诗 4 首。信中称：总司令临行说尊作甚好，和题 1 首，嘱转交。我读尊作，能改为'如此河山终有主，春风吹梦到江南'则更好，更切目前南征之大举也，如何？昨夜兴致勃发，和诗 4 首，以志总司令南游之快！一并送呈，来不及交总司令阅看，俟诸异日。"②

"春风吹梦到江南"之诗见之于《郭化若书法集》："群山敌垒似花残，万里云烟锁汉关；沧海桑田催日月，春风吹梦到江南。"③

《朱德年谱》记载："5 月 18 日，离濮阳北返。临行前，将与陈毅、郭化若唱和的 2 首诗交陈毅。陈毅将华野在战斗中缴获的国民党整编第七十四师师长张灵甫的勃朗宁手枪和铝合金折叠桌椅赠送给朱德（这套桌椅朱德一直保存，直到 1976 年他逝世前的 20 天，才亲自批示捐给平山县西柏坡革命纪念馆）。"④

濮阳整训期间，粟裕认为，华野部队"集中兵力在黄淮地区作战有利"。《郭化若回忆录》记载："1948 年 1 月下旬，毛主席和陈毅同志在陕北商定了由粟裕率第一、四、六纵队渡江南下，逐次向闽浙赣跃进，吸引中

① 《陈毅年谱》，第 516 页。
② 《陈毅年谱》，第 517 页。
③ 《郭化若书法集》，第 10 页。
④ 《朱德年谱》，第 1305 页。

第六章 驰骋解放战场

原敌人 20 至 30 个旅随之南下，以便中原我军打开中原战局的计划。"①

郭化若在署名长文《杰出的军事战略家粟裕》中写道："在濮阳整训期间，粟裕一方面积极地进行渡江的各项准备工作，一方面进行反复思考，主要是权衡分兵渡江作战有利，还是集中兵力在黄淮地区作战有利。经过认真分析各方面的利弊，他认为 3 个纵队暂不过江，集中中原 3 支大军，于最短期间打几个大歼灭战有利。4 月 18 日，他将自己的看法和建议发电报告中央。中央对他的建议非常重视，要陈毅、粟裕立即到中央去当面汇报。5 月初，中央书记处毛泽东、刘少奇、周恩来、朱德、任弼时等同志听取粟裕汇报后，当即进行研究，同意 3 个纵队暂不过江，在 4—8 个月内集中兵力在黄淮地区歼敌五六个旅至十一二个旅。"②

《粟裕年谱》记载："（1948 年）4 月 18 日，发出致中共中央、中共中央军委并华东局电，再次'斗胆直呈'对目前战局的认识和今后作战方针的意见，说明华野 3 个纵队暂不渡江南进的理由，建议刘邓、陈谢和陈粟三军主力在中原黄淮地区打几个较大的歼灭战，对敌人近后方派出数倍强有力游击兵团配合正面主力作战，对敌人深远后方派出多路坚强的远征游击队在广大范围辗转游击，三线武装密切配合，使战局得到较快与较大发展。'如中央认为上述意见可行，则建议集中华野之大部佯攻（或真攻）济南，以吸引五军北援而歼灭之。尔后除以一部相机攻占济南外，主力则可进逼徐州，与刘邓会师，寻求第二个歼灭战。'电报最后表示：'我们对南渡准备仍在进行，绝不松懈。'"③

粟裕的"斗胆直呈"前的"慎重"，见诸《陈毅年谱》的记载："（1948 年）4 月 16 日，粟裕提出将第一兵团暂时留在中原歼敌比远出江南的战略机动更为有利的意见，陈毅鼓励其分别报告刘伯承、邓小平和中央工委、中央军委。"

《郭化若回忆录》写道："要知道，渡江南下是中央已经决定了的战

---

① 《郭化若回忆录》，第 220 页。

② 郭化若《杰出的军事战略家粟裕》，原载 1991 年 2 月 3 日《人民日报》。

③ 《粟裕年谱》，第 205 页。

略方针，要对此提出'反建议'，是需要有相当的胆识和勇气的。4月初，陈毅回到华野司令部后，粟裕就开始同陈毅交换意见。在征得陈毅同意后，为慎重起见，粟裕又把这一设想向正在中原前线的刘伯承、邓小平做了报告。得到了刘邓的答复后，粟裕才于1948年4月18日正式致电党中央，报告了自己的看法。"①

六纵与豫东战役

濮阳整训结束以后，第六纵队和第一、四纵队于1948年5月30日至6月2日再一次渡过黄河，进入鲁西南地区。敌军发现我军南渡后，立即调第五军等部队北进，并从苏北战场抽整编第八十三师等加强这个方向的兵力，准备与我军在鲁西南决战。根据这一情况，华野首长决定，派第三、八纵队攻取开封，调动敌人前来增援，然后再歼灭来增援的敌人。第六纵队奉命在曹县、兰封地区协同第一纵队阻击援敌。

第六纵队领受这个任务后，纵队首长立即进行了研究。郭化若认为，这次阻击作战，一是要坚决，才能保证兄弟部队攻占开封的时间；二是要给援敌一定的消耗，同时自己又要保持相当的有生力量，以便在打下开封后，能迅速投入打援作战。而实现这两点的关键，是要先于敌人控制有利的、纵深较大的阻援阵地，构筑必要的工事。这样，才能保证兄弟部队有足够的时间攻取开封，也才能给敌人以相当的杀伤和消耗。王必成、江渭清都同意郭化若的意见，决定在定陶至柳河之线以西、黄河以南的三角形地区内抢修三道阻击阵地，并以杨集、李集、王阁及苗庄、春木岗为最后阵地，节节阻击敌人。

6月17日，第三、八纵队对开封城发起攻击。19日，敌人的两路援军即迅速向西增援，一路是由第五军、整编八十三师组成的邱清泉兵团，另一路是由整编第七十五、七十二师和新第二十一旅组成的区寿年兵团。第六纵队和第一纵队同前来增援的敌军展开了激战。22日拂晓，开封被

① 《郭化若回忆录》，第220—221页。

我攻克了，敌人的援军仍然被阻止在兰封以东地区。

我军攻占开封后，上级命令第六、一、四纵队组成突击兵团，围歼区寿年兵团。

第六纵队于6月27日晚开始行动。第十六师在开进途中，侦察报告说，杨拐有敌军1个营，该师随即组织部队猛攻，结果，碰上了一颗硬钉子。

一线指挥员是闽籍开国将军、原北京军区副参谋长张云龙。笔者曾根据其回忆录及采访笔录，撰写《铁军雄风张云龙》，现引述其相关内容如下：

1948年6月下旬，粟裕司令员指挥华东野战军攻克中原重镇开封。蒋介石为挽回中原战场失利，严令邱清泉、区寿年两兵团火速进攻开封，对华东野战军实施全力追堵，并企图逼使华东野战军在豫东黄泛区与其决一死战。

粟裕将计就计，在开封攻克后的第四天，命令第三、八纵队主动撤出开封，有意避开与邱清泉兵团的接触，引诱其进占开封。与此同时，华野第一、四、六纵队，中原野战军第十一纵队组成了强大的突击集团，由叶飞指挥，在开封东南的睢县、杞县、太康、民权地区严阵以待，一旦时机成熟，立即对国民党军的另一兵团——区寿年兵团实施围歼。

邱清泉兵团进占开封后，率部对华野第三、八纵队紧追不舍，而区寿年兵团进至睢、杞地区后，举棋不定，踌躇不前。敌两兵团之间顿时拉开了40千米的距离。粟裕立即抓住这一有利战机，于1948年6月27日，向所属部队下达了全线攻击的命令，拉开了睢杞战役的序幕。

睢杞战役的首战，正是第六纵队第十六师师长张云龙指挥的杨拐战斗。

张云龙将军在事隔多年后撰文回忆了此次战斗，称之为"一场苦战"。

1948年6月27日，第六纵队第十六师接到攻击命令，张云龙率部以第四十八团为前卫、第四十七团为本队、第四十六团为后卫，从集结地点杞县傅集以急行军速度向攻击地点——西陵寺开进。

7小时后，时近午夜，先头部队近抵西陵寺，守敌退缩榆厢铺，纵队命令第十六师向榆厢铺挺进。

6月28日清晨7时许，第四十八团前卫第一营第一连在榆厢铺正南方杨拐村与敌遭遇，第一营兵分三路追歼逃敌至杨拐村，受阻于坚固工事的密集火力，杨拐村久攻不下。

张云龙将军在《睢杞战役中的杨拐战斗》一文中回忆："这时，师指挥所和其他2个团还在开进途中，听到前方越来越激烈的枪声，我命令部队停止前进，迅速与第四十八团取得联络，查清敌情。沟通联络后，该团向师指挥所报告说，估计杨拐敌人兵力为1个连，第一营已分三路向敌包抄。第四十八团刚刚报告完情况，师指挥所突然遭到敌人炮火的袭击。敌人有重炮，这是我听到爆炸声后首先想到的问题。于是，我立即通知前卫团注意，杨拐之敌绝不是1个连，最低限度有1个加强营。"

张云龙身经百战，对敌情的判断极为正确。第二日战斗中俘获敌通讯兵1名，获悉杨拐守敌系第六旅主力团第十七团全部兵力2000多人，全美式装备。

据侦悉，杨拐村不足1平方千米，分东、西两段，村外有土围墙，村西有一片小树林，四周平坦开阔，3天前守敌到达后，以村庄东南、西南和正西3个方向为防御重点，构筑了地堡群，并构筑数道棋盘式鹿砦，鹿砦之内还埋设了竹尖。显然，国民党军做好了固守的准备。

张云龙等师首长决定夜间实施强攻。

当晚8时，攻击信号发出后，第四十七团第三营和第四十八团第二营分别向村东南和村西猛烈进攻。战斗持续3个小时，部队伤亡较大，未能突破敌军防线，张云龙果断下达停止进攻的命令。

杨拐战斗是睢杞战役最先打响的第一仗，野司与纵队极为关注。纵队司令员王必成听取张云龙汇报后，拨出纵队炮兵团配属第十六师行动。

张云龙将攻击部队兵力增加到第四十七、四十八团全部，并将第四十六团调往杨拐村西北，切断守敌与榆厢铺联系，一俟主攻部队得手，随时投入战斗。

29日晚8时整，在猛烈的炮火掩护下，主攻部队从村子东南、正南、西南和正面4个方向同时发起强攻。激战竟夜，攻击部队虽接连突破守敌鹿砦，夺占前沿地堡，终不能攻入杨拐村。攻守双方对峙。

张云龙师长再次下令停止进攻。他回忆道："俘虏提供的情况及我师两天战斗中的困难，使我感到，对付这样一支兵力雄厚、武器精良、工事坚固的部队，眼前的强攻是不能解决问题的。于是我立刻向正在战斗中的第四十七、四十八团下达了停止攻击、拂晓前撤出战斗的命令，同时向纵队报告了当夜作战和敌人兵力情况。"

纵队司令员王必成了解情况后，派副司令员皮定均连夜起程。皮定均于30日清晨赶到前线，了解作战详情并与张云龙率各团领导察看地形后，调友邻第十七师第四十九团配合十六师由正北进攻。为解决敌军火力封锁开阔地问题，皮定均命令各团将交通壕挖到距敌第一道鹿砦50米处，晚8点半发动再次强攻。

在敌军炮火轰击下，参战各部加快了交通壕掘进速度，至上午10时许全部完成。

各种攻击准备全面就绪。

华东野战军粟裕代司令员对杨拐村之战极为关注。张云龙在《睢杞战役中的杨拐战斗》一文回忆道："准备工作就绪后，师指挥所对各团进行了逐一检查。距攻击发起还有1小时的时候，师命令各团进入交通壕。此时天色渐渐转暗，阵地上寂静无声，全师指战员在紧张的气氛中，等待着攻击时间的到来。这时，师部通信员突然跑步来到第四十八团前沿阵地，当时我正在交通壕内观察敌人的动静，他告诉我粟裕司令员要我亲自去接电话。我随即回到指挥所，刚一拿起电话听筒，粟司令员的声音便传出来。'是张师长吗？'他询问道。'是我，我是张云龙。'在电话中，司令员扼要地了解了战况后，极为简练地对我提出了要求。他说：'杨拐敌人很顽固，你要想办法以最短的时间解决战斗，否则对整个战役会有影响．'根据粟裕同志的电话精神，我抓紧时间召集了战前紧急会议……力争拂晓前解决战斗。"

当晚8时30分，第十六师3个团第三次向杨拐村发起强攻，战况甚为激烈。第四十六、四十七团受敌地堡交叉火力夹击，未能攻进。第四十八团一营突破外围，一举攻入敌集团工事。集团工事中到处都是梅花堡和子母堡，堡与堡之间铁丝网相连，地形复杂，敌军火力此呼彼应，交叉掩护。该部与敌激战至拂晓前，攻击受阻。

第十六师命令各团停止攻击，撤出阵地，以利整军再战。

战局瞬息万变，负隅顽抗的守敌由于一时疏忽，出现了稍纵即逝的战机。张云龙的果决，使战况发生了戏剧性的变化。

张云龙在《睢杞战役中的杨拐战斗》中，叙述了"变化"过程："天大亮后，我带领师侦察连，顺着第四十八团的交通壕，悄悄地来到了距敌50米开外的前沿阵地。侦察连连长刁高紧跟在我的身后。阵地上一点动静也没有，敌人并没有发现我们。我从战壕内探出了身子，一只手支撑在土坎上，仔细地观察着。凭多年的作战经验，我认为在这样的能见度下，地堡里的敌人轻而易举就可以向我射击，为什么敌人没有动静呢？我迅速从通信员手中拿过望远镜，我看到被放大8倍的敌人阵地上空无一人，地堡黑洞洞的枪眼里也没有人影。随着视线的继续延伸，穿过夜间第四十八团炸开的土围缺口，我清楚地看到了敌人，他们正聚集在村中一座土庙前的空场上抢饭吃。这样的战机是决不能轻易放过的。我一把抓住刁高的肩膀大声说道：'看清前面土围的缺口，立即发起冲锋！'"

刁高率100多名战士迅速冲了出去，避开敌警戒哨的阻击，突进杨拐村，迅速散开，分班分组渗透，直捣敌团指挥所。

张云龙见侦察连得手，迅速下令全师全线出击，攻击部队如潮水般涌入杨拐村。守敌失去地堡依托，不堪一击，不到1小时，战斗结束，第十六师攻克杨拐村。

杨拐村之所以屡攻不克，守敌众多、地堡密布是重要因素。张云龙回忆道："战斗结束后，我和政委谢立全以及团领导都来到了杨拐村内，仔细观察了敌人工事的构筑情况，虽然对地堡的数量只略做清点，但取得的数字却极为惊人。在方圆不满 1 平方千米的小小村落内外，地堡的数量竟达 700 多座，而敌人投入的兵力，亦为 2100 多人。"

杨拐村战斗，激战四日，四打三停，第六纵队第十六师 300 多名优秀指战员光荣牺牲。

这场战斗结束后，第六纵队副司令员郭化若专门在会议上总结了其经验教训。

原南京军区副政委王直将军（时任华野第六纵队第十六师副政委）回忆道："豫东战役结束以后，郭化若副司令员在党委总结会议上代表纵队对豫东战役的经验教训进行总结和分析，并一针见血地指出我所在的第十六师在豫东战场杨拐攻坚战中存在的问题。他认为主要失误有两点：一是情况判断错误，把一个加强团估计成加强营；二是在没有爆破保证的情况下，强打硬拼，不讲战术。好的方面也认真给予了总结，认为是部队勇敢作战，后勤保障好。"①

时任第六纵队司令部作训科科长恽前程的回忆则非常详细。他在《深切的思念，难忘的回忆》一文中写道："部队首长为总结杨拐战斗，战斗结束即命我去杨拐了解情况。我经战地察看、询问俘虏、与部队研究，将调查了解的情况向纵队首长做了简要汇报。郭副司令听了我的汇报，看了我绘制的敌杨拐环形防御兵力部署、火力配备、工事体系的草图。他深思后说，杨拐村庄不大，只有 40 多户人家，草房子，没有土围子，地形并不复杂，敌能固守顽抗三昼夜，一方面说明敌人有平原村落防御作战经验，到达杨拐村后能在很短的时间（5 个小时）内，完成构筑环形防御工事和作战准备；一方面说明我第十六师因发现敌人后未查明敌情、看清村内外情形，敌情不明，判断错误，致使部署不当，初战，再战一再受挫。"②
郭化若敌军的"优点"进行了军事专业分析："从敌环形防御情况看，有

① 《一代儒将——郭化若纪念文集》，第 180 页。
② 《一代儒将——郭化若纪念文集》，第 203—206 页。

几点是值得注意的：一是敌野战筑城按环形防御战术要求。从村边到村内遍地构筑了600多个地堡、隐蔽部，形成从前沿到纵深的子母堡群，并以盖沟、交通壕与各地堡、隐蔽部互通联系，在前沿的地堡盖沟交通壕外，设置了数道鹿砦、拒马、笼形铁丝网等障碍物，敌人构筑上述工事仅用了5个小时就完成了，杨拐的环形防御工事，说明敌之野战筑城很熟练，速度是很快的。二是火力组织。轻重机枪放在一线前沿阵地，前后左右都能相互支援掩护，构成纵横交叉火网；山野炮迫击炮在团指挥所两侧组成2个炮群，在东、西、南3个方向的附防御设施前，组成两道火制地带，阻止、破坏、压制、杀伤我攻击部队。三是敌80%—90%的兵力用于守地堡，团、营、连只控制10%—20%的少量预备队，视情对我进行短促反冲击，只将我从阵地内逐出附防御设施外，然后用步炮火力压制杀伤我攻击部队，使我在敌阵地前不能组织再次冲击。四是敌夜间击退我攻击后，白天抓紧时间修补被毁工事，并根据我夜间攻击情况调整兵力、火力配备。敌完成上述后即抓紧时间睡眠休息，黄昏夜暗集中精力对付我之攻击。"

敌防御部署虽然很周密，工事虽然很强，但也有弱点。郭化若说："敌构筑这么多地堡工事，使80%—90%的兵力分散在地堡内，一时难以抽调，对我多处进行反冲击，而我就能多处突破，穿插纵深分割歼敌。对这种阻止预有村落防御之敌攻击，部队受命后要注意三点：一是在进行中发现敌人，要抓紧时间，进行战斗侦察，确实查明敌人兵力番号、防御部署、火力配备、工事构筑、村庄内外地形，确定攻击部署，选准突破口，严密组织战斗，完成一切攻击准备，不打无准备无把握之仗，要打有胜利把握的仗。二是严密组织炮兵，充分发挥炮火威力，攻击部队要运用炮击成果对敌发起攻击。我攻击前进行的炮火准备，敌附防御设施地堡隐蔽部盖沟、交通壕、电话通信必然遭我部分摧毁、破坏，敌地堡守兵因遭我炮击，一时烟尘弥漫，观察射击困难，利我爆破敌附防御设施，对敌地堡攻击；电话线因我炮击中断，连、营、团不能及时进行战斗指挥；盖沟、交通壕因我炮击坍塌堵塞在壕内，难以运动，进行兵力机动支援前沿或反冲击。我如能充分利用炮火准备成果，攻击必能突破。三是我攻击部署要几个方向同时对敌攻击，在敌兵力分散固守地堡的情况下，我攻击突破后，敌难以处处关顾、处处进行反冲击，我必能打破敌坚固的村落环形防御体系，歼灭守敌。四是对敌子母堡攻击，一个排或一个班要分成若干个战斗小组，对敌子母堡同时攻击，利用敌地堡死角观察射击困难，使敌地堡守兵自顾不暇，不能进行互相支援射击，我即能各个攻歼地堡守敌。总之，对阻止预有村落防御准备之敌的攻击，不能未查明敌情、地形，就仓促投入战斗，急于求成，这样往往是欲速则不达，反而拖延了结束战斗的时间。"

第六纵队司令部作训科将郭化若的杨拐战斗分析整理成书面材料。王必成司令员指示，通报全纵队参照执行。

7月1日，上级命令第六纵队参加围攻区寿年兵团部及第七十五师师部所在地龙王店。

龙王店是豫东平原的一个较大的镇子。像河南黄泛区一样，为防御滔滔的黄河水，龙王店也筑有一大圈高大厚实的围墙。区寿年将兵团和整编第七十五师师部及数团兵力猬集在这里。

7月1日晚23时，总攻开始。经过激烈的战斗，2日全歼守敌。第六纵队生俘了敌兵团司令区寿年、兵团参谋长林曦祥、第七十五师师长沈澄年、新第二十一旅旅长李文密等官兵5000多人。

第六纵队政委江渭清回忆："在我第六纵队攻破敌人最后一道防线的同时，友邻部队亦从不同方向攻入龙王店。区寿年原以为凭借坚固的防御工事，至少可以坚守3天，孰料仅3个小时就招架不住了。""龙王店被我军攻克后，敌整编第七十五师第十六旅旅部及所属2个团仍然固守在何旗屯和榆厢铺两地。我第六纵队第十七师和第八纵队主力分别承担了攻打两地的任务。"[1]

第六纵队第十八师把生俘的区寿年等高级将领带到了纵队指挥所后，郭化若出面接待了他们。

区寿年等进门后，郭化若和蔼地说："请坐，昨晚在战斗中受惊了。

---

[1] 《江渭清回忆录——七十年征程》，第301—302页。

吃过早饭了吗?"郭化若发现他们显得拘谨紧张,便以黄埔军校校友的身份和他们谈了一些黄埔旧事,然后话锋一转,说:"抗战胜利后,人民希望休养生息,和平建国,蒋介石却撕毁《双十协定》《停战协定》,妄图消灭人民军队。得道者多助,失道者寡助。2年的较量,国民党军的主力不断被我们消灭,我军由战略防御转入战略进攻。决定战争胜负的是人心的向背,蒋军必败,我军必胜。希望诸位看清形势,站到人民这边来,人民还是欢迎你们的。"

区寿年等频频点头,说了一些恭维话。郭化若见他们谈吐自然了,就把话题转到敌军当前作战行动和意图上来。他问区寿年:"你兵团何时组成的?任务是什么?"

区寿年回答:"贵军进攻开封后,上峰为收复开封,歼击进攻开封的贵军,临时以整编第七十五、第七十二师、新编第二十一旅组成第七兵团,命我从睢县、杞县迂回开封,协同邱清泉兵团在开封地区与贵军决战。"

郭化若问:"你兵团到睢杞地区后,为何不继续西进?"

区寿年回答:"我们发现贵军在兰封、杞县之间集结,不知贵军行动意图如何。为防贵军对我兵团拦阻攻击,故暂停西进。"

郭化若问:"你兵团遭我突然攻击为何不进不退?"

区寿年回答:"贵军行动意图不明,难以进退,只好原地固守,视情再定进退。"

郭化若问:"南京、徐州对你兵团遭我包围攻击有何打算?"

区寿年答:"南京要我原地坚守待援。'国防部'已令邱兵团由西向东攻击前进,临时组成的黄百韬兵团和第七十四师由东向西增援,张轸、胡琏兵团由西南、南向北攻击前进。"

郭化若说:"这是蒋介石一贯的一厢情愿的如意算盘。你们对当前战局发展看法如何?"

区寿年说:"我是败军之将,不宜议论当前战局。"

郭化若说:"你们已经脱离战场,回到了人民的一边来,说也无妨。"

区寿年沉思了一会说:"从战场的现状看,贵军作战多日,'国军'

的援军前来增援，贵军当前的进攻作战似宜适可而止，以免各路援军赶到，贵军处于被动的多面作战，对贵军不利。"

郭化若在战略上藐视敌人，对"进攻作战似宜适可而止"一说有不同看法，开诚布公，侃侃而谈。正在这时，华东野战军司令部来电话，指示立即将区寿年等送去，谈话就此结束。

开封、睢杞这两个战役，通常合称"豫东战役"，是我军决胜中原的一次较大规模的战役，攻克了中原重镇开封，歼敌1个兵团部、3个整编师师部、4个正规旅、2个保安团共9万多人，是我军继东北冬季攻势以后歼灭国民党军队最多的一次战役。

豫东战役的重要意义，不但在于歼灭了中原国民党军队的大量有生力量，打破了中原战场上的僵持局面，而且证明人民解放军依托老解放区和中原新解放区的支援，已经有可能在这个地区大规模歼灭国民党军队的有生力量，彻底解决中原问题。

7月11日，毛泽东要周恩来为中共中央、中央军委起草贺电，指出：这个战役的胜利"正给蒋介石'肃清中原'的呓语以迎头痛击，同时，也正使我军更有利地进入了中国人民解放战争的第三年度"。

7月13日，毛泽东为中共中央起草致中原局并告粟裕、陈士榘、唐亮电："粟兵团应在现地区作战至明年春季或夏季，歼灭五军、十八军等部，开辟南进道路，然后南进。（不歼灭五军、十八军不走）。"其注释为："中共中央原于5月5日做出粟兵团在内线作战4个月至8个月即渡江的决定。豫东战役的实践说明，在黄淮地区确有大量歼敌的可能，乃改变这个决定，再一次推迟渡江时间。"①

在豫东战役中，第六纵队先后参加了20多次战斗，基本上完成了上级赋予的任务，战绩较大，但伤亡也不小，经验教训很多。8月初，第六纵队移至济宁地区休整时，召开了团以上干部参加的战役总结会。纵队党委对这次会议很重视，会前进行了认真研究，交换了意见，统一了认识，

---

① 《毛泽东年谱·一八九三——一九四九（下卷）》，第321页。

并确定由各师、团汇报，再由江渭清政委代表纵队党委进行总结和讲评，由郭化若依据这次战役的经验教训，结合今后的作战任务提出改进战术的意见，最后由王必成司令员做会议总结。

郭化若的总结报告，题为"从六纵队豫东战役作战看今后战术改进的几个问题"。

郭化若说："我们经过一个多月的连续战斗，现在又开了十几天的连续会议，总结几千人流血换来的经验，这是第一次。军队在打仗后能够很好总结经验，虚心学习，改正错误，发扬优点，规定新的办法，这个军队就能够进步。现在大家反对'老一套'，希望有新的一套。但由谁拿出新的一套呢？今年1月诸葛式会议已经给了回答，是要'从群众中拿出来'。我们是要拿出新的一套来的。我现在要讲的不是纵队几个人的，更不是我个人的，而是全纵队的经验，由在座各位同志反映出来，经过大家的研究分析，我仅仅做了整理归纳加工的工作。我不敢说我所讲的，就是崭新的一套、完整的一套。事实上还不可能做到这样。新的东西总是从旧的基础上产生的。完整的一套，要从不完整的一点、一些，逐渐补充发展以至完整。新的军事理论，新的战术思想，只有在新的战争中，新的兵器被普遍使用，或旧兵器被以新方法大规模使用，军队中人与人的关系发生新的变化，因而引起新的作战方式之发生，并在军队面前提出新的要求以后，才能产生出来。"

郭化若对今后的作战特点进行了估计。他指出："解放战争的第三年，我们的任务要取得全局有决定意义的胜利。因此，我们要'更加积极进取，大胆进攻，顽强作战，克服困难，歼敌主力，解放中原。'根据对战争形势发展的这种估计，我认为今后作战特点是'规模更大，集中兵力更多，要求更高度的统一集中、更密切的协同动作''战役战斗时间连续更久，行动更加频繁''战场更广，情况更复杂，任务更繁重'。"

根据第六纵队的战役总结经验，在今后的战役中，郭化若代表纵队党委提出了五项要求：一是积极的歼敌思想，顽强的作战精神；二是高度的统一集中，密切的协同动作；三是精密的战斗组织，具体的战术指挥；

四是在勇敢基础上提高军事技术，在集中指挥下发扬军事民主与机断负责精神；五是坚持贯彻政策，严格执行纪律，及时总结经验，上下赏罚严明。据此，郭化若着重谈了四个问题：（一）战术思想与战斗作风；（二）攻坚；（三）阻击战（这个问题的初步意见）；（四）指挥工作与指挥关系。

郭化若的报告，结合第六纵队战役战例，结构严谨，通俗易懂，对毛主席《十大军事原则》进行了阐发和注释。这个报告上报华东野战军后，陈毅大加赞赏："这是我很少看到的高水平的总结，可谓高屋建瓴啊！"

1948年9月，郭化若调任华东野战军第四纵队政治委员兼党委书记。

攻济打援

1948年8月下旬，郭化若参加了华东野战军前委在山东曲阜召开的研究打济南为中心的会议后，马不停蹄前往第四纵队上任。

第四纵队也是华东野战军一支战斗力很强的老部队，主力红军长征后，一支留在闽粤赣边坚持斗争的红军游击队在抗战时改编为新四军第二支队第四团，转战大江南北，发展壮大为华中野战军第一师，由粟裕兼任师长、政委。第四纵队司令员陶勇，副司令员卢胜，参谋长梅嘉生，政治部主任韩念龙，第四纵队下辖第十、十一、十二师，共2.3万多人。在长期的革命战争中，这支部队坚持了南方三年游击战争，抗日战争时期转战大江南北，解放战争中驰骋于苏中、苏北、鲁南、鲁西南、豫皖苏，屡立战功。

纵队司令员陶勇，原名张道庸；1913年生于安徽省霍邱县叶集贫苦农民家庭；参加了鄂豫皖苏区历次反"围剿"和红四方面军西征入川作战及反"三路围攻"、反"六路围攻"作战；长征到陕北后，任红九军教导师师长；1936年西渡黄河，转战河西走廊；全面抗战爆发后，调任新四军第一支队副参谋长；期间，陈毅为其改名，略掉张姓，取原名"道庸"之谐音称"陶勇"；屡建奇功；抗战胜利后，任华中野战军第八纵队司令员兼政治委员、第一师副师长，华东野战军第四纵队司令员；指挥作战英勇顽强，所向无敌，被誉为"拼命三郎"，与叶飞、王必成并称第三野战军的三员"虎将"。

郭化若到第四纵队时，济南战役即将打响。

济南是津浦铁路（天津至浦口）和胶济铁路（青岛至济南）的交汇点和连结华东、华北地区的战略要地，也是国民党山东省政府、第二绥靖区所在地，北靠黄河，南倚泰山，地形险要，易守难攻，是国民党军残存在山东省腹地的最后一个坚固设防城市，人口 70 万。

国民党军第二绥靖区司令官王耀武指挥整编第九十六军、整编第七十三师等部约 11 万人。王耀武以内城为核心防御阵地，以外城和商埠为基本阵地，以城郊 100 多个支撑点组成外围阵地，企图长期固守。蒋介石拒绝了美国军事顾问团团长巴大维关于"退出济南，把军队撤至徐州"的建议，决定确保济南。

为加强济南守备兵力，蒋介石将第五十七旅和第十九旅、整编第七十四师空运济南；同时还拟定了"会战计划"，即在济南遭到攻击时，以王耀武部坚守济南，消耗疲惫我军；以第二、七、十三兵团主力约 17 万人由徐州北援，企图在兖州、济宁间击破华东野战军主力，解围济南。敌统帅部还决定以济南、青岛为主基地，以北平、徐州为辅基地，集中战斗机 162 架进行空中支援，另以重轰炸机 42 架对攻城、打援部队及后方运输线进行轰炸。

王耀武根据上述企图，与济南北靠黄河，南依泰山，东有茂岭山、砚池山等高地，西面开阔的地形条件，确定了尽量缩小防御圈，加强要点守备，控制强大的预备队，适时进行反击的"防守要领"。

粟裕根据中央军委的指示以及当前敌情，于 8 月下旬确定了部署：以总兵力的 44%弱、约 14 万人组成攻城兵团，以总兵力的 56%强、约 18 万人组成阻援、打援兵团。

在阻援、打援部署方面，中央军委、毛泽东主席指出：应将兵力全部置于嘉祥、巨野、兖州、济宁及其以南地区，"夹运（河）而阵"，以便随时转移兵力用于阻击或歼灭援敌。

华东野战军首长命令第四纵队司令员陶勇、政委郭化若率第四纵队并指挥第八纵队和晋冀鲁豫 2 个独立旅，在金乡、成武、巨野、嘉祥地区构筑阵地，阻击敌军。

整个攻济打援战役由华野代司令员兼代政治委员粟裕统一指挥，攻城部队统由山东兵团司令员许世友、华东野战军副政治委员兼山东兵团政治委员谭震林、副司令员王建安统一指挥。

为策应华东野战军的攻济作战，中央军委确定中原野战军继续集结于豫西地区休整，待敌人在济南、徐州吃紧，第三、十六兵团被迫增援时，歼击其一部，使其不能东进参战。

16 日午夜，华东野战军发起全线猛攻，战至 24 日 21 时，全歼守敌，济南宣告解放。

郭化若回忆说："1948 年 9 月 16 日，济南战役正式发起。经过 8 昼夜激战，于 24 日胜利结束，全歼济南守敌。由于攻城进展迅速，杜聿明兵团未及大举北进，就回缩到商丘地区，我们的阻援任务没有执行。"[①]郭化若还说："1948 年 9 月间济南战役时，纵队奉命在路西担任阻击。由于济南迅速攻克，我纵仅用圆锹、斧头完成阻击任务。"[②]

华东野战军攻城兵团经过 8 昼夜连续作战，以伤亡 2.6 万人为代价，歼敌 104290 人，俘国民党军第二绥靖区司令官王耀武等高级将领 23 名，缴获各种炮 800 多门，坦克、装甲车 20 辆，汽车 238 辆，开创了我军夺取敌坚固设防和 10 万重兵据守的大城市的先例。攻克济南，使华北、华东两大解放区连成一片。中共中央在 9 月 29 日致华东军区、华东野战军的贺电中指出：济南战役"是 2 年多革命战争发展中给予敌人的最严重的打击之一"。

四纵鏖战淮海

济南战役临近结束的时候，粟裕根据毛主席在 7 月间给华东野战军发出的要准备在攻克济南以后，全军南下，"打几个大仗，争取于冬春夺

① 《郭化若回忆录》，第 226—227 页。
② 郭化若《四纵队淮海战役之经过与初步检讨》。

取徐州"的指示，向中央军委提出了以华野全军南下遂行淮海战役的建议。毛主席批准了这个建议，并要求华野再开一次像打济南之前召开的曲阜会议那样的会议，以统一全野战军的作战思想，并讨论加强组织性、纪律性问题。10 月 5 日，华野前委在曲阜召开以加强纪律性和研究淮海战役作战方针为中心内容的会议，参加会议的有前委委员和师以上的主要负责干部。在第四纵队分组讨论时，郭化若代表纵队党委向大会做了"关于加强纪律性"的讨论情况汇报。

济南战役后，四纵队奉命前往兖州休整，进行淮海战役的准备工作。10 月下旬，纵队在兖州召开了营以上干部会议，郭化若代表纵队党委做报告。他首先传达了中共中央政治局"九月会议"精神和华东野战军前委曲阜会议精神，然后进行了参加淮海战役的战前动员。

在中央"九月会议"上，毛主席提出了"军队向前进，生产长一寸。加强纪律性，革命无不胜"的号召。郭化若说，华野前委在曲阜召开的扩大会议，是贯彻中央"九月会议"精神，研究如何打好淮海战役、加强部队纪律性的会议，是新式整军运动的继续和深入发展，也是淮海战役的战前准备会，统一了大家准备打大仗、打恶仗的思想。郭化若代表纵队党委提出要求：决战当前，必须加强思想工作，严肃党纪军纪，凡事都要令行禁止。纵队党委内部必须是团结一致的模范，以促进师、团党委的团结。郭化若还反复说明，即将发起的淮海战役，是全国几个战区同时发动的强大攻势的重要组成部分。要认清这一战役的历史意义和激烈性、连续性，鼓励部队勇猛作战，不怕疲劳，不怕牺牲；要充分准备连续作战，不断关心人员的补充，使部队有连续作战的战斗力。

按照上述指导思想，部队开展了紧张的战前准备工作。

1948 年 10 月，辽沈战役正在激烈进行。10 月中旬，中央军委开始部署淮海战役。人民解放军参加淮海战役的部队，有华东野战军、中原野战军，以及华东、中原军区、华北军区原属晋冀鲁豫军区的地方部队，共 60 多万兵力。

当时，国民党军集结在以徐州为中心的兵力有 80 多万人，采取所谓"一点两线"的部署和"固守一点，四面驰援"的战法，将重兵密集于徐州附近，企图达到守住中原、防御江北、屏障南京的目的。

时任第四纵队第十一师师长的谭知耕回忆道："就在 1948 年 11 月 5 日，淮海战役开始前的一天，陶勇、郭化若等纵队领导同志召集各师干部，研究攻击部署。郭化若政委特别指出，在我秋季攻势大胜、东北全境解放之后，战局已进入新阶段，敌人已采取战略退却。在敌退却过程中，我有可能取得运动战的机会，攻坚战也会出现新的情况。他要求全纵队指战员，在此带决定性的大会战与连续作战中，充分表现出英勇、积极、顽强、艰苦的精神；充分发扬集中指导下的军事民主，多开'诸葛亮会'，采集群众智慧，并高度集中，实行严格的纪律，做到野战必须勇猛、攻坚必有准备。"[1]

11 月初，人民解放军以徐州为中心，东起海州、西止商丘、北起临城、南达淮海的广大地区，发起了规模巨大的淮海战役。

1948 年 11 月 6 日，北风呼啸，震惊中外的淮海大战打响了。

第四纵队按预定计划向邳县、官湖前进。"部队胜利信心亦高，雨天打赤脚走路（当时未领到鞋子，部队中三分之一没有鞋穿），没有人讲怪话。"[2]

谭知耕回忆道："6 日晚，四纵按预定作战计划，向邳县、官湖一线攻击前进。7 日，攻占邳县，歼灭黄百韬兵团一部。攻占邳县时，我纵抓获不少俘虏。从俘虏口中获悉：敌主力已开始西撤。郭化若政委和陶勇司令员得知后，立即电令各师追击前进。郭化若政委指出：敌军匆忙西撤，我军正好趁乱歼敌。各部必须不顾疲劳，不怕伤亡，不怕河深水冷，不顾敌机空袭，不顾翼侧威胁，坚决突破敌掩护部队阻拦，勇猛前进！在追击作战中，全纵进一步发扬猛打猛冲、善突敢拼的战斗作风，冒着敌机的轰炸、扫射，涉过水深齐胸的河流，兼程疾进。首先，重创敌第二十五军第

---

[1] 《一代儒将——郭化若纪念文集》，第 165 页。

[2] 郭化若《四纵队淮海战役之经过与初步检讨》。

一○八师，进占运河车站。接着，歼灭官湖突围之敌第九军第三师大部。"①

新安镇黄百韬兵团西撤。第四纵队遵照粟裕代司令员的指示，与兄弟部队一道，追击逃敌，将黄百韬兵团合围在以碾庄为中心的狭小地区。16日晚，第四纵队和兄弟部队一起，向碾庄之敌发起了总攻，至20日拂晓，歼灭国民党军第四十四军、一○○军全部及第六十四、二十五军各一部，残余部队退到尤家湖、大院上。21日晚，郭化若、陶勇到前沿指挥部队，向尤家湖之敌发起总攻，仅仅用了3个小时，即将敌第二十五军残部歼灭。兄弟部队于22日也攻占了大院上。至此，黄百韬第七兵团全部被歼。

尤家湖战斗，是第四纵队参加围歼黄百韬兵团的最后一仗。《郭化若回忆录》记载："为了打好这一仗，我们决定集中全纵队的炮火，领导同志还亲临前沿，要求主攻部队尽可能多抓俘虏。由于我纵有了前一段的攻坚经验，对攻坚需要的器材做了充分准备，华野首长还调来坦克支援纵队作战。这是我纵自建纵以来第一次得到坦克的支援，因此气氛更大不相同，士气十分高昂。我纵第十一师在坦克的掩护下，首先突入尤家湖，接着其余部队也相继突入。这一仗，由于准备充分，发展顺利，从21日傍晚发起攻击，只用了3个小时即杀伤和俘虏守敌4600多名，我纵仅伤亡400多人，敌我消耗为10：1。"②

谭知耕回忆道："郭化若政委冒着枪林弹雨，亲临前沿，指挥作战。他提出要注意步坦密切协同作战，还要求主攻部队尽可能多抓俘虏。我指挥第十一师在坦克掩护下，首先突入尤家湖，后续部队相继突入。"③

从11月24日开始，华东野战军以8个纵队在徐州以南，阻击国民党军杜聿明集团的南援。其中，陶勇、郭化若奉命指挥第一、四、十二纵队等部，在徐州东南的水口、关帝庙地区，担任东路阻击任务，以保障中原野战军在双堆集地区围歼国民党军第十二兵团的作战。至30日，徐州南下之敌在解放军阻击之下，进展迟缓。蒋介石为保存徐州主力，并

---

① 《一代儒将——郭化若纪念文集》，第165页。
② 《郭化若回忆录》，第252页。
③ 《一代儒将——郭化若纪念文集》，第166页。

救出第十二兵团，于当日决定放弃徐州。12 月 1 日拂晓，杜聿明率第二、十三、十六兵团共 30 万人撤离徐州，沿徐州、萧县至永城公路西窜。第四纵队与第一、十二纵队并肩向徐州、萧县间追击国民党军。4 日，杜聿明集团被华东野战军合围于徐州西南的陈官庄、青龙集、李石林地区。12 月 15 日，中原野战军在华东野战军一部的协同下，全歼国民党军第十二兵团。杜聿明集团败局已定。中共中央军委为使平津之敌不海运南下，指示华东野战军暂停对杜聿明集团的最后歼灭。1949 年 1 月 6 日下午 4 时，华东野战军对包围之敌发起了总攻。第四纵队从东北向西南攻击，攻入杜聿明集团的指挥中心陈官庄，活捉国民党军徐州"剿总"副总司令兼前进指挥部主任杜聿明。

第四纵队作为参战的主力部队，"先后作战 40 多次，攻克敌团以上兵力守备的村落、据点 22 个，歼敌 7.2 万多人，其中俘敌徐州'剿总'副司令官中将杜聿明和戴报天、黄铁民等 10 名少将以下官兵 5.8 万多人"①。

时任第十二纵队第八十九师政委、原福州军区副政委王直将军回忆了郭化若将军这一期间的儒将风采。他写道："在淮海战役第三阶段决战时，我又看到了郭政委。还没等我说话，他便拍着我的肩膀说：'还是在六纵工作吧？'我告诉他刚调到十二纵。这时他'嗯'了一声，风趣地说：'六纵到十二纵，不是升级了吗？'我说：'哪里哪里，现在部队扩大了，纵队也多了，我也只有纵来纵去了，战斗需要嘛！'大雪下个不停，他见我有点冷，便拉我进屋坐下，给我讲述着淮海战役的有关问题。当讲到毛主席为什么要我们部队休整 20 天再战的情况时，他对我解释说：'这就是主席的战略战术。因为敌人还有 30 万集结在一起，要想吃掉他们，必须有个时间准备，否则就不能把我们 10 多个纵队集中起来，也就很难把被包围的敌人一口一口吃掉……毛主席和邓小平为首的淮海战役总前委指挥就高明在这里，懂吗？这是高度的集中。'他强调的语气特别重，一

---

① 《中国人民解放军陆军第二十三军简史》，原载《军事历史》1989 年第 2 期。

席话使我茅塞顿开。"[①]

活捉杜聿明

活捉杜聿明，是淮海大战的一大亮点。这位徐州"剿总"副司令官是如何被俘的呢？又是如何被识破身份的呢？

1月9日黄昏，杜聿明逃到了陈官庄第5军司令部，听着四面八方的炮声、枪声、手榴弹爆炸声，躲在掩蔽部内。邱清泉、李弥要求在夜间突围。最后商定各人自找线路分散行动。

杜聿明带领卫士、副官10多人，先向西，再折向东北。夜色西沉，上弦月早已落到了西边天际，天寒地冻，好不容易逃到了贾砦附近。副官尹东生在战壕里给杜聿明化了装，换上了士兵的棉大衣，剃掉了胡子，一直跑了十几千米，天亮时，逃到了一个小村子附近。为了不暴露身份，杜聿明等人躲在山芋地里稍事歇息。

那一带的百姓有早起抬粪的习惯。一个老百姓不知不觉地来到了山芋地，猛然间发现了这群国民党官兵。

尹东生先是一愣，见老乡只身一人，很快镇定下来，向老乡打听这里有没有解放军。

老乡见了"遭殃军"，心里又气又恨，就虚张声势地用手画了个大圈，恐吓说："有哇！方圆800里，到处是解放军。"

杜聿明听了非常慌乱，心想已经跑了一个晚上几十里地，怎么还没有跑出包围圈？

尹东生给了老乡一个金戒指，叮嘱他不要对别人讲这里躲着人。老乡很机灵，稳住敌人后，赶回村子向解放军报告。

村子里住的是华东野战军第四纵队第十一师师部卫生队。卫生队长王英白天黑夜忙着抢救伤病员，刚刚干了个通宵，疲劳得要命。他听了老乡讲述的情况后，命令通讯员樊振国前往抓俘虏。

---

① 《忠于信念》，第54页。

樊振国入伍不久，年纪只有20岁左右。他对队长说："敌人有十来支枪，我们只有一支枪。"

王队长说："快去追！不要让他们溜了。叫崔雪云跟你一块儿去。"

樊振国和卫生员崔雪云在老乡的带领下，直奔山芋地。樊振国大声喝问："你们是什么人？快上来一个！"

"你们是什么人？"对方有人小声反问。

樊振国毕竟年轻缺乏经验，说："我们是四纵队十一师的。"

"我们也是十一师的。"对方又有人回答。

樊振国灵机一动，问道："十一师师长姓什么？"

山芋地里一片寂静，没有人吭声。俄顷，有人反问道："你知道师长姓什么？"

樊振国不及细想，脱口而出："我们师长姓谭，叫谭知耕。你们怎么搞的，连师长姓什么叫什么也不知道！"

"我是昨天才当兵的呀，哪里会知道师长姓甚名谁。"山芋地里有人做了解释。

樊振国心想既然这些人是十一师的，为什么鬼鬼祟祟地躲藏在山芋地里不出来呢？于是，他大声喝令这伙人站起来。

好家伙！当这伙人先后站起来后，樊振国一看有14人，身穿国民党军装，手里还持着卡宾枪、手枪。

敌人比自己多出7倍，怎么办？樊振国和崔雪云毫无惧色，命令敌人"把枪放下"，然后又命令他们"向后转，向前走……"。他怕敌人垂死挣扎或逃跑，又心生一计，高声叫道："三排，向后边包抄！一排，跟我上！"

这一叫果然生效，14个敌人被迷惑了，都乖乖放下了武器，然后再后转180度，向前走了若干步后，按照樊振国的口令，原地停步，立正站着。

杜聿明感到无地自容，心里一横，右手迅速拔出手枪对准了脑袋。可是副官尹东生眼疾手快地夺过枪来，交给了解放军，制止了杜聿明的第一次自杀。

樊振国和崔雪云押解着14个俘虏回到了师卫生队。协理员胡正林见

2个战士抓到了这么多俘虏，立即打电话报告师政治部请示指示。接电话的正好是十一师政治部主任、副政委陈茂辉。他指示胡正林：立即把俘虏押解到师政治部来。

陈茂辉是福建省上杭县人；1929年参加中国工农红军，曾任红一军团第二师六团连政治指导员、中共永埔县委副书记等职；坚持了南方三年游击战争；抗战时期，任新四军政治部民运部科长、苏浙军区第二军分区参谋长等职；解放战争时期，任华中野战军特务团政委，华东野战军第四纵队第十一师政治部主任、副政委，第三野战军第二十三军第六十八师政委等职；1955年被授予少将军衔。

战士出版社《星火燎原》第十辑中，有陈茂辉将军撰写的回忆录——《决战的尾声》，记述了智审杜聿明的过程：

　　这人早已卸去了"将军"的"战袍"，穿着一身士兵棉服和破大衣，脸上和手上都弄得乌黑，很不自然地弯着腰，看起来像个老伙夫。他立正，恭恭敬敬地向我行了个礼。

　　我看他很狼狈，叫他坐下，然后递给他一支"飞马牌"香烟。他接过，放在桌上，连忙从衣袋里掏出一包玻璃纸包装的香烟，撕去那烟盒上的红条条，抽出一支递给我，又送一支到自己的嘴上。坐在他一旁的"记者"，大概被飞机吓昏了头，竟忘记了这是什么场合，连忙掏出打火机，咔嚓一下打着了火，恭恭敬敬地给他点烟。被那个军官瞪了一眼，"记者"这才恍然大悟，赶忙转过手把火送到我的面前。他们这些动作，使我马上敏感到，这是个不一般的人物……我坐下来，开始审问那个军官。

　　"你是哪个部分的？"

　　"十三兵团的。"

　　"干什么的？"

　　"军需。"

　　"不对。"我断然说。

"军需处长。"那个"记者"赶忙说。

"叫什么?"

"我叫高文明。"

"'高''文明',这个名字起得不坏啊! ……你们十三兵团有几大处?"

"六大处。"

"你先把六大处处长的名字写一下!"我顺手递给他一本白纸簿。

他伸手到大衣口袋里掏笔,袖筒托起,露出一段雪白的手臂,上面还箍着一只亮铮铮的手表。手表应戴在手腕上,哪有箍在手臂上的呢?明白了,大概他怕这种高级手表会引起别人对他身份的怀疑。我打趣地向他说:"手表戴在手腕上才方便啊!"他尴尬地把表往手腕上拉拉,又去掏笔。掏了半天,掏出了一包美国骆驼牌香烟。再掏,是一袋美国牛肉干。最后才掏到一支派克钢笔。但是,只写了几个字就写不下去了,手在发抖。

"写啊!"我说,"难道你们一起的几个处长的名字都不知道吗?"

"我知道,我知道。"他说着,又在纸上写。可是,好半天,还是在描着原来那几个字:"军需处长高文明。"

那个"记者"有点替他冒汗了,伸手要替他写,被我制止了。

我说:"你还是老老实实讲吧,你是干什么的,不必顾虑。"说着,拿出那份《敦促杜聿明等投降书》念给他听……我对他说:"蒋介石是失败了。黄百韬被打死,黄维兵团被消灭,黄维本人想混走,也是被活捉了……"

他忽然一怔,忙问:"黄维在哪里?"

"你们一定很熟悉吧,很快就可以见到他的。"

此时大战刚过,又有三四十个上校以上军官押了上来。陈茂辉处理完有关事务,返回屋里继续审问"军需处长"。此时,敌机来袭,扫射投弹。"高文明"们脸色大变,陈茂辉镇定自若,打消了他们的顾虑。陈茂辉见这位"军需处长"饿了，便叫人搞来小米饭、大蒜炒马肝、辣椒炒马肉。饭毕，陈茂辉派人送"高文明"等到庄头独立小磨房反省。

黄昏时分，看押俘虏房的战士来说，那个"军需处长"在磨房里拿一块小石头把头砸破了。我走过去一看，他躺在地上，满脸是血污……我立即叫人从俘虏中找个司机，用刚缴来的一辆吉普车送他到卫生所去。

我们把那个"记者"带来，严令他立即交代"高文明"是谁。这家伙这才扑通一声跪倒在地上，浑身颤抖着说："我交代，我交代！他……他是……杜、杜长官。小的，是他的随从副官……"随即从大衣后襟的夹层里取出一个皮包，从皮包里取出一双象牙筷子，说这是"杜长官"四十"大寿"时一个军阀送给他的，上面还有他的名字作证。原来，这个"军需处长"就是国民党中央委员、徐州"剿总"中将副司令、战犯杜聿明。

满怀喜悦的陈茂辉很快打电话到第四纵队司令部，向陶勇司令员、郭化若政委报告已抓到了杜聿明。陶勇非常高兴，又怕搞错，特别加问了一句："是真的还是假的？本人有否承认？"

陈茂辉说有实物为证，但杜自杀后昏迷不醒，尚未承认。

陶勇说："我叫敌工部蒋部长马上到你们师里去。"

第四纵队政治部敌工部部长名叫蒋克定。他带着上级下发的杜聿明照片，快马加鞭赶到了第十一师。

陈茂辉看了照片后，肯定地说："就是这个人。虽然没有了小胡须，但从整个长相看，没错。"

蒋克定来到卫生队，杜聿明已清醒，他的外伤并不致命，伤口经过包扎指日可复原。蒋克定的随行人员当场给杜聿明拍了一张照片，这就是后来广为流传的杜聿明头裹纱布的照片。

"活捉杜聿明"的事，也引起了陈毅司令的关注。陈茂辉将军在《青松长存记忆中》一文中回忆道："这里还有一件难忘的事情：在'凯歌淮海中原定'的时候，我部2个小通讯员抓住杜聿明的事情很快传扬开了。陈毅同志获知后，很快打电话找我，问：'有没有弄错？''报告首长，没有错，对过照片了。''好，立即送来。给抓住杜聿明的战士记一个特等功！'

陈毅同志显然高兴地说。"

陈茂辉认为杜聿明的"自杀"是"假自杀"。他在《征途》一书中说："要自杀，大的砖块、石块等'武器'有的是，他却选了一块小小的碎砖，只把额上敲破了一块皮，却把血涂得满脸都是，显然，他是想叫我们把他送到医院去，以便蒙混过关。"

第二天，第十一师将杜聿明送到了第四纵队司令部，陶勇司令员、郭化若政委、卢胜副司令员、刘文学副政委、梅嘉生参谋长、韩念龙主任等会见了这位特殊的俘虏。

郭化若和杜聿明同岁，生于1904年，同为黄埔军校毕业。昔日同学，走上了对立的营垒，刀兵相见。如今，一个是胜利者，一个是阶下囚。在谈话中，杜聿明将东北战场和淮海战场的失败归结为同僚的无能。郭化若告诉他："你们国民党的失败，不是谁有能无能的问题。你们发动反人民的内战，就决定了你们失败是必然的。而你杜聿明的被俘，也绝非偶然。"杜聿明叹了一口气说："蒋介石的主力打光了，本钱全输光了，你们过江没有问题了。"郭化若说："过长江是指日可待的事。我们不但要过长江，还要解放东南、西南，解放全中国。这是任何力量都无法抗拒的历史潮流！"郭化若最后说："你既然当了俘虏，就要在俘虏营里接受改造。绝望自杀，是自毁其身；彻底放弃反革命立场，重新做人，才有希望。"

郭化若回忆说："杜聿明本人被我纵俘虏。当他被押送到纵队部时，开始还摆出一副骄横高傲、不肯认输的姿态，经我一番训斥、开导以后，才低下头来，默不作声。不久，我们就把这位国民党的高级将领送到三野司令部去了。"①

淮海战役在66天内共歼灭了国民党军1个"剿总"司令部、5个兵团22个军共56个师，总计55万多人。

淮海战役是一次规模空前的歼灭战，解放了长江中下游以北广大地区，国民党统治中心南京直接处于人民解放军威胁之下，从根本上动摇

---

① 《郭化若回忆录》，第238页。

了国民党反动派的统治。

毛泽东高度评价了淮海战役。他说:"此战胜利,不但长江以北局面大定,即全国局面亦可基本上解决。"

淮海战役期间,1948 年 8 月,郭化若饱含激情地写下了一阕《调寄临江仙·中原会战·淮海战役》。词曰:"千载义旗初逐胜,惊天气壮山河。合围百万笑中看:中原多激战,几见此时酣?雪浪翻天风似箭,阵前歌舞腾欢。游鱼釜底待朝餐。明春花怒放,传檄到江南。"注释说:"我军包围杜聿明集团于陈官庄青龙集后,曾停止攻击,进行 20 天政治攻势,前线战壕中曾创造了许多生动活泼、动人心弦的宣传形式;又值新年,载歌载舞,更显活跃。每日敌军官兵来降者常在数百人以上。"[1]

创造性的溶俘工作

第四纵队在淮海大战前,兵力为 2.3 万人;战后,壮大到 4.3 万人;在淮海战役的第一、二阶段,就补充了 1.3 万俘虏;有些连队的解放战士的成分高达百分之八十。

作为第四纵队政委,郭化若在领导政治工作中有许多新的创造、新的发展。

郭化若在鲁南军区工作时,就在民兵中倡导开展了立功运动。在淮海战役中,他进一步提出"普及的立功运动"。他说:"不要要求立功的人面面俱好,为人民做好事就是功。"他纠正了那种将立功人员限制在少数人员中的做法,使立功运动真正成为广大的群众运动,边打仗,边立功,打完一仗利用空隙就评功一次。这样,立功人员就大大增加了,士气越打越旺盛。

为了随时补足基层干部,郭化若提出每次作战前指定第一、二代理人,有了伤亡,随缺随补,群众推荐,党委审查委任。这样,淮海战役的长期连续战斗,就为第四纵队培养了一大批新干部,基层干部在战役过程

---

[1] 《郭化若诗词选》,第 61—62 页。

中连升三级的并不少见。

经过郭化若提议，在淮海战役发起的第二天，11月7日，第四纵队政治部发出了关于"火线入党工作"的文件，党组织及时吸纳优秀分子入党。

溶俘工作，第四纵队也有创造性的举措。

在淮海战役进行了1个星期之后，黄百韬兵团已被围困在碾庄圩及其周围地区。郭化若来到政治部听取汇报。各人汇报的主题，大多集中在"补充俘虏"的问题上。

1周来，第四纵队打得非常艰苦。淮海战役前的老战士伤亡数字越来越多，连队老战士越打越少，淮海战役中俘虏后补充到连队的"解放战士"越来越多。新老战士的比例，许多连队已经突破了上级规定的一比二（二老带一新）的限度，有些连队新老比例已经是一比一（一老带一新），个别连队的新老比例已经倒了过来，发展到了二比一（一老带二新）。

郭化若问："这几种连队各有多少？"具体情况，政治部的同志答不上来。前线的情况天天在变，突破"二老带一新"的连队一天天在增多。

郭化若问第四纵队政治部秘书科长姚旭："对于这种情况，部队有什么反映？"姚旭负责的秘书科，一项主要工作就是收集部队情况。他回答："部队有一种反映，把大量伤亡后大量补充俘虏比作泻肚以后马上吃进一大堆鱼肉，肠胃吃不消，消化不了。有的老兵反映，打起仗来，我的一双眼睛，要看着前面的敌人，又要看着我带的2个新兵，不能让他们跑掉，更不能让他们在背后打黑枪！这是师里送来的《政工简报》上反映的。"

郭化若问："目前，俘虏兵逃跑了多少？有打黑枪的吗？"

姚旭说："没有这个方面的反映。"

郭化若说："我下去走了几处，都没有这些事情。据我调查，这次战役的俘虏的思想，同以往相比，确实不同。俘虏中很多是新抓来的壮丁，这些人大都是贫苦的农民，老兵痞少了。蒋介石越输越大，成建制地被歼灭越来越多，新补的壮丁也越来越多。经过诉苦和两种军队对比的教育，他们觉悟得很快，掉转枪口就打蒋介石了。现在的形势和两个月前大不相同，济南、郑州、开封、长春、沈阳一个个被我们夺取了，他们觉得跟蒋介石没有出路，相信共产党一定会解放中国，过来了就不走了。这就是这次俘虏兵的新情况。我们观察问题，要着眼于新出现的情况。'二老带一新'是根据过去情况规定下来的，现在情况起了变化，规定能不能做些改变呢？"

有些同志不赞成郭化若政委的意见。新老比例不得超过一比二，这是上级的规定。在兖州召开纵队党委扩大会议通过《关于加强纪律性克服无纪律无组织无政府状态的决议》还不到1个月，怎么可以改变上级的规定？

郭化若说："这个问题的决定权当然在上级，但是，我们是可以根据新的情况请示报告的。原来决定打淮海战役，只打新安镇、两淮、海州三处，目的仅仅是消灭敌人的十几个师。现在刘邓大军开过来了，规模和范围扩大了，要消灭徐州集团主力，这次战役发展成为一场决战，可能要打几个月，我们的伤亡必然天天增大，补充的兵源在哪里？动员农民参军？你们都看到不可能了。还有一个办法是合并建制。现在，有的团已将三个营合并为两个营，还有两个团已减少了三四个连，部队越打越少，能支持贯穿全战役的连续战斗吗？我们执行上级的指示，首先要执行在徐州附近歼灭刘峙集团主力这个指示。部队越打越小，怎么实现这个任务呢？"

有的同志还是不赞成突破原定的新老比例，他们的意见是：补充俘虏是不难的，俘虏很多，然而，补充到了"一老带二新"，打起仗来会不会攻不上，守不住，成为不能打仗的虚胖子。

郭化若说："这个，要看实践，要做调查，没有调查就没有发言权嘛！你们做了一些调查，我也做了一些调查。"说着，他从皮挎包里取出了一个大本子，大本子里有一页大表格，表格里列了一个团的各个伙食单位人员数字，其中包括新兵数、老兵数，新兵数字里又包括参加过战斗的数字和尚未参加战斗的数字。各个伙食单位前面又做了3种记号，表示：尚未突破"新老一比二"的；已经突破这些界限的；已经超越"新老一比一"界限的。

郭化若说："根据我的调查，突破了规定界限的，都是步兵连队。没有突破规定界限的，都是机炮连队。至于营部和团以上机关伙食单位，几乎都没有补充过新兵。这说明从这些单位抽调一批老兵到步兵连队中去当骨干，让他们在战斗中锻炼成长，将新兵补充到这些单位中去，这是我们现在就可以做到，不必请示报告。现在要弄清楚的两件事情，一是'二老带一新'这条界限能不能突破，'一老带二新'的步兵连队还能不能打胜仗。二是新兵教育好了再补下去，还是尽量缩短新兵集训时间，主要靠补下去以后由老兵带着新兵一起进行诉苦和两种军队对比的群众性教育，这两种方法，哪一种好？"

会后，第四纵队政治部人员大部分都立即下去做调查了。2天以后，郭化若到政治部听取汇报。这时，大家意见一致了。事实说明，"一老带一新"的连队能打得了，"一老带二新"的连队也能打得了。打了一仗，俘虏来了，只需三四个小时，分清是官是兵，是战斗兵还是杂兵（护兵、理发兵、伙夫、马夫），进行简短的入伍教育，就可以分到班里去。开一个班务会，每人自我介绍，自述身世，老兵带头诉说自己在旧社会、旧军队所受的苦难和"土改"经历以及参加部队后官兵平等、军民一致的情景，带动新兵也讲起来，新老战士的心溶化在一起了，能够立即团结起来投入战斗，经过共同战斗，建立起相互信任，又可以再补新兵。

纵队陶勇司令员高兴地说："兵员补给的路子找到了！就在前线，就在敌人的阵地上！"

纵队政治部起草了《关于即俘即补、即教即战的指示》，先后经过政治部主任韩念龙和郭化若政委的修改补充，得到纵队党委的一致同意。

事关重大，郭化若亲自前往前委请示汇报。第四纵队政治部则将底稿誊写在蜡纸上，等待一经批准立即印发。11月19日，郭化若的电话打到了第四纵队政治部，通知说前委已经批准，可以立即下发。政治部的骑兵通讯员早已准备好了，立即将文件送往各师，当天送达连队。

这一天，距离发起淮海大战的日子仅仅过去了13天。

其实，华东野战军政治部当时也有不同意见。1954年夏，原华东野战军政治部副主任钟期光在南京军事学院对姚旭说："你们四纵在淮海战役中'即打、即补、即教、即战'搞得很好。对于你们的做法，那时我们政治部也有反对的，说你们是单纯的军事观点呢！"

第四纵队《关于即俘即补、即教即战的指示》在战争中又不断地得到发展，逐渐归结为"即俘，即分（分清士兵、军官和极少数兵痞流氓），即补，即教，即打，即评（参与评功和升级）"。

补入的解放战士也有一些顾虑，怕牺牲后身上穿的是国民党军装，可能跟国民党军士兵埋在一起，家乡不知道他参加了解放军，家属享受不到烈、军属待遇。为了解除他们这个顾虑，野战军赶制大量军帽，以资区别。赶制大量军帽要费时日，于是有些连队为他们胸前缝上红布条，上书"某某团某某连某某某"，登记上家庭通讯处，凡家在解放区的，由政治机关通知当地县人民政府，家在蒋管区的，全国解放后，统一通知新成立的当地人民政府，从而打消了他们的顾虑。

郭化若说："纵队党委经过审慎的研究，决定大胆放手地补充俘虏，同时大力加强有关溶俘工作。纵队党委的这一决定，得到了野战军前委的批准，准许我们按照部队的实际需要补充俘虏；同时，也得到了各级干部、特别是政治干部的普遍赞同和拥护。为确保部队的巩固，纵队党委把即俘、即补、即打，发展为即俘、即分（分清士兵、军官和极少数流氓兵痞），即教，即补，即打，即评（参与评功与升级）。在政治工作的方式上，规定了各营连在战场进行入伍教育、参军典礼、授枪仪式、小型诉苦（利用战斗间隙）、新老互助、立功评功等工作步骤。通过这些工作，在整个战役中，补入部队的解放战士很少发生逃亡和叛变的现象。实践证明，这些解放入伍的新战士，只要我们加强思想教育，通过两种军队的对比，就能很快提高觉悟。许多在头一仗被俘补入我军的解放战士，第二仗就成为冲锋陷阵的勇士；有的很快就被提升为战斗组长、班长、副排长；有的只身冲进敌堡，迫使成班、成排的敌军投降；有的在战斗中掉了队，归队时却带回不少敌军散兵。仅据战役的前 2 个阶段的不完全统计，第三十团的立功人员，解放战士占半数左右；第三十二团第三营的正副班长中，解放战士竟占三分之一。中国人民解放军的这种补兵方法，恐怕是古今中外所有军队都难以做到的。"①

时任华东野战军政治部副主任的钟期光回忆说："整个解放战争，华野共歼敌176.3万人，自己伤亡47万人。总人数却由1947年1月的27.5万人，发展到1949年6月的63.5万人。其中，解放战士除伤亡外尚有29.5万人，占总人数的46%。在诸多胜利因素中，'瓦解敌军''溶化俘虏'和'即俘、即补、即战'的扩军方针，对加强部队建设、保证夺取解放战争胜利的意义是显而易见的。"②

姚旭《淮海战役中一件创造性的重要举措》中说："淮海战役中补俘的规模是空前的，各兄弟部队也是如此，此后都没有过。抗美援朝战争以来，我军再没有补过一个俘虏兵，补俘的经验已经过时了。但是，郭化若同志亲自下去做调查，掌握一手材料，从群众中来，到群众中去的工作方法，却永远不会过时。"③

渡江战役·传檄江南

淮海战役结束后，1949年2月，中国人民解放军进行了统一的整编。2月9日，华东野战军改称第三野战军，下辖第七、八、九、十兵团。华东野战军命令，以山东兵团和苏北兵团各一部组成中国人民解放军第九兵团，兵团政委、党委书记郭化若，司令员宋时轮，参谋长覃健，政治部主任谢有法，下辖第二十、二十七、三十、三十三军，共13.8万人。

宋时轮（1907—1991），开国上将，湖南醴陵人，黄埔军校第五期毕业；历任萍醴边游击队队长、湘东南第二纵队政治委员、红军学校第四分校校长、红三十五军参谋长、独立第三师师长、红二十一军参谋长、中央苏区西方军参谋长、江西军区作战科科长、红军大学第二大队大队长、军委干部团教员、红十五军团作战科科长、红三十军军长、红二十八军军长、八路军第一二〇师第三五八旅第七一六团团长、雁北支队支队长、

---

① 《郭化若回忆录》，第239页。

② 《钟期光回忆录》，第179页。

③ 《一代儒将——郭化若纪念文集》，第190—195页。

八路军第四纵队司令员、津浦前线指挥部参谋长、北平军事调处执行部中共方面执行处处长、山东野战军参谋长、渤海军区副司令员、华东野战军第十纵队司令员等职；耿直豪爽，雷厉风行，个性突出，信念坚定，对党忠诚，老成持重，战斗风格勇猛顽强，善于组织阻击作战；解放战争时期，所率之华野第十纵队军纪严明，善打阻击，上蔡阻击战、桃林岗阻击战、徐东阻击战等，仗仗精彩，赢得了"排炮不动，必是十纵"的美名。

第九兵团是三野实力强劲的一个兵团，其第二十军由原第一纵队改编，军长刘飞、政委陈时夫，下辖第五十八、五十九、六十师。该军是新四军老部队，作战经验丰富，执行命令坚决，擅长野战条件下的攻防作战，是陈粟麾下著名的叶王陶部队核心。所属第五十八师有红军基础，战争年代打了不少恶仗硬仗，创造了许多以硬取胜的范例，在多次重大战役中发挥了关键作用。该师战斗作风顽强，能攻能守，善长野战条件下的攻防作战，以长于穿插和顾全大局、勇挑重担著称。

第二十七军由原第九纵队改编，军长聂凤智、政委刘浩天，下辖第七十九、八十、八十一师。该军出自胶东老八路，是三野战斗力最强的主力军之一。部队作风骁勇强悍，技战术水平较高，进攻、防御、野战、攻坚兼备，尤以攻坚能力强劲著称。所属第七十九师是一支以昆嵛山红军游击队为基础发展而来的英雄部队，是三野的头等主力师之一。在济南战役中，该师第七十三团以压倒一切敌人的英雄气概，首先突破济南内城，为战役胜利做出了突出贡献，被中央军委授予"济南第一团"荣誉称号。

第三十军由原第十二纵队改编，军长谢振华、政委李干辉，下辖第八十八、八十九、九十师。该军是由新四军华中军区第五、六军分区地方武装发展起来的一支主力野战部队。这支苏北子弟兵无红军部队为基础，也无新四军主力团队做骨干，但听指挥，肯吃苦，善于运动奔袭，不畏强敌，敢于亮剑，打了不少硬仗、恶仗。第八十九师为军主力师，敢打善拼，有勇有谋，其第二六五团在盐城战役中被授予过"叶挺部队"称号。

第三十三军由渤海纵队与淮海战役中起义的国民党第五十九军部队合编组成，军长张克侠、政委韩念龙，下辖第九十七、九十八、九十九师。

该军主体为渤海子弟兵，思想觉悟高，具有蓬勃的朝气和英勇无畏、前仆后继的顽强战斗作风。国民党第五十九军是一支非常有名的部队，起源于中原大战后由西北军余部组建的第二十九军。该部抗战时期转战大江南北，屡建功勋，官兵骁勇善战、思想进步，具有高度的爱国热情，被日军视为劲敌。

辽沈、淮海、平津三大战役，国民党重兵集团遭毁灭性打击，战争形势发生了重大的变化。人民解放军已经将战线推进到了长江北岸。中国共产党在和国民党进行谈判的同时，要求人民解放军准备渡江作战。据此，中央军委决定以第二、三野战军及地方部队共 100 万人，准备于 4 月间发起京沪杭战役（渡江战役），歼灭汤恩伯集团，解放京沪杭地区。

长江是中国第一大江，史称"天堑"。蒋介石调集 115 个师约 70 万兵力，布防于宜昌到上海之间 1800 千米的沿江地带，并配以舰艇 178 艘、飞机 230 架和大量火炮组成了联合封锁网，企图阻止解放军渡江，从而达到"隔江而治"的目的。

为了突破长江天堑，解放军采取宽正面、有重点的多路突击战法，集中 100 万兵力组成东、中、西 3 个突击集团。

解放军东突击集团为三野第八、十兵团 8 个军 35 万人；中突击集团为三野第七、九兵团 7 个军 30 万人；西突击集团为二野第三、四、五兵团 9 个军 35 万人。

1949 年 4 月 20 日，国共两党北平和谈破裂，国民党政府代表拒绝在和平协定上签字。4 月 21 日，中国人民革命军事委员会主席毛泽东和中国人民解放军总司令朱德发出了《向全国进军的命令》。

按照野战军司令部的预备命令，第九兵团指挥第二十七、三十、三十三军和原属第八兵团建制的第二十五军在芜湖两侧地段渡江。部队到达无为、含山地区集结，准备由姚沟至裕溪口段渡江后，直出宜兴、溧阳及其以南地区集结待机，以策应东集团作战，并堵歼南京、镇江可能南逃之敌。

符浩时任第三十三军党委常委、军政治部组织部长。他回忆说："化若同志风度翩翩，平易近人，听汇报时，一边用心听，间或也提问，一面也和大家一起讨论。当谈到我军战士多为北方人，不习水性，每天在巢湖划小船练习，洋相百出……但士气很高，求战心切，大家的信心足、劲头大，决心学会撑船，打过长江去，解放全中国。当化若同志问到消极方面的情绪时，我告诉他，社会上有人散布说，长江宽无边，燕子飞过还需3天；当年曹操80万人马也没能打过长江，如今'中央军'陆、海、空百万之众把守长江，一夫当关，万夫莫敌，解放军插翅也难渡过。这些流言使一些不了解情况的战士产生顾虑。化若同志说：'说的情况很重要，别的军也有此种流传，这可能是敌特散布的，企图以此影响我军士气，并当即指示要组织一部分干部和战士分批化装到长江边察看，一方面熟悉地形，一方面使没有到过长江的同志知道，长江北岸不仅可以看到南岸，而且可以用望远镜看到对方的动静。这样，敌人的谣言就不攻自破。'"①

作为兵团政委，郭化若作风踏实，直接深入到下属师级作战单位指导工作。时任第三十军第八十九师政委的王直回忆说："就在我部做渡江准备时，郭政委亲自来到我部动员说：'南京国民党政府正在派代表同我们党中央谈判，能否谈成很难说。不管成不成，我们首先要把江北的国民党残余消灭光。当前我们第八十九师的任务是要把梁山、裕溪口的敌人据点拔掉，这便于大部队集结江边待命……'就在我部攻打裕溪口的敌人据点时，大部队接到毛主席、朱总司令的进军号令，一举摧毁了敌人的江防。我们师第二天立即转入安徽铜陵荻港，打过长江，乘胜追击，消灭了从芜湖撤退的全部敌人。"②

著名电影《渡江侦察记》的故事，就发生在第九兵团。

《郭化若回忆录》记载："有一天，聂凤智到临江坝兵团指挥所汇报工作。吃饭时，炊事员端上了一小碟炒青菜、一小碟韭菜炒鸡蛋。指挥所同志告诉他，这两碟菜不同于以往的菜，是一个侦察员在江南岸侦察时，顺手带来的。聂军长心里一动：如果派一支侦察分队携电台插入江南，

① 《一代儒将——郭化若纪念文集》，第174页。

② 《忠于信念》，第55—56页。

与江南地下党取得联系，及时而不间断地报告对面敌情，战役发起后还能配合江南游击队接应主力渡江，岂不更有利于大军南渡？他的这一大胆设想，很快得到了兵团党委、总前委和中央军委的批准。第二十七军立即组织了 1 个营的兵力，组成渡江先遣大队，于 4 月 6 日夜晚偷渡过江，进入皖南山区，与皖南游击队会合。这个先遣队，依靠游击队的力量，收集了大量情报，并在主力渡江时，与游击队联合起来，直插到江边，有力地策应了突击部队过江。50 年代，有一部电影，叫作《渡江侦察记》，就是依据第二十七军先遣大队的事迹编写的。"①

郭化若将军的回忆文字，措辞精准。聂军长派遣先遣大队的"大胆设想"，逐级上报，"很快得到了兵团党委、总前委和中央军委的批准"。郭化若时任兵团政委、党委书记，他的坚定支持，是不言而喻的。渡江在即，牵一发而动全身，派出 1 个营兵力的先遣大队的行动，必须得到总前委、中央军委的批准。

至于皖南山区游击队的相关情况，则与同为福建籍的熊兆仁将军有关。兹节录宋四根著《八闽开国将军》第三卷《"扶贫将军"熊兆仁》有关章节如下：

> 《渡江侦察记》反映的是游击队员配合我军侦察员智取敌人布防情报，保证渡江胜利的史实。时任苏浙皖边区司令员的熊兆仁，就是这支部队的最高领导。当年，为了成功渡过长江天险，第二十七军派出了第二四二团参谋长章尘、军侦察科长慕思荣率领侦察营第一、二连及从所属部队抽调出 3 个侦察班组成"先遣渡江大队"，章尘为大队长兼临时党委书记，慕思荣为副大队长兼临时党委副书记，军侦察营政治教导员车仁顺、副营长刘浩生、二连政治指导员王德清为党委委员。
>
> 4 月 6 日夜幕降临，按照预定作战方案，先遣渡江大队来到出发

---

① 《郭化若回忆录》，第 242 页。

位置，悄无声息地登上木船，井然有序地进入战斗岗位。木船劈波斩浪向对岸进发，眼看离岸只有 20 米左右时，国民党哨兵突然发现了解放军（侦察员），随之一阵清脆的枪声，划破了天空的静寂。解放军先遣大队全速前进，于 21 时 50 分终于在十里场堤埂上突破敌人防线，登上了南岸。随后，战士们以果敢勇猛的动作，抢占堤埂，扑向敌堡，打垮了守敌，迅速越过敌江边前沿防线，克服重重困难，直奔铜陵与繁昌交界的狮子山。慕思荣和刘浩生率领的侦察一连和侦察排的船，刚刚渡过江心，就被敌人发现。他们果敢镇定，变偷渡为强渡，冒着敌人火力，迅速划向南岸。当他们冲到江堤下时，只见陡峭如壁。为了争取时间，他们当即搭起人梯，一个接着一个地向上攀登。22 时 15 分，他们在北埂岸金家渡登陆成功。

突破长江天堑后，解放军克服种种艰难险阻，两支部队于 4 月 8 日凌晨顺利地在塌里牧会师了。4 月 12 日，侦察大队与熊兆仁领导的沿江工委、游击队密切协作。游击队还派人帮助侦察分队了解敌军部署、兵力调动、编制装备、作战能力、指挥系统、炮兵阵地、舰艇活动以及地形交通、沿河粮站、风情民俗等等。与此同时，铜陵、繁昌两地的地下党联络员，经常派出武装小分队活动到江边，并利用沿江 20 个工作站，搜集大量有关敌人江防部署以及变化的情报。这些情报经过辨别分析，有的编成图表，有的通过电台，源源不断地传往江北。特别是侦察到白崇禧从芜湖调 1 个军西移，以增强对解放军渡江正面防御力量这一重要情报后，很快向上级做了报告，为主力部队制定具体渡江登陆作战方案和首长及时下决心提供了有力的依据。

在统一指挥下，侦察分队和游击队员们在敌后越战越勇，夺阵地，占山头，烧火堆，袭击指挥所，使敌人变成了瞎子和聋子。敌军人心混乱，弃阵逃窜。解放军乘胜追击，清除了所有障碍，为大部队胜利渡江创造了有利条件。

大军厉兵秣马，大战一触即发。

时任第三十三军党委常委、军政治部组织部长符浩回忆："1949 年 4 月上旬，渡江作战的各项工作已准备就绪……在这一情况下，兵团首长不失时机地召开了一次干部会。在这次会议上，宋时轮司令员对作战部署根据新的情况做了一些调整和补充，主要由郭政委就形势和思想问题再一次做了报告……化若同志这次讲形势时，充满了信心和激情，更富想象力，给人以很强的感染力。接着，他根据中央及前委的指示精神，并结合实际情况，着重讲了渡江作战的指导思想问题，内容要点是：一、要以兴奋愉快的精神，接受这一光荣任务。二、要以负责谨慎的态度，准备严重的战斗。三、大胆使用力量，认真改进战法。四、坚决勇猛，有进无退。五、猛攻猛追，彻底歼敌。"[①]

4 月 21 日子夜，人民解放军第二、三野战军百万雄师，在西起九江东北湖口，东至江苏江阴的千里长江战线上，分三路强渡长江。

宽阔的江面上，炮火连天，人民解放军万船齐发，直取对岸。

宋时轮、郭化若指挥第九兵团渡江第一梯队，包括第二十七军和归第九兵团指挥的第二十五军，在攻占黑沙洲等江心洲的同时，于当晚 20 时许开始渡江。后续部队第三十、三十三军也于 21 日陆续渡过长江。22 日晨，第九兵团司令部全部渡过长江。

在渡江作战的前线，"1949 年 4 月 20 日、21 日夜于江中"，郭化若写下了一阕词《菩萨蛮·渡江之夜》："素帆百万飞如箭，乘风顷刻敌前现。碧水静无波，疏星夜转多。弹飞如急雨，难阻雄师路。天险说长江，功成夜未央。"[②]

在渡江部队的强大攻势下，南京、镇江、芜湖地区之国民党军纷纷南逃。23 日，解放南京。

京沪杭战役转入第二阶段。"中国人民解放军历史资料丛书"《渡江战役·大事记》记载："4 月 28 日，粟裕、张震下令歼灭被围于郎溪、广德地区之国民党军的作战部署，决定由第九兵团司令员宋时轮、政治委

① 《一代儒将——郭化若纪念文集》，第 174—176 页。
② 《郭化若诗词选》，第 65 页。

员郭化若统一指挥第九、十兵团，负责全歼该敌。"① 根据此命令，郭化若、宋时轮统一指挥参战部队，战斗1天，将国民党军4个军的大部和2个军的一部约8万人围歼于郎溪、广德地区。大军沿着太湖南北走廊猛追穷寇，乘胜向上海进军。

这时，中央军委鉴于接管上海的准备工作尚未就绪，为了避免仓促进城陷于混乱，命令"不要过于迫近上海"。5月1日，奉第三野战军首长电令，宋时轮、郭化若将第九兵团各军集结于吴兴、桐乡、崇德地区，准备第三阶段作战。

三野数十万大军，集结苏州一带暂不东进。

渡江之后，郭化若以诗纪事，作《七绝·渡江》。题记及诗曰："渡江后，我军势如破竹，敌军土崩瓦解，战局急转直下。第九兵团从繁昌北渡江，乘胜东进，追歼残敌于太湖以西地区。一夜军过南陵城，所驻适为一'诗社'，以'北平'和谈为题，相互唱和。夜阑兴发，依其韵信笔亦书一绝如下：故宫和会及时开，祸首未除蕴祸胎；一夜好风传消息，雄师百万渡江来。"②

5月6日，中央军委指示三野占领吴淞、嘉兴两点，粟裕率三野指挥机关自常州东移苏州，指挥主力攻取上海。

上海位于东海之滨，濒临长江出海处，人口600多万，是当时中国的最大城市和经济中心，又是帝国主义侵华的主要基地，战略地位极为重要。

中央军委对解放上海高度重视，要求既要歼灭守敌又要完整地接管上海，以利于今后的建设，要求人民军队"学习政策和接管城市事项"，坚决执行政策纪律，待中共华东局做好接管准备后发起战斗。

淞沪战役，当时陈毅司令员有一句著名的话，叫作"瓷器店里打老鼠"，要军政全胜。为了上海人民少受损失，宁可我们解放军多牺牲多流血，也要保护好上海。所以打上海的时候，市区禁止用炮。

5月初，宋时轮、郭化若率第九兵团到达太湖以南地区集结整训。郭

① 《渡江战役》，第922页。
② 《郭化若诗词选》，第66页。

化若主持召开了团以上干部会议和党委常委会议，传达了中央军委、总前委和第三野战军前委的指示，统一作战思想。会议上，郭化若提出，打上海，既要"打得好"，还要"进得好"，要求部队反复学习人民解放军"三大纪律，八项注意"以及《约法八章》《入城三大公约》《入城十项守则》，自觉执行，各级干部争当表率。

国民党反动派奉行坚守上海的方针，并寄希望于"上海之战"引发"第三次世界大战"。京沪杭警备总司令汤恩伯凭借 20 万守军和坚固的 4000多座钢筋混凝土工事，扬言要把上海变成"斯大林格勒第二"。

汤恩伯为控制部队，公布了"十杀令"，颁布"官兵连坐""士兵联保"，同时大肆逮捕和杀害进步人士，整个上海笼罩在白色恐怖之中。

5 月 10 日，解放军第三野战军司令员兼政委陈毅、副司令员兼第二副政委粟裕、副政委谭震林、参谋长张震签发了《淞沪战役作战命令》，上海战役正式拉开帷幕。

为此，三野前委拟定了从黄浦江两岸钳击吴淞口，封锁海上退路，迫使守军投降、起义或诱歼其主力于市郊的作战方案。

战役期间，第二野战军主力将控制浙赣线；第三野战军第七兵团主力挥师浙东，策应上海作战。

上海战役作战方案具体部署：第十兵团在黄浦江西岸向吴淞口发起进攻，所属之第二十八、二十九军攻占吴淞、宝山，第二十六军占领昆山、安亭，第三十三军集结常熟地区为兵团预备队；第九兵团从黄浦江东部向吴淞口攻击前进，兵团之第二十军务必攻克平湖、金山卫，打开向浦东前进的道路，第三十、三十一军向浦东高桥地区挺进，协同第十兵团钳击吴淞口，第二十七军集结嘉兴地区，待命进攻市区。

《第三野战军淞沪战役作战命令》对于第九兵团参战各军进行了详细的布置，最后强调："以上各部具体部署，由宋（时轮）司令、郭（化若）政委、谭（健）参谋长决定之。"①

---

① 《渡江战役》，第 281 页。

第十兵团司令员叶飞在回忆录中记载："解放上海的作战方案是首先攻占吴淞、高桥（浦东），断敌海上退路，然后攻占上海市区。作战部署是以第十兵团（缺1个军）为西路军，担任攻占吴淞的任务；以第九兵团为东路军，将第十兵团所属第三十一军拨归第九兵团指挥，担任攻占浦东高桥之任务。"[①]

5月12日，第十兵团第二十九军当日攻占浏河。

第二十八军直趋吴淞，激战2日，攻占太仓、嘉定。

第二十六军第七十八师攻占昆山、南翔。

第九兵团第二十军进占平湖、金山卫、奉贤。

第三十军沿南路前进，攻占南汇，进抵川沙。

第二十七军顺利攻占嘉兴、松江、青浦等地。

5月12日，宋时轮、郭化若指挥各军出动，先后攻占平湖、奉贤、南汇、青浦等地，进逼川沙，威胁上海守军侧背。

5月19日，第三十军攻占川沙，并在白龙港地区全歼国民党军第五十一军，进而将敌第十二军压缩于高桥地区。这样，第九兵团与第十兵团形成了夹击吴淞口之势。

5月22日，国民党军主要兵力已经被压缩于吴淞口以南黄浦江两侧地区，为攻取市区、歼灭守军创造了有利条件。

5月23日，三野部队全部攻占上海外围阵地，从两翼向吴淞口形成钳形包围之势。

为保住吴淞和高桥，汤恩伯急忙调动3个军云集上海南北两翼，市区空虚。粟裕获悉，汤恩伯本人已逃出上海，在吴淞口外的军舰上指挥作战，敌人军心动摇，一部分登船撤走。战机难得，粟裕立即组织部署对上海市区的总攻。

中央军委、总前委命令进驻杭州、嘉兴一线的第二十三、二十五军迅速出发，参加上海战役。

① 《叶飞回忆录》，第438页。

5月20日，第二十三军第六十八师在师长张云龙、政委陈茂辉率领下，冒雨昼夜兼程，疾进上海。

经过3天急行军，第六十八师参战部队如期进抵上海市郊松江。

时任第二十三军第六十八师师长的张云龙将军在《奉命增援九兵团，参加解放大上海》一文中回忆："5月23日中午，我和陈茂辉同志带领先头部队赶到了上海市郊的松江县城。这时，第九兵团司令员宋时轮和政委郭化若同志已经在此等候。宋司令员便详细地给我们介绍了几天来上海战役的整个情况。从他那里我们得知，友邻部队正在进行着艰苦的战斗。敌人在上海外围，仅钢筋水泥工事就构筑了3万多个。我军每进一步，都要付出流血和牺牲的代价。宋司令员要求我们师，人不歇脚，马不停蹄，发扬连续作战的传统，立即赶往上海投入战斗。哪里有敌人，就往哪里冲；哪里有枪声，就到哪里去。郭化若同志曾经是我们第二十三军的老政委，在讲话中，他首先表扬了我师渡江战役后，在泗安以北的流洞桥地区全歼国民党第四军第九十师的辉煌战绩。随后对我们进入上海市区作战提出了'要保护上海人民生命财产和城市建筑，要使上海完完整整回到人民手中'的具体要求，并且还特别强调了部队进入市区后不准使用火炮的纪律。"

第二十三、二十五军进抵上海市郊后，进攻上海的兵力达到了10个军，居于绝对优势。

5月23日晚，解放军向上海守敌发起了总攻。

5月26日，三野各部队攻坚破阵，所向披靡，会师吴淞口，肃清了苏州河南的敌军，切断了上海守敌的最后退路。

23日夜，总攻上海开始了。解放军只使用步枪、机枪等轻武器，不使用火炮和炸药，以减少城市的破坏和居民的损失。5月27日上午，从苏州河畔到黄浦江边的枪声渐渐停息，上海战役结束了。上海这座国际大都市、东方明珠，完整地回到了人民的手中。

在上海战役16天的激战中，人民解放军共歼敌15.3万人，人民解放军伤亡近2万人，其中牺牲连以上干部433人。

郭化若将军回忆说："在解放上海的过程中，我军广大指战员在遵守纪律方面，表现了很高的自觉性。在市区作战中，认真贯彻既要消灭敌人，又要减少破坏的要求，主要采取迂回战术，迫使敌人撤出重要建筑物；歼敌也只打步枪、轻机枪等轻武器，不使用火炮和炸药，以减少城市的破坏和居民的损失。许多干部战士在紧张的战斗中还帮助市民救火。有1个连在苏州河南监视敌人，发现一座楼房被敌炮弹击中起火，楼上五六十名市民十分慌乱，无处逃生。该连干部战士冒着敌人炮火搬来梯子，将被困群众从窗口一个一个救了出来。指导员为此负伤，一位战士还牺牲了自己的生命。进入市区的各部队，连续3天露宿街头，以随身携带的干粮充饥，迅速和市民建立了良好的关系……我军严格遵守纪律的模范行动，使上海市民深受感动，他们纷纷开门欢迎，送茶、送水、送食物，以表示对子弟兵的感激之情。"①

　　入城部队模范执行纪律，露宿街头，受到上海市民的普遍赞誉。原福州军区顾问张力雄将军，时任第二野战军特种兵纵队政治部主任。他说："我们部队到上海的时候，睡在街上不睡房间。老百姓是怎么说的？这是个好部队，好部队！"时任华东野战军记者的原福州军区政治部宣传部副部长王竞说："不能扰民，不拿群众一针一线。不扰民，就是不能惊动上海人民，只好睡在马路上。"时任第二十九军第八十五师连长的福建省军区原司令员卢福祥说："我想了想，只有共产党的部队才能做到这样子，为了保存一个完整的上海能回到人民的手上，不用大炮；只有共产党的部队在那么累的情况下睡马路，而不进民房里住。也可以这样讲啊，用毛泽东思想武装起来的战士、武装起来的部队才能做到这样子。"②

　　当时在上海发行量最大的外文报刊《字林西报》《密勒氏评论报》也盛赞人民解放军的优良军纪。郭化若专门请一位圣约翰大学的毕业生收集这类文章，翻译成中文后呈送给华东局和上海市委领导同志阅看。时任上海市军事管制委员会主任、市长陈毅很高兴，称赞这是一件很有意义的工作，并赋诗一首，曰："雄师百万下江东，上海南京落掌中；似海

① 《郭化若回忆录》，第252—253页。
② "国家重大理论文献电视片"《八闽开国将军·征战淞沪杭》。

似潮千百万，支援多谢好民工。解放宁沪吾道东，大军整肃胜熏风；至今犹忆入城日，夹道献花万巷空。"

第七章　警备大上海

稳定社会秩序

上海解放的第二天，即1949年5月28日，第九兵团立即根据华东局和第三野战军的指示，以兵团兼淞沪警备区领导机构，宋时轮任司令员，郭化若任政治委员、党委书记，率第二十、二十六、二十七、三十、三十三军及三野特种兵纵队共21万人，担负上海市区、吴淞要塞及宝山、嘉定、川沙、南汇、奉贤、青浦、松江等县的警备任务。

早在1949年5月14日，总前委对上海驻兵就做出了周密部署。此时，上海之战正在激烈进行。"中国人民解放军历史资料丛书"《渡江战役》载有相关文电，转述如下：

总前委关于上海驻兵问题致粟裕等电

（1949年5月14日）

粟并告宋、郭报军委致刘、宋、谭、王：

粟元电悉。关于沪市驻兵问题，所见甚是。我们元电致宋、郭，亦作了再次考虑，望你指示宋、郭及所属各军研究更具体的步骤。一般原则各部队应分为3个梯队……只要我们部队和人员的纪律维持得好，自己阵营不乱，则保护和镇压两个任务是能顺利完成的。望本此方针部署电告。我们入驻市区，华东局、总前委、市委、市政府均集中办公，不分散。南京、杭州亦可据此原则重新调整城防部队。

总前委

五月十四日

同页注释为："（1）宋、郭，即宋时轮、郭化若。（2）刘、宋、谭、王，即刘伯承、宋任穷、谭震林、王建安。（3）粟元电，指 1949 年 5 月 13 日粟裕关于究应多少兵力进入上海市区致华东局、总前委等电。"①

上海社会情况复杂，敌残余众多（总数在 10 万人以上）。"这些错综复杂的社会情况，使刚刚解放的上海很不安定，每天发生的各类案件达 500 起左右。因此，尽快肃清残敌、匪特，有力打击犯罪活动，让各界人民安居乐业，就成为我们守备部队的首要任务。"②宋时轮、郭化若命令部队按警卫目标，以连为单位散开驻守，日夜巡逻。20 多万大军，设 5000 多处岗哨，另有流动哨组 200 多个，日夜执勤，往来巡逻，全市社会秩序迅速趋于稳定。

在执行警备任务中，驻沪的党政军首长和著名的民主人士的住所，是重要的保卫目标。郭化若对警卫战士强调，对这些目标，要贯彻"内紧外松"的原则。

宋庆龄的住宅位于林森中路西端，是第二十七军的重要警卫目标之一。该军为防止意外发生，警卫人员荷枪实弹，日夜巡逻，如临大敌。一次在布置任务时，上级指示要严格审查进入宋庆龄住宅的人员，防止敌特分子蒙混过关。命令层层下达，到了卫兵那里成了"只准出，不准进"。一天，宋庆龄外出办事回家，车辆被卫兵挡在家门外。宋庆龄的随员下车解释。卫兵说："我们不认识她，先不能进去，等我们请示了上级再说。"宋庆龄生了气，立即赶到陈毅司令员处，要他说明原因。陈毅做了解释，并主动承担了责任，随即派人把宋庆龄护送回家。陈毅为此对第二十七军进行了严肃的批评，责令他们必须尽快向夫人赔礼道歉。郭化若闻讯，立即与第二十七军军长聂凤智一起赶往宋庆龄住宅，准备当面向她检讨，接受她的批评。他们前后三次登门拜访，始终没有见到夫人。事后，郭化若亲自到陈毅市长处做了检讨。第二十七军总结经验教训，决心更加

① 《渡江战役》，第 202 页。
② 《郭化若回忆录》，第 257 页。

谨慎地做好警卫工作。[①]

1949年6月4日，淞沪警备司令部在国际饭店召开了团以上干部会议，全面部署上海的警备工作。郭化若作了题为"庆祝解放上海，加强警备工作"的报告。他说："上海之战是第三野战军历史上的一出压台戏，上级要求我们'打得好''进得好'，现在检讨起来，基本上是做到了。我们目前的任务是加强警备工作，肃清残敌，建立人民民主的秩序，保卫新上海的建设。"郭化若强调，要深刻认识新上海出现的新情况，要用新的方式方法开展新的斗争、新的工作。为了认识新上海的新情况，郭化若勉励大家与地方党组织、群众团体密切联系，多做调查研究工作。他说，通过调查研究，认识了上海各方面的情况，就能在上海，自由生活、自由工作，而不致感到手足无措；就能很好地改造上海、建设上海，而不致对在上海工作产生畏难情绪。在报告中，郭化若还讲了关于做好警备工作的许多具体问题。他强调，无论因何事进入民宅或机关团体住房前，均须叩门或按铃，说明来意，未经警备司令部批准，不得随便检查户口；市民向我哨兵或干部询问问题时，应和颜悦色对待。

6月3日下午4时许，第一警备分区的一辆卡车从郊外送饭进市区时，撞倒了同济大学的一位骑自行车的大学生，该大学生送往医院抢救无效身亡。当地警备部队将肇事司机送交公安局，政治部到该大学生家赔罪道歉和处理善后。郭化若立即召开党委会，决定判处肇事司机死刑，以儆效尤。郭化若还立即让记者就此事件经过和警备区处理决定写一篇报道。该报道在《解放日报》发表后，引起社会强烈反响。市民普遍赞扬人民解放军纪律严明，同时觉得对肇事司机量刑过重。同济大学学生自治会为此连续召开3次紧急会议，并派代表携函到警备司令部请求对肇事司机减刑。函件说："敝会谨代表全体同学恳祈贵军对肇事者之惩罚务请减轻是幸。"宋时轮、郭化若亲自接待了同济大学学生自治会的代表，表示要好好考虑同学们和各界同胞的意见。此后，宋时轮、郭化若经过商议，

① 《一代儒将——郭化若纪念文集》，第231页。

决定立即据情呈报陈毅司令员。华东军区司令部为尊重民意，批准免除该肇事之驾驶兵死刑，改判 3 年徒刑。

6 月 15 日，淞沪警备司令部、政治部发表了致上海各界人民的一封公开信。信中感谢各界人民和警备部队的亲密合作，检讨部队发生的几起汽车肇事给人民生命造成的损失，接受各界人民的意见，并请各界人士对警备工作及部队纪律经常提出积极改进的意见，以巩固军民团结，确保人民民主秩序，保卫大上海的建设。

郭化若对上述事件的妥善处理，进一步在人民群众中树立了人民军队"仁义之师""文明之师"的形象，密切了军民关系。

淞沪警备区对市内 40 多种非法武装，坚决取缔；对收容的 1.5 万名散兵游勇，妥善处理。面对上海敌特活动嚣张的情况，郭化若认为，对原有警察机关要"拆屋重建"，"公开的警备"和"秘密的警备"必须相互配合。在郭化若的倡议下，经过上级批准，从第九兵团抽调三分之二保卫干部，又请上海市委调一批能做反特工作的地下党员，组成警备司令部军法处，作为反特战线的中坚力量，全面负责对匪特的侦察破案、拘捕审讯，并根据军管会的批示，结案处理。军法处处长由第九兵团保卫部部长瞿道文担任，郭化若亲自领导。军法处在 6、7 两个月内，破获了"京沪杭警备总部""反共救国军第一纵队""东南反共救国军""青年救国第五纵队"等反动组织 40 多个，同时破获了一批重大案件，使一批潜伏特务和持枪抢劫、扰乱金融的重犯纷纷落网。

通过一系列卓有成效的工作，上海的社会秩序很快稳定了下来。

8 月初，宋时轮率第九兵团部分兵力到上海市郊整训，准备执行新的任务。9 月 10 日，中央军委任命郭化若为淞沪警备区司令员兼政委。

肃清敌特

1949 年 7 月底，第九兵团奉命解除对上海的警备任务，宋时轮司令员率领兵团机关和第二十、二十六、二十七军到上海郊区进行整训。第三十三军由吴淞口调进市区，以其所属 3 个师和炮兵团、教导团兵力，加上第三十四军的第一〇〇师、上海市警察总队、华东警卫团等，接替原由三个军担负的市区警备任务。同时，第九兵团兵团部留下一部分干部和第三十三军军部，重新组建淞沪警备部队领导机构。9 月 10 日，郭化若被任命为淞沪警备区司令员兼政委，林维先任副司令员，韩念龙任副政治委员，张克侠任参谋长，欧阳平任政治部主任。此时，警备部队由 20 多万人减为 7 万多人，5000 处固定哨所减为 1300 多处。

部队少了，担子更重了。郭化若回忆说："那一段时间，工作是十分紧张的，差不多每天都要在午夜以后才能回家休息。"① 郭化若始终紧抓打击敌人、保护人民的中心工作。这年 8 月，郭化若主持召开了淞沪警备区党委扩大会议，对反特斗争进行了全面的部署。

这次会议以后，淞沪警备区团以上机关普遍建立了反特机构，各师设立了侦察科和侦缉队，各团设立了侦察参谋和侦察组。全警备区组成了一支 500 多人的专职反特队伍。同时，依靠上海地方党政组织，充分发动群众，开展群众性反特斗争。郭化若亲自抓军法处反特斗争，大案要案必亲自过问。

1949 年 9 月 22 日，上海发生了一起武装匪特洗劫鸿生号轮船的案件。当日晚 9 时，由上海开往崇明岛的鸿生号轮船，于半夜 0 点左右驶经吴淞口外狮子林附近时，混在乘客中的 20 多名武装匪特一起行动，夺取了随船的 7 名解放军干部、战士的枪支弹药，并将其中 4 名当场打死，捆绑了另外 3 名，随后洗劫全船乘客。作案后，匪特挟持 3 名战士连同打劫物资，改乘一艘帆船逃逸。25 日夜，匪特在江苏南通登陆后，勒死 3 名战士，杀害 4 名小学教师、复员军人和农会积极分子，沿途散发反动传单。陈毅市长闻报大为震怒，责令淞沪警备区司令部限期破案。

淞沪警备区党委决定，由副政委韩念龙指挥破案。军法处会同南通区办案人员，经过 20 多天侦察追捕，一举将这些"反共救国军长江纵队"

---

① 《郭化若回忆录》，第 260 页。

的匪特全部缉拿归案。经过审理，报上海市军管会批准后，将其中 16 人判处死刑，押往刑场枪决。沿途百万群众无不拍手称快。陈毅市长对此案的及时侦破和处理感到满意，表扬了淞沪警备区军法处。

郭化若创造性地开展反匪特工作，警备部队民运部门派出 18 个工作组深入郊区农村，还提出"以特反特，以匪制匪"的方针，派出侦察人员打入敌特组织内部，取得确凿证据后，迫敌就范。

1950 年 2 月，国民党"总裁办公厅"所属的一个特务组织在崇明岛劫走一条驳船后，潜入上海继续作案。侦察部门派出内线取得证据，先后捕获该特务组织 67 人。同年 5 月，淞沪警备区的一个侦缉队根据情报，千里长驱至齐齐哈尔，破获了一个蒋经国系的特务组织。当侦缉队赶到目的地时，该特务组织 40 多人正在开会，全部落入法网。

上海解放之初，敌特猖獗。郭化若精密部署，宽严结合，组织力量肃清敌特，取得了明显成效。从 1949 年 5 月到 1950 年 6 月，淞沪警备部队破获敌特案件 825 起，逮捕罪犯 7350 人，破获 50 多个敌特组织，缴获了大批武器弹药，受到公安部部长罗瑞卿的表扬。

根据上海市军管会决定，鉴于上海市公安局已经组建完毕并全面开展工作，原由警备部队军法处分担的地方反特工作，从 1950 年 7 月 1 日起，交由上海市公安局统一负责。

反空袭

上海解放之初，国民党反动派不甘心失败，派飞机不断轰炸上海地区；同时，在长江口布下大量水雷，利用盘踞的岛屿对上海实行海上封锁。郭化若率领淞沪警备区部队，粉碎敌人的图谋。

国民党军对上海进行的轰炸袭扰，极其猖狂。1949 年 6 月 21 日至 10 月底，上海军民被炸身亡达 2000 多人，被毁房屋 1000 多间。1950 年 2 月 6 日，国民党军飞机 17 架，分 7 批轮番轰炸上海市区，造成军民 1500 多人伤亡，毁坏房屋 2000 多间，受灾市民达 5 万人，上海电力公司发电厂大部分发电设备被破坏，社会秩序一度陷入混乱。潜伏的敌特不仅用电台指示轰炸目标，还蛊惑人心，进行种种破坏活动。

上海之所以遭敌空袭损失惨重，主要原因是我军防空力量薄弱。《郭化若回忆录》写道："面对敌机频繁空袭的严峻形势，关键是要加强上海的防空力量。上海刚解放时，部队只配备3个高射机枪连。为防敌空袭，我们只能把这些高射机枪和步兵的轻、重机枪一起用上，在重要警卫目标和制高点严密布防。但这些武器射程有限，只能迫使敌机不敢低飞，不能击毁击伤。1949年11月，中央军委从华北调来2个高炮团，归淞沪警备司令部指挥。由于我们的战士还不能熟练掌握高射炮技术，加上潜伏敌特用电台指示目标，以致造成'二六'轰炸的惨重后果。"①

时任中央人民政府政务院副总理兼轻工部部长的黄炎培，得知上海被美制蒋机狂轰滥炸之后，于2月15日致函陈毅了解受损和恢复生产情况。2月25日，陈毅复函："来示敬悉，承劳关注，不胜感激。此次美蒋匪帮对上海轰炸，确实给我们增加了更多的困难。兹就所询数点略陈：从本月6日，最主要的电力公司被炸后，全市电力即不敷供应。21日，闸北水电公司又遭轰炸。因此，工业生产几大部停顿，除动员全力整修被炸电厂外，并号召全市各机关部门尽量节电，以尽可能维持工业生产，使不致全部停工。唯损失较重，目前至多能修复百分之四十五，致影响了全市的工业生产。"②

1950年2月中旬，上海市军管会决定成立由淞沪警备部队、上海市公安局、上海市民政局、上海市卫生局和中共中央华东局保卫部组成的上海市防空委员会，由郭化若担任主任委员兼总指挥，统一指挥上海的防空治安工作。3月1日，中央军委决定成立上海防空军司令部，由郭化若兼任司令员和政委。

为解决上海市防空问题，经中央人民政府商请苏联派一支防空部队到上海协助空中设防。上海市紧急动员了20多万民工和技术人员，日夜抢

---

① 《郭化若回忆录》，第265页
② 《陈毅年谱》，第597页。

修机场。郭化若在警备部队任务繁重的情况下，下令部队出工 30 万人次，参加抢修劳动，支持了江湾、大场、龙华、虹桥 4 个机场的准时启用。

1950 年 2 月 26 日至 3 月 27 日，苏联空军巴基斯基中将率领空军混成集团 3500 多人、99 架各型飞机，分别进驻上海、徐州。与此同时，中央军委将三野组建的 5 个高炮团，在东北高炮学校完成突击训练后调回华东，其中 4 个团部署在上海执行防空任务。鉴于此，郭化若经请示后将第一○○师师部改编为高炮师师部，下辖 6 个高炮团。经过周密紧张的工作，建立了一支集飞机、高炮、雷达、探照灯为一体的防空作战队伍。上海地区从此有了防空作战兵力，空中的安全有了保障。

5 月 11 日夜，国民党军一架 B—24 轰炸机窜入上海市区上空，18 个探照灯射出强光，划破夜空，各阵地高射炮一齐开火，苏军歼击机升空迎敌，一举将其击落。当敌机摇摇晃晃在浦东郊区坠落时，观战的上海市民一片欢腾。几天后，经郭化若提议，上海市政府组织广大市民参观了敌机残骸。看到了空中"飞贼"的狼狈下场，广大市民无不拍手称快。

也就是这个时间段，郭化若似乎颇有"闲情逸致"，写下了一阕《天净沙·题扇》。题记写道："某一大会上见一上海参军青年扇上有：'枯藤老树昏鸦，小桥流水人家，古道西风瘦马。夕阳西下，断肠人在天涯。'盖马致远《天净沙·秋思》也。然值此捷报频传、全国解放之际，'新中国'正以赳赳雄姿出现于国际舞台，岂可容此悲凉古调，流毒人间？乃走笔续题一阕于其后。"词曰："长江千里飞槎，金陵四月落花，百万雄师南下。山惊海震，红旗插遍中华。"[①]

不甘心失败的国民党空军，又采取夜间偷袭和集团轰炸相结合的战术，窜入上海市区轰炸。解放军防空部队和苏联空军密切协同，1 个月内接连打下 3 架敌机。

郭化若回忆说："那一个月，在上海市上空取得了击落击伤敌机 3 架的战绩。因为苏联空军是秘密进入上海的，他们参与保卫上海领空的事不

---

① 《郭化若诗词选》，第 73 页。

便向外界宣布，所以新闻媒介只作了'被我防空部队击落、击伤'的笼统报道。陈毅市长在举行记者招待会时，有的外国记者问：'是用什么武器击落的？'他回答：'是用高射炮打下来的。'记者又问：'高射炮能打那么高？'陈老总机智又幽默地说：'它能飞多高，我就能打多高。'"①

在此后的2个月内，上海先后击落来犯敌机6架，迫使国民党空军不得不考虑"攻势要暂停"。

10月，苏联空军奉调回国，其所有的装备全部作价移交我国。新组建的人民空军接收了这些装备，开始独立担负保卫上海空中安全的任务。

解放敌占岛屿

上海解放后，国民党"江苏省主席"丁治磐纠集江浙沿海土匪武装组成"东南人民反共救国军"，横行海上。为此，郭化若遵照华东军区暨第三野战军首长的命令，派遣淞沪警备部队于1950年六七月间先后对滩浒岛和嵊泗列岛的残敌进行清剿。

郭化若同警备司令部及担任前线指挥的第八十九师参谋长鲁突共同研究确定了作战方案。1950年6月15日，战斗打响，第二九三团的1个加强营在华东海军1个大队的配合下，发起了对滩浒岛的登陆作战次日下午顺利攻占该岛，全歼守敌，我军无一伤亡。接着，郭化若主持会议，部署了嵊泗列岛作战计划，仍由鲁突指挥这次战斗。7月6日，第二九三团全团、第二九四团的1个营，以及战防炮、92式步兵炮各1个连，在华东海军配合下，兵分三路，同时向嵊泗列岛发起进攻。经过2天作战，至8日午夜结束战斗。此战歼灭"东南人民反共救国军"395人，内有支队级指挥官11人，缴获小型登陆艇8艘、战斗舰1艘、各种炮15门、机枪30挺、长短枪1074支，往上海的海上航道被打通了。

---

① 《郭化若回忆录》，第267页。

拒腐蚀，永不沾

上海曾是冒险家的乐园，国民党败退时曾扬言，上海是个大染缸，共产党及其军队进上海，不要 3 个月，就会红的进来，黑的出去。

为了减轻国家的负担，改善部队生活，郭化若号召淞沪警备部队发扬人民解放军优良传统，开展生产节约运动。到 1949 年底，部队就开荒 2700 多亩，收获蔬菜 30 万公斤，喂猪、捕鱼、磨豆腐、生豆芽等副业生产也取得了很大的成绩。1950 年，在农副业生产进一步发展的基础上，部队达到蔬菜、油、盐、毛巾、肥皂自给，粮食自给四分之一以上。在搞好生产的同时，部队从上到下节约成风。当时上海供水、供电相当困难，为了节约水电，部队在市区打井 300 多眼，照明只用 5—15 瓦的灯泡，指战员在水电方面的人均消耗只及市民的六十分之一。部队还几次节约口粮救济烈、军属和贫苦市民。淞沪警备部队艰苦奋斗的作风，被上海人民交口称赞。

郭化若非常重视部队的思想建设。他以中国共产党七届二中全会的决议为指针，牢记毛泽东"永远保持艰苦奋斗的作风"，教育各级干部防止与克服骄傲情绪、以功臣自居情绪、停顿起来不求进步的情绪、贪图享乐不愿再过艰苦生活的情绪。他在 9 月创办的淞沪警备部队机关报《警卫报》上发表的《发刊词》中，向警备部队全体官兵尖锐地提出："是我们改造上海，还是让上海旧东西改造了我们中某些人？这是每个同志都应该警惕的问题。"为了改善官兵关系，改进管理教育，在他倡导下，淞沪警备部队机关和连队普遍开展了"民主、团结、进步"运动，很多单位很快便建成了团结愉快的"革命大家庭"。

为了提高干部、战士的文化水平，提高部队的军政素质，经郭化若提议，淞沪警备队于 9 月组建了文化干部训练团，先后吸收了 2000 多名知识青年参军，经短期培训后即分配到部队作为文化教育的骨干，较快转变了部队指战员文化水平低下的状况。郭化若担任华东军区公安部司令员后，又创办了公安干部学校，自己兼任校长，并挑选一批优秀干部到学校工作，几年间就培养出数千名军政干部，为华东军区公安部队迈向现代化、正规化，在干部方面做了准备。

在上海，出现了"南京路上好八连"全国先进集体。毛主席于1963年8月1日写了《八连颂》："好八连，天下传。为什么？意志坚。为人民，几十年。拒腐蚀，永不沾。因此叫，好八连。解放军，要学习。全军民，要自立。不怕压，不怕迫。不怕刀，不怕戟。不怕鬼，不怕魅。不怕帝，不怕贼。奇儿女，好松柏。上参天，傲霜雪。纪律好，如坚壁。军事好，如霹雳。政治好，称第一。思想好，胜分析。分析好，大有益。益在哪？团结力。军民团结如一人，试看天下谁能敌。"

1964年4月25日，国防部颁发了"南京路上好八连"光荣称号的通令。

上海的一些老同志向郭化若汇报工作，说："好八连居闹市14年一尘不染，开头的6年是在郭老的领导下，打下了坚实的思想基础。"郭化若说："应该说这是毛泽东思想哺育的结果。"

第八章　执掌华东公安部队

边防内卫　齐抓共管

1954 年 11 月，淞沪警备区领导机构扩建华东军区公安部队兼淞沪警备区领导机构，辖 5 个公安师，担负上海、南京的警备和上海浦东地区的海防任务。1951 年 2 月，为防止国民党军窜犯上海地区，巩固抗美援朝后方，中央军委决定重组第八兵团，上海警备部队、防空部队、华东海军和第二十三、二十四、二十五军均由第八兵团统一指挥，郭化若出任第八兵团政治委员、党委书记。1952 年 5 月，根据统一整编全国公安部队的命令，华东军区公安部队扩大至 5 个师、8 个公安总队、4 个边防团、1 个内卫团共 12 万多人的部队，担负华东全区的边防和 5 省 2 市的内卫任务。机构两度变动，均由郭化若担任华东军区公安部队司令员的职务，同时继续由他兼任淞沪警备区司令员、政治委员。

为了粉碎国民党军及其派遣的土匪、特务对华东地区的窜犯骚扰活动，郭化若一手抓边防，一手抓内卫，做了大量工作。从 1952 年 7 月起，在 1 年时间内，郭化若部署闽浙两省边防公安部队进剿沿海岛屿与国民党军残部和打击其窜犯活动，进行大小战斗近 20 次，歼其 1200 多人。

1953 年 2 月，郭化若率领工作组和文工队专程到福建视察和慰问边防部队，走遍了北起福鼎，南至东山岛的所有部队驻地。

郭化若在视察东山岛时，深知当时的海峡两岸局势。1949 年，蒋介石集团兵败大陆，逃往台湾。1950 年 6 月 25 日，朝鲜战争爆发。6 月 27 日，美国第七舰队进入台湾海峡。美蒋"共同防卫台湾"，以阻拦我人民解放军"对台湾的任何进攻"。蒋介石提出"一年准备，二年反攻，三年扫荡，五年成功"的"反攻大陆"计划，不断派遣飞机、军舰与大批特务武装对我大陆进行袭扰破坏。福建前线，战云密布。

郭化若认为东山岛地理位置重要，又离国民党军盘踞的金门岛很近，极易遭到国民党军的突然袭击，必须加强该岛的防务。福建军区领导也认为有此必要。不久，该岛守备部队由1个营增至1个团并加固了阵地，并制定了大、中、小作战方案。

这个团，就是公安第十三师第八十团，团部设在云霄县陈岱，防区以守备东山岛为主，还包括漳浦县六鳌、旧镇、赤湖直至原海澄县镇海地区以及诏安县官口地区。东山岛内驻有2个营和2个直属连（侦通连、机炮连）及临时受统一指挥的水兵连，总兵力1000多人。

公安第十三师第八十团的前身是从抗日战争到解放战争中能征善战的闽粤赣边区纵队王涛支队第四大队、钟骞支队、闽南支队和粤东第四支队整编的一支劲旅。该部配合南下大军，参加解放漳州战斗，解放闽南各县扫荡残敌。1949年10月，由第十兵团抽调大军人员和边纵第八支队合编为福建军区第六军分区警备团。1950年，该团改番号为福建军区警备第六团，参加剿匪和守备海防。1952年7月1日，该团改归属为公安部队建制。

公安部队第十三师第八十团的团长游梅耀是一位老红军，曾任新四军陈毅军长的副官，参加过黄桥决战、孟良崮战役、淮海战役等；攻打上海时，被敌军炮弹片击中，未能取出；身经百战，坚忍不拔。

1953年7月7日，国民党军在金门成立了"联合任务指挥部"，以金门防卫部司令长官胡琏为总指挥，设1个美国顾问组，下辖陆军第八十五师、第十八师第五十三团，海上突击第一、二大队，南海纵队第八中队，海军陆战队第三大队以及伞兵支队，共计11825人。

7月16日，国民党军出动舰艇13艘、兵力1.3万人，在飞机、坦克的掩护和伞兵部队配合下，叫嚣要在4—8小时之内占领福建省东山岛。东山岛守备部队公安第八十团第二连坚守东山岛核心阵地——公云山200高地，与三面围攻的千余名国民党军奋战27个小时，击退国民党军18次进攻，歼灭400多人，为战斗胜利做出了重大贡献。

解放军第二十八、三十一、四十一军各一部，分别从厦门、泉州、汕头 3 个方向火速施援。在两天一夜的激烈战斗中，解放军共歼敌 3379 人，击落敌机 2 架，击毁坦克 2 辆，缴获大量军用装备。东山岛人民自发支前，奋勇擒敌，涌现了许多可歌可泣的动人故事。战后，毛泽东说："东山保卫战的胜利，不光是东山的胜利，也不光是福建的胜利，而是全国的胜利。"

东山保卫战胜利后，郭化若赋七绝一首，题为"东山岛战斗"，诗曰："硝烟密锁凤凰山，尸满阵前敌胆寒；倘使豺狼重豕突，不教片甲得生还。"自注写道："1953 年，华东公安部队 1 个营留守福建之东山岛。有人去看后说，什么土木工事不坚，在上面跳三跳，地堡就会塌下。我说，就是这个工事，也应修理坚固，要遇敌进攻，必须坚决抗击。果然，国民党残军以陆海空三军配合进攻。该留守军坚决抗敌，杀伤敌军多数。我军手榴弹打完了以 60 迫击炮代之，终于打败了入侵之敌。"①

针对国民党特务的空降活动，1953 年上半年，郭化若 2 次召集华东各省、市、公安总队负责人开会，具体部署反空降的斗争。会后，陆续在山东泰山区、安徽大别山区、福建戴云山区设置反空降据点 49 处，配置兵力 800 多人，有力打击了猖獗一时的国民党特务空降活动。

为彻底清除华东内陆地区的散匪，郭化若于当年 10 月指示华东军区公安部抽调兵力 1200 多人，在各地党委统一领导下，配合主力部队和各省军区部队，开展清剿残余散匪的斗争。至 1945 年底，潜伏在华东各地的散匪基本上被剿灭。

此外，郭化若在组织华东区公安部队担负海上巡逻和护航任务，打击敌特分子潜入潜出的活动，监管各种犯罪分子，参加镇压暴动、平息骚乱等斗争中，也做了大量工作，为促进社会秩序稳定，起了重要作用。

原福州军区副政委王直将军回忆说："1956 年，福州军区成立。随着军区公安军成立，在江西和福建的海防和内卫部队统一归福州军区公安军领导指挥，我被调到公安军任政委，海防、内卫业务上仍由郭政委统管。

---

① 《郭化若诗词选》，第 75 页。

每当我到上海去请示、汇报工作时，他总是认真地指导我的业务，及时帮助我解决工作难题，使我很快熟悉了公安军海防、内卫情况，工作起来得心应手，从而更好地加强了公安军建设。"①

儒将本色 军政全胜

郭化若在上海工作的 6 年间，在实际工作十分繁忙的情况下，结合各个时期的政治形势，经常为报刊撰写理论文章，还出席许多群众集会，发表重要讲话。1949 年 11 月 7 日，为纪念俄国十月革命 32 周年，他做了《学习苏联军民的作战与建设》的报告；1950 年 2 月 23 日，在中苏友好协会上海分会召开的庆祝苏联红军建军 32 周年暨签订中苏友好同盟互助条约大会上，做了《爱护与加强人民武装力量》的报告；1951 年 8 月，为庆祝中国人民解放军建军 24 周年，在创刊不久的中央军委机关刊物《八一杂志》上发表《学习毛泽东的军事思想》；1953 年 6 月 3 日，联系当时的抗美援朝战争，在《人民日报》上发表《纪念〈论持久战〉发表 15 周年》的理论文章。影响尤其深远的，是上海新群出版社于 1941 年曾在解放区出版过的《军事辩证法》，以及他 1941 年至 1950 年关于军事教育和教学法的文章汇编——《新教育的教学法》。

1955 年 2 月 11 日，国务院决定将全国 6 个大军区改划为 12 个大军区。3 月 14 日，郭化若被任命为南京军区副司令员兼南京军区公安军司令员。9 月，被授予中将军衔，荣获一级八一勋章、一级独立自由勋章和一级解放勋章。

郭化若到南京军区以后，除了主管军事训练以外，还分管军区司令部的机关建设和军区的医疗卫生工作及部分宣传文化工作，成绩显著。1959 年国庆 10 周年举办全军技术运动会时，南京军区代表队在射击比赛中获得总分第一名。

---

① 王直《怀念郭化若同志》，原载《忠于信念》，第 59 页。

　　郭化若非常关心干部的理论学习。在南京军区每年举办的师干部读书班上，他除了亲自讲解毛泽东的《实践论》《矛盾论》等哲学著作，讲解毛泽东军事理论和人民解放军的战略战术外，还请战史编辑室的同志介绍人民解放军在解放战争期间的一些著名战例，以便让大家从理论和实践的结合上更好地领会毛泽东军事思想。按照军区首长分工，郭化若还是南京军区"三团两队"[前线歌舞团、前线话剧团、前线歌（京）剧团、体工队、军乐队]的主管。在"文革"前的10年左右时间，南京军区在文艺创作上取得的成绩，包括话剧《霓虹灯下的哨兵》、电影《柳堡的故事》在内，许多作品都渗透着郭化若的心血。

　　从1959年起，郭化若的主要精力逐渐转到指导编写新四军和第三野战军战史的工作上来。他在战史编写工作一开始，就特别强调3点：一是要以毛泽东思想为指针，实事求是地反映历史的真实面貌；二是收集文献资料，做到言必有据；三是对重要疑难问题，要认真研究，力求史实准确，观点正确、经得起历史的检验。由于郭化若和参加编写的同志们抓紧工作，至1962年底，《新四军抗日战争史》和《中国人民解放军华东军区、第三野战军第三次国内革命战争战史》初稿即已编成。为了听取当事人的意见，郭化若让编写人员将这两部战史初稿分送给抗日战争时期和解放战争时期在新四军和华东野战军、第三野战军担任过师、旅以上领导职务的老同志审阅，当面征询他们对史稿的修改意见。然后，根据老同志提出的意见再修改定稿。

　　在南京军区工作期间，郭化若仍然致力于军事理论的研究，在报刊上不断发表理论文章，如：1957年6月，在《八一杂志》上发表了《关于反对教条主义改进训练工作的建议》；1957年八一建军节，在《新华日报》上发表了《30年的战斗道路——人民军队的诞生和成长》；1960年2月，《八一杂志》又登了他的《学习毛主席关于战争和军队的理论》。在此期间，他还在抗日战争研究的基础上，继续深入研究《孙子兵法》，于1957年和1962年先后出版了《今译新编孙子兵法》和《孙子今译》。

第九章 "四清"蹲点

主动请缨

1964 年底到 1965 年 1 月,中共中央政治局召开全国工作会议,毛泽东主席主持制定了《农村社会主义教育运动中目前提出的一些问题》,规定"四清"为清政治、清经济、清组织、清思想,性质是"社会主义与资本主义的矛盾",并提出重点是整"党内走资本主义道路的当权派"。

1964 年 5 月至 6 月间,中央工作会议专门讨论社会主义教育运动问题,并认为全国基层有三分之一的领导权不在我们手里,提出要放手发动群众彻底革命,追查"四不清"干部在上面的根子。9 月,中央发布"后十条",则进一步认为"这次运动,是一次比土地改革运动更为广泛、更为复杂、更为深刻的大规模群众运动",有些地区还要"认真地进行民主革命补课工作"。

1965 年 2 月,郭化若响应毛泽东的号召,向南京军区党委、总政治部提出了申请,主动要求到农村参加"社会主义教育运动"(即"四清运动")。从 2 月到 7 月,在浙江省委第一书记兼南京军区政委江华的安排下,郭化若化名为"郭乐",被安排在浙江省萧山县靖江公社黎明大队参加"四清"。其间,郭化若自觉以普通劳动者的姿态出现,坚持和群众实行"五同"(同吃、同住、同劳动、同娱乐、同操作),经常和老乡促膝谈心,和人民群众打成一片,了解到很多农村实际情况和农村工作中存在的问题。

据郭化若将军身边工作人员李永春、胡松植回忆:"郭化若住在全村最穷的一家,生活较困难,到蹲点快结束时,因为喝了那些沤过络麻的塘水,出现了严重的腹泻,病倒了。工作人员立即向南京军区党委报告。

许世友司令员立即派南京军区卫生部保健室主任高复运带药星夜赶到现场诊治。高复运一看事态严重，就劝郭化若立即住院。郭化若说：'不要紧，别着急，要住院还要报浙江省委批准。再说你来这里一趟很不容易，也应该看看农村的新风貌。'高复运是来为首长治病的，他连夜悄悄通过地方电信局向许世友司令员报告了情况。许世友司令员当机立断，说：'我马上打电话给江政委。你马上送郭副司令员住院治疗，就说是军区党委的决定。'这样，高复运说通了郭化若，连夜把他送进了杭州 117 医院。"①

一封汇报信

1965 年 7 月底，郭化若回到南京以后，给毛主席写了一封汇报信，内容如下：

主席说："年老体弱的同志也可以去试试看。"我一心一意坚决照办。实践证明，这不但是可能的，而且也是必要的。5 个月当中虽小病 2 次（此间流行腹泻病，工作队员病者甚多，原因尚未查明），治好了再干，终于有始有终地见习完一期。

参加农村的社教运动，对我们有十分的必要：（1）听主席的话，照主席的指示办事，主席号召下乡就下乡，改正过去不大听话的错误。（2）看看 15 年来农村新面貌，向接近实际迈出第一步。靖江位于钱塘江口南岸，系冲击地，解放前络麻（黄麻）亩产不过 80 斤至 150 斤；去年仅黎明十二队亩产平均 868 市斤，超过解放前 6 倍至 10 倍。过去麻剥出后，须经过商人才换到米吃，农民吃亏很大；现在政府供应口粮，虽 3 年大灾也未断过。过去此地遇旱，广大群众连苦水也吃不到；现在水电排灌，群众非常满意。经过"四清"后，群众觉悟提高、情绪高涨，社会空气焕然一新。广大群众异口同声歌

---

① 李永春、胡松植《党心即我心——深切怀念郭化若老首长》，原载《一代儒将——郭化若纪念文集》，第 342—343 页。

颂党中央和毛主席的英明领导。党的威信空前提高。（3）接近贫下中农群众，复热了阶级感情，稍减些脱离群众的危险。或田间劳动，闲话桑麻；或夜雨走访，人静深谈；或聚会一堂，热烈争辩；或茅屋晚风，关切家常。这里男女老少一见面都满怀热情，满脸笑容叫我"老郭"，听到心里很舒服。多少年来没有见过这样群众洋溢的热情，真令人感动和兴奋。接近了群众，使自己的思想感情得到进一步的改造。对任何生活条件，不但感到满意，而且感到有些过分。理解了生活特殊化的危害性，更容易随时随地感觉到特殊化现象，忐忑不安。（4）走上社会主义时期阶级斗争的前线，参加一次阶级斗争，在斗争中得到锻炼，有助于自己的思想改造。农村中阶级斗争的尖锐，某些干部被腐蚀，少数人在和平演变路上滑了下去……看了足以触目惊心。（5）参加集体生产劳动，以一个普通劳动者的身份同贫下中农一起在农田上愉快地劳动、亲切地交谈，群众把我们看成自己人了。在这劳动中，才真正理解到劳动不但是愉快的，而且也是生活所必需。参加一定程度的体力劳动，能使脑力劳动得到调整，使脑力劳动者的健康有所增进。（6）可以学到生产斗争的经验。"放下臭架子，甘当小学生"，处处向贫下中农请教，可以学到许多生产知识。靖江不但精耕细作，而且套种轮作，十边尽种，沟渠之外无地空闲。我们在靖江四五个月中已看到十一青（青菜、大麦、小麦、草籽、络麻、蚕豆、油菜、水稻、红薯、玉蜀黍和南瓜），过去年年生产虽也有一定的增长，幅度不大；今年，"四清"运动以来，生产立即以大幅度上升（春季增产四成多；络麻苗出得早，出得齐，长得快，长得壮，如不遇大旱或台风，预计比去年将有更大的增产；水稻此地初种，用"矮脚南特"种，估计亩产在800斤以上）。可见就在农业上也不是土地因素第一，而是人的因素第一。此地虽属丰产区，但生产潜力仍然很大。此地特点是人力有多，如何把多的劳动力用来改造这一盐碱地带的土壤，成为此地农业增产的中心问题（最近拟定的5年建设计划已提出初步方案）。（7）得到一次实习机会。参加人民公社5年建设规划的草拟工作，这里面有许多是坐在办公室里想象不到的问题，真是百闻不如一见。对编拟规划的指导思想做了一番研究，初步摸到一个边。（8）可实地向地方同志学习。这次学到地方工作同志许多优良作风，也初步了解一点农村基层干部的工作情况。（9）对干部好作交代并取得发言权，不是"空口讲白话"。由各单位调来编写战役学的同志听到我下乡蹲点，都很关心，说："他能下乡蹲点，我们更应该去。"蹲了点回去，对部队社会主义教育也将有帮助。（10）好向子女交代，才能以身作则，对他们也有了发言权。学了一点阶级斗争，好在家庭中进行社会主义教育，以补学校教育不足之处。

如果3年内能在全国基本完成这一运动，对于这一问题曾经先后同本队和兄弟工作团负责同志交换过意见，认为是可能的。我们的计算法是依据靖江公社（情况较复杂、问题较多、性质较严重）实际经验出发，参考以别的单位情况，1个公社派出1个工作队，人数约为全公社人口百分之一（情况简单的可少于百分之一。靖江公社辖5个大队、1个集镇、人口13000多，小队96个、工作队员130多人，每个生产队分不到1个，行政人员在外），队员半数是农村干部（以公社正副主任、正副党委书记为主，加上少数区的正副书记、正副区长），半数是机关干部（他们有的是县的局长，有的是办事员），工作时间约为100天（不走大弯路的话）。这样一年在农村大可搞两批（主要在三秋之后、春耕之前），农忙时可搞集镇和县、社两级机关。如果全省派出的工作团人数能达到全省人口的千分之二左右，则分5批3年搞完（如少于千分之二，则多搞2次或农忙时也搞一点）。这样的看法和想法，不知对不对？

在直接呈送毛主席的那份报告上，郭化若毕恭毕敬地全文用毛笔抄在宣纸上，并在后面加写了一段话：

我觉悟迟、毛病大、错误多，前几年对自己的错误，做了历史的检查，才恍然觉悟。一句话，就是：一贯忽视自我改造。不懂得自己的主观世界不改造好，就不能好好地去改造客观世界。主席曾经给我许多宝贵的教育，可惜当初我太幼稚无知，接受不了。现在回想起来，开始逐渐消化，言犹在耳，决心认真改正，从头学起。虽年逾"耳顺"，犹有补过之时。温习《纪念白求恩》和《为人民服务》等文，如雷震耳。这两年已开始转变，错误缺点仍然很不少，今后考虑问题，当处处从人民利益、革命事业出发，不杂以个人因素（无论个人名誉、地位、兴趣、感情、意气、得失等等，都决心彻底肃清它）。最后，美帝国主义疯狂扩大侵略战争，我们人大常委会发出了抗美援越的号召，我衷心拥护这一号召。并准备随时应召到援越抗美前线，能做什么就做什么，完全服从组织决定。组织叫做什么就做什么，叫不做什么就不做什么，叫到哪里就到哪里，叫不到哪里就不到哪里，绝对服从党的决定，唯求有利于人民。无论在哪里工作，也无论在哪一级工作，都尊重领导，团结同志，安心工作，虚心学习，把工作做好。

蒙你关心《孙子兵法今译新编》，罗瑞卿同志已传达了你的指示。在介绍文中还有"现代化的倾向"和"古今混为一谈"的错误。正在修改中。古今中外的战例也已请人帮助编写，尚待寻请有关机关审查。

前几年写了几首旧体诗词，表示对三面红旗的坚决拥护和对"现修"的坚决反对。谨附函呈览，更祈赐正！谨致

敬礼！

郭化若

1965 年 7 月 31 日

郭化若的这封信，与解放军工程学院政治部写的关于学员参加农村社会主义教育的报告，由时任中共中央军委秘书长、解放军总参谋长罗瑞卿送呈毛泽东主席。

1965 年 8 月 17 日，毛泽东主席做了批示：

少奇同志阅后，退还罗瑞卿同志。

请军委讨论一下：（一）此件可否发到全军参考；（二）全军从排长以上，除年老、重病者外（像郭化若那样的病人，也去浙江搞了一期社教，大有好处。他给了我一个报告，总结了十条经验。我看也可以转发一下，以供老同志们参考。这位同志的思想，几十年来同我总是有些格格不入。现在我看他是通了），一律分期，在两年内（可分四期，每期半年，全军搞完），都到地方参加社教工作。以上是否可行，请你们研究决定。

请用电话告林彪同志。

毛泽东

1965 年 8 月 17 日 [①]

对于这一批示，郭化若认为"主席是在表扬我"。批示是对郭化若参加"四清"和所写报告的肯定和鼓励。也有一些人在"格格不入"几个字上大做文章，开始对郭化若进行无休止的批判，甚至将他诬陷为"反党、反社会主义、反毛泽东思想"分子。

---

① 《建国以来毛泽东文稿（第十一册）》，第 437 页。

第十章 合肥"休养"

"靠边站"

"文化大革命"开始后，同许多遭到打击迫害的老干部一样，郭化若也受到了批判，甚至被诬为"反党、反社会主义、反毛泽东思想"的"三反"分子，实行隔离审查。1969年8月，郭化若被正式免去南京军区副司令员的职务。不久，他被安排到安徽合肥"休养"，并不准离开南京军区辖区。（1979年8月13日，南京军区党委在《关于给郭化若同志的平反决定》中指出："对郭化若同志的一切污蔑不实之词，一律予以推倒"，并说"作免职休养也是错误的"。）

郭化若在合肥安徽省军区第二干休所"休养"期间，一直保持着坦然、乐观、平静的态度，很少与人谈及他的遭遇。他以普通士兵的姿态出现在人们面前：党的会议、学习会议，通知必到；和战士一样参加劳动，打扫卫生。

据当年的干休所胡所长回忆，郭老每天晚上从8点半到凌晨4点，都在灯下看书，边看边用毛笔摘录、编写，从不间断。白天，他在楼下常练书法，写在报纸上，然后贴在墙上，常常满墙都是。

据韩寅《郭副司令在干休二所的崇高形象》记载，1969年，郭化若来合肥的时候，原来配给他的小轿车也带来了。他对干休所领导说："我现在不工作了，用不到专车了。"于是，那辆小轿车由所里统一管理。郭化若出门办事，大多坐公共汽车。据当时安徽省军区副政委彭胜标将军回忆，有一次，郭化若到省军区找司令员、政委。彭胜标问他是怎么来的，郭化若说是坐公共汽车来的。彭胜标要派车送他回去，郭化若坚决不让，说："司令员、政委都不能派车给我，你不要派车。"①

在合肥的 4 年左右"靠边站"的时间里，有一件事让郭化若备感伤心。1969 年，上级通知，毛主席要在北京人民大会堂轮流接见全军团级以上干部，合肥第二干休所休养的干部都可以去，唯独郭化若例外。对这件事，干休所和省军区领导觉得不好办，遂请示上级。得到的答复是："还是不让他去。你们再做工作，就说他多年在毛主席身边工作，常见到毛主席，这次就不去了。"干休所晋见队伍出发前，省军区派了两个干部去见郭化若，按照上级的吩咐讲了不让他去的"理由"。郭化若听后只讲了一句："过去见毛主席一千次，也抵不上这一次"，就再也不说话了。这件事让郭化若很伤心，以致犯了病，发烧 40 摄氏度。"他精神上加身体上的痛苦使他高声呼叫，邻居都听得清楚。这是郭老在二所期间 4 年中仅有的一次难以控制自己的情绪。"

在此期间，老战友的关怀给予了郭化若极大的温暖。郭化若多年珍藏着孙毅中将的两封信。其一为："老郭老战友同志：今天下午见到胡耀邦同志，他谈到你的情况，非常高兴，归来提笔致书问候。待我寻机外出旅行学习时，当过合肥一晤畅谈为快也。问全家好，祝健康，致敬礼！孙毅，1972 年 11 月 7 日。"其二为："老郭同志：今天是伟大领袖毛主席八十寿辰，我们敬祝毛主席万寿无疆！即将迎接 1972 年胜利到来，祝你全家安好。前接复书热情洋溢，连读之下，且喜且感。'烈士暮年，壮心不已。'这种气概应该有，精神诚可嘉。苏进同志处已告，想已通信。希在暇时赐教言为幸。此致敬礼！孙毅，1972 年 12 月 26 日。"孙毅与郭化若相识于 1932 年红军学校。孙毅撰文《不尽的悠思》回忆道："红军学校校部坐落于瑞金城东墙根下的谢氏祠堂，院内有几棵高大的樟树，枝繁叶茂。学校的条件极为艰苦，教员和学员的工作学习积极性很高，正课时间教学活动紧张，课余时间开荒种地，蔬菜基本自给。化若同志身为总教官，为红军学校尽了全力"②。孙毅和郭化若在长征时，一同编入干部团，"携

---

① 《一代儒将——郭化若纪念文集》，第 648—649 页。

② 《一代儒将——郭化若纪念文集》，第 31—32 页。

手长征"。当中华书局出版郭化若《孙子今译》时，郭化若寄赠一册给老战友孙毅并题字"孙毅同志：请以此书为携手长征之纪念。化若 1962 年 5 月于南京"，字字饱含战友深情。

简朴生活和一笔巨额党费

郭化若生活简朴。同所的老同志夫人一次为他拆洗被子，发现他的一床棉被的里子破旧不堪，就建议他买新的。当时买布需要布票，郭化若没有，大家的布票也用完了。于是，老同志夫人就设法买了几尺免收布票的老粗布，为他换了个被里子。郭化若对此很是感激。

一年春季，供给部门来发新军装，要求交旧领新。郭化若因为只有身上穿的一套单军装，无法交旧。又是邻居几位老同志夫人凑了一套旧军装，帮助郭化若领到了新军装。

据郭化若身边工作人员回忆：郭老来干休所时，带了一辆大卡车，满满的是大木箱、铁箱，多是书籍，生活用品极少。郭老在屋前开垦了一块菜地，自己动手，掘土、担水、种菜。看到战士们去帮助老百姓割麦子，他也一起去。他还经常扫地，几乎每天早上，他都拿着大扫把清扫院子，一直扫到公路边。他说，扫地，可以锻炼身体。郭老生活非常俭朴，吃的是一般的饭菜，穿的是棉织品，冬天外出经常只披一件棉军大衣。在他的房间里，除了公家配发的家具外，没有其他陈设。

1974 年，组织上给他补发工资，他立即向党组织交了 1 万元党费。当时的 1 万元，可以说是一笔巨款。

第十一章　复出

军事科学院副院长

1971 年，"九一三"事件之后，军队中"靠边站"的老同志有了复出的机会。1972 年，郭化若给主持中央军委日常工作的叶剑英副主席写信，要求重新分配适当的工作。1973 年春天，郭化若接到通知，让他先到北京治病，等待分配工作。

干休所协理员为郭化若买好了机票，郭化若悄悄地离开了合肥。1973 年 5 月 11 日，郭化若抵达北京，被安排在总参谋部海运仓招待所。郭化若写信给他的老部下姜浪拂时说："在京遇到许多老战友，来访者络绎不绝，夜以继日。有的热情拥抱，有的热泪盈眶，或杯酒言欢，或畅谈风雨，奇情怪事闻所未闻，惊心动魄，壮志凌云。"[1]

为了争取早日工作，郭化若给毛泽东主席写了一封信，汇报自己离开毛主席以后的情况，实事求是地检讨工作中曾经有过的失误。

在此期间，郭化若以诗纪事，以诗抒怀，收入《郭化若诗词选》的，有《七绝四首·京华即事》："读书种柳几经年？忽复乘槎到日边；旧雨春风杯酒暖，居难居易未遑言。""绿荫城郊好风多，访旧时闻击楫歌；关塞路远知马力，相逢谈笑壮山河。""一朵红云降九天，小园春色更无边；雨滋黄竹新添绿，露润枯松又复研。""攀登古道越雄关，万里山河跋涉还；不到长城非好汉，烟尘北望箭留三。"[2] 郭化若选注："借古诗'尚留三箭定天山'中的 3 个字押韵。古诗中说的是古时的弓箭。这里说的是火箭、

---

[1]　姜浪拂《忆故人》，原载《一代儒将——郭化若纪念文集》，第 618 页。

[2]　《郭化若诗词选》，第 186—188 页。

中程核导弹和洲际核导弹。"诗歌豪迈奔放，酣畅淋漓，充满了壮志豪情。

1973 年冬，毛主席批示要郭化若去军事科学院工作。12 月，中央军委正式下达命令：任命郭化若为军事科学院副院长。年届古稀的郭化若，重又精神抖擞地走上军事科研工作的领导岗位。

挂帅编撰军史

军事科学院，全称中国人民解放军军事科学院，位于北京西山脚下，成立于 1958 年 3 月 15 日，编制为大军区级，直属中央军委直接领导，由叶剑英元帅担任首任院长兼政委。军事科学院是全军军事科学研究中心，是计划协调全军军事科学研究工作的机构。军事科学院的军事科学研究工作，是国家与军队军事思想与理论的重要"智囊团""思想库"和"信息源"。

1973 年 10 月，郭化若到军事科学院工作以后，主要负责指导编写中国人民解放军战史的工作。他按照党的实事求是的思想路线，始终强调在战史编写中，"必须坚定不移地以毛泽东军事思想为指针，必须以大量无可质疑的史实，充分反映毛泽东对中国革命和中国革命战争的领导作用"，并且一再提出"我们编写战史，就是要通过叙述战争的进程，展现毛泽东军事思想如何在革命战争实践中逐步形成和发展，并且指导革命战争不断取得胜利的"。

从 1959 年起，郭化若的主要精力逐渐转到指导编写新四军和第三野战军战史的工作上来。到 1962 年底，《新四军抗日战争战史》和《中国人民解放军华东军区、第三野战军第三次国内革命战争史》初稿已经编成。编写人员广泛征求老同志意见，修改定稿。

郭化若在指导编史工作中，依据自己在南京军区指导编写军史实践和长期的治学经验，对如何坚持实事求是、从历史实际出发的原则，提出了许多重要意见。他说，我军历史中的许多重大事件和问题，有些已有现成的结论，有些没有现成的结论。对于已有现成结论的事件和问题，既不能把研究工作变成照抄照搬现成结论或给现成结论找根据、作注脚的工作，也不能轻率地加以否定，而应充分占有史料，从历史实际出发，进行科学的分析研究，自然地引出和现成结论相同的或大致相同的符合历史实际的结论，或抱着认真负责的态度，对现成结论做必要的修正，绝不能人云亦云。至于没有现成结论的历史事件，就要在马列主义、毛泽东思想指导下，对历史资料进行深入的科学的分析研究，力求从中引出符合历史实际的结论来。他还指出，在充分反映人民群众的决定和党的领导作用的同时，必须充分反映领袖人物在推动战争历史发展进程中的重大作用。不坚持这一点，也不是实事求是。当然，革命领袖人物不是一个而是一批人。因此在战史中，不仅要反映毛泽东的战争实践和作用，还要如实地反映其他老一辈革命家的战争实践和作用，反映毛泽东是如何集中大家的智慧，以充实、修正自己决策的。不坚持这一点，同样不是实事求是。

郭化若认为，学术研究，尤其是战史研究，首先必须在全面搜集占有资料上下功夫，这是做好研究工作的前提。他坚持反对那种不去占有资料，搞"无米之炊"，以及从主观臆想或抽象概念出发的唯心主义治史方法。他认为占有资料，不仅要有我方的，还要有敌方、友方的。如：写土地革命战争史和解放战争史，就要看国民党的材料；写抗日战争史，就要看日本和国民党的材料；写抗美援朝史，就要看美国及其盟国的材料，也要看朝鲜民主主义人民共和国的材料。只有一方的材料，往往不能得出全面的、正确的结论。只有占有各方面大量的材料，进行去粗取精、去伪存真、由此及彼、由表及里的科学分析，才能揭示战争发生、发展的客观规律，总结出合乎历史实际的战争经验。

在战史编写过程中，针对有些研究人员觉得对一些重大事件和有争议的问题写起来没有把握的反映，郭化若根据自己相当长一段时间在毛泽东、朱德身边工作的所见所闻以及多年从事军史、战史研究工作的体会，多次向大家讲人民解放军战史上的一些重大事件，讲在叙述这些重大事件时应该把握的观点，讲有些具体事件的写法，以启发大家的思路，帮助排除写作中遇到的困难。

郭化若很重视发扬学术民主,认为"在学术问题上,不能以首长的意志为准,只能服从真理,只能统一到正确反映客观实际的见解上来"。他多次对研究人员说:"我不作为一个院领导站在战史部之上,我作为参加战史编写的一员共同研究。""我也作为一个研究人员,向同志们提意见,大家同意了,就算大家的意见,功劳也不归我。错了就请同志们批评、补充、修改,反对也可以。"他在参加战史初稿逐章逐节的讨论中,很注意以普通一员的身份,听取大家的发言,发表自己的看法,绝不把自己的意见强加于人。这种虚怀若谷的民主作风,受到研究人员由衷的钦佩,也极大地调动了大家的积极性、主动性和勇于负责的精神。军事科学院一些在他直接领导下参加编写过战史的研究人员反映,郭化若既是一位造诣很深、治学严谨的学者,又是一位和蔼可亲、平易近人的长者,也是军事科研战线上一位很有才华、很有威望的领导者。

《功勋卓著的一代儒将》一文中说:"郭化若同志知识渊博,治学严谨,作风精细。他发表的每个意见都是言之凿凿、有理有据的。他要求书稿上的每个史实和观点,都能经得起推敲,经得起历史的检验。他对写出的史稿,从内容到文字都进行认真的审改,哪怕一个错别字、一个不恰当的标点符号都不放过。这种一丝不苟的工作作风,令每个研究人员肃然起敬。"①

20世纪70年代末80年代初,郭化若克服年迈多病的困难,以历史见证人的角度,撰写了5篇回忆文章。这些文章是《红军从游击战到运动战的伟大战略转变》(1977年5月)、《横扫七百里的辉煌胜利》(1978年1月)、《粉碎蒋介石亲自指挥的第三次"围剿"》(1979年9月)、《诱敌深入,活捉张辉瓒》(1979年11月)、《十年红军战争曲折发展过程的初探》(1981年5月)。这些文章,记载了中央红军10年间丰富而真实的历史,翔实地反映了在毛泽东正确路线指引下,红军实现了从游击战到运动战的战略转变,深刻地总结了这次战略转变的经验教训。

1978年2月26日至3月5日,第五届全国人民代表大会第一次会议

---

① 《一代儒将——郭化若纪念文集》,第25页。

在北京召开，郭化若当选为全国人民代表大会常务委员会委员。1982 年
9 月，在中国共产党第十二次全国代表大会上，郭化若当选为中共中央顾
问委员会委员。同年 12 月，年事已高的郭化若从军事科学院副院长的岗
位上退了下来。1985 年 7 月，郭化若被授予一级红星功勋荣誉章。

郭化若回忆道："在军科工作的 10 多年，我主要负责指导编写我军战
史的工作。军科战史部集中了一批全军挑选来的研究骨干，他们既有实
战经验，又有较高的文化理论水平。我和他们相处得很融洽，彼此结下
了深厚的友谊。军事科学院现已出版的中国人民解放军在土地革命战争
时期、抗日战争时期、全国解放战争时期的三部战史和志愿军抗美援朝史，
就是同志们共同努力的结果。"①

---

① 《郭化若回忆录》，第 309 页。

第十二章　一代儒将

《孙子兵法》研究泰斗

郭化若是著名儒将，在抗战初期发表了《抗日游击战争战术的基本方针》《晋察冀边区粉碎日寇大举围攻的经验教训》《目前华北战局与坚持敌后抗战》等多篇军事文章，影响很大。1938年秋，毛泽东指示他："写点关于古兵法的文章，宣传点运动战的思想。对国民党军官，搬古兵法，他们懂，听得进；讲马列，讲唯物辩证法，他们听不进。"郭化若潜心研究古代兵法，写出了《赤壁之役及其对民族抗战的启示》《齐燕即墨之战的初步研究》《淝水之战初探》《孔明兵法的初步研究》等一批古为今用的文章。一些国民党将官读后，深感"令吾深省""切中时弊"。

《孙子兵法》是我国古代优秀的兵书，被列为"武经七书"之首，被历代兵家尊为"兵经"。日本学者认为，孙子是"东方兵学的鼻祖"。俄国人认为，《孙子兵法》可以和克劳塞维茨的《战争论》媲美。法国拿破仑在行军打仗时还阅读《孙子兵法》。相传德国威廉二世在出逃时才读到《孙子兵法》，感叹"深恨没有在20年前读到这本书"。在国外，《孙子兵法》被广为推崇。

1939年8月，毛泽东对郭化若说，要为了发扬中华民族的历史遗产去读孙子的书，要精滤《孙子兵法》中卓越的战略思想，批判地接受其对战争指导的法则和原理，并以新的内容去充实它。研究孙子，就是要反对和批判那些曲解孙子和贻误中国抗战的人。研究《孙子兵法》，首先要深刻研究孙子所处时代的社会政治经济情况、哲学思想以及包括孙子以前的兵学思想，然后再对《孙子兵法》本身做研究，才能深刻理解。

郭化若时任中央军委一局局长，工作繁忙。郭化若抽空加班加点，11月，写出了4万多字的《孙子兵法之初步研究》。在这篇论著中，郭化若对孙子的出生和活动年代、当时的政治经济状况及哲学思想，以及孙子以前的战争和战略对孙子的影响，做了系统的探讨；对《孙子兵法》成书及孙武和孙膑的关系做了一些考证；对孙子的战略思想和哲学思想做了全面的介绍和科学的评价。郭化若以马克思主义军事理论为指导，把孙子的战略思想概括为4个方面：一是速决的进攻的运动战；二是主动的灵活的指导法；三是开明的严厉的纪律；四是全能的高超的将帅。

郭化若认为，春秋晚期生产力仍然低下，攻城器具不发达，这是产生孙子运动战的客观条件。这里说的"运动战"，是与"城寨战"相对的概念。《孙子兵法》中的"攻其不备、出其不意""兵之情主速，乘人之不及，由不虞之道，攻其所不戒也"，突出了进攻的、速决的思想。郭化若特别指出，孙子的这种速决战的思想，在当时是正确的，而在现代，就只有片面的真理了。

郭化若认为，关于战略指导的主动性，孙子讲了正确判断情况、消灭自己弱点和造成敌人弱点3个问题。为了正确判断情况，首先必须察明情况，即察明敌情、本军情况、地形、天时等情况，所谓"知彼知己，胜乃不殆；知天知地，胜乃可全"。察明情况以后，怎样做到正确判断呢？孙子把战前分析判断情况分为"五事七计"。孙子说："知彼知己，百战不殆；不知彼而知己，一胜一负；不知彼，不知己，每战必殆。"孙子把消灭自己的弱点与造成敌人的弱点两者联系起来，并且把前者看作后者的先决条件。消灭自己的弱点有修道、戒备、集结、保密、示形等5个方面。造成敌人弱点很困难，孙子提出了形敌、乱敌、误敌、致敌、争先等等许多巧妙的办法。灵活性与主动性是密切联系的，孙子的战略指导的灵活性，大体包括迷敌、击虚、出奇、机变等4个方面。

郭化若认为，由于孙子时代的战争，是封建诸侯间为了掠夺而进行的不义战，被驱入战争中的人民不愿作战，时有逃亡溃散之事发生，因而，孙子在治军上提出厚赏与严刑并重、怀柔与威逼兼施的政策，以此达到驱使兵卒为诸侯王作战的目的。

郭化若认为，孙子非常强调将帅的作用，说"故知兵之将，民之司命，国家安危之主也"。他要求将帅必须具有多方面的知识与才能，方能胜利地指挥战争。将帅对下要用开明进步的管理方法，同时要对国家负责。"进不求名，退不避罪，唯民是保，而利合于主，国之宝也。"

郭化若从历史唯物主义的角度全面地分析了《孙子兵法》产生的背景和原因。孙子的战略思想产生于春秋晚期，为什么至今还为人们所称道、所引用呢？郭化若认为，原因就是《孙子兵法》依据春秋晚期及其以前长时期的战争经验的积累，适应当时各国间不断进行战争的需要，特别是新兴的、企图争霸和扩张领土的吴国的需要，把战争中最一般、最普遍、最基本、最重要的规律，大体上发现与揭示出来了。所以明代军事理论家茅元仪说："先秦之言兵者六家，前孙子者，孙子不遗；后孙子者，不能遗孙子。"

郭化若指出，一方面，不可忽视《孙子兵法》是春秋末期的产物，把它的战略原则简单地、机械地照搬到现代战争中来是不行的。我们应该看到古代战争与现代战争共同的一面，才能理解《孙子兵法》；同时，又要看到古代战争与现代战争差异的一面，才能依据现实的环境条件，灵活运用《孙子兵法》的原则。还必须看到，由于《孙子兵法》是封建时代的产物，是为统治阶级服务的兵书，因此，其战略思想存在某些缺陷。例如，它没有区分战争的性质。因此，有些原则只适用于不义战争，对正义战争是不适用的。它对于本国居民、本军兵卒采取厚赏与严刑相结合的政策，没有也不可能用发动民众、提高兵卒政治觉悟的办法来赢得战争。它强调运动战，但却否认了在一定条件下的攻城战；强调进攻战，却抛弃了当强国进攻时进行自卫的战略防御；强调速决战，却否认了持久战；等等。看不到《孙子兵法》在战略思想上的某些缺陷，把它的一切原则都奉为"万世不易之定理"，是不对的。郭化若说，从哲学思想来看，《孙子兵法》中确有不少唯物论、辩证法的要素，这是难能可贵的。

郭化若强调："一方面，细心挖掘《孙子兵法》中反映一切战争共同规律的精彩的战略思想，以及包含其中的宝贵的唯物论、辩证法要素；另一方面，又明确指出这部古代兵书由于受到阶级和时代的局限，其战略思想和哲学思想都不可避免地存在着种种缺陷。这就是我评价《孙子兵法》时遵循的指导思想。"①

郭化若的这篇论著，在解放区开了《孙子兵法》研究的先河，是第一部运用马克思主义的观点和方法分析和评价《孙子兵法》的理论专著，受到毛泽东的称赞。毛泽东让郭化若在抗日战争研究会上作演讲，并将这篇文章发表在1939年11月25日出版的《八路军军政杂志》上。文章发表以后，在国民党军中也有一定的影响。有一次，周恩来从重庆回延安，在毛泽东的窑洞中见到郭化若，说："你写的孙子的文章蛮好嘛！有些国民党军官还向我打听郭化若是何许人，和郭沫若是不是兄弟？我说郭化若是我们共产党的秀才，是专家学者。"

解放战争初期，郭化若在鲁南军区工作。他参考《十一家注孙子》，开始动笔把《孙子兵法》译成白话文，只完成了5篇，就因为工作调动率部转战中原而搁笔了。转眼到了1955年夏，时任南京军区副司令员的郭化若在庐山疗养，开始接续未竟的《孙子兵法》翻译工作，花了两年时间，终于完成。

郭化若的《孙子兵法》翻译，是创新。他不仅将古文翻译为白话文，并且根据13篇重新编排，篇名除"地形""用间""用火"三篇保留原有篇名外，其余都用现代军语取了新的篇名，如"论战争""进攻战""速决战"，等等。为此，郭化若将《孙子兵法》13篇按其内容划分为105段，使其意义连贯。郭化若的翻译，既"信"又"达"且"雅"。他写道："《孙子》古文，义深文简，音韵铿锵。可以说，放在园中会散出好花的香气，掷在地上能发出金属的响声。许多排对的词、重叠的句，着实可爱，使人不忍也不敢轻易使它失掉原有的神气和丰韵。把原句译成新句，几经修改，费尽思量，还是不能令人满意。自觉读书太少、语汇奇绌，不免有不胜

---

① 《郭化若回忆录》，第170页。

编译之感。"

1957 年夏，郭化若编译的《今译新编孙子兵法》由人民文学出版社出版。出版时，郭化若写了一篇序言《孙子兵法介绍》，对孙子其人、原书的内容、时代背景以及孙子的军事思想和哲学思想做了详细的介绍。1961 年，中华书局在出版《宋本十一家注孙子》时，附郭化若《今译新编孙子兵法》。1962 年，《今译新编孙子兵法》略加改动，中华书局以《孙子今译》为名出版了单行本。

不久，学术界"左"潮泛起，郭化若的《孙子今译》受到了错误的批判。有人批判郭化若《孙子兵法介绍》这篇序言，没有分清地主阶级上升时期的军事思想同现代无产阶级军事科学之间的区别，没有分清古代朴素的唯物论同马列主义的唯物论和辩证法之间的区别，把古今混同了。后来，这个问题竟成为郭化若经历 4 年"坎坷"的一个重要原因。

1973 年，毛主席在郭化若要求重新分配工作的报告上亲笔批示，要他对所著《孙子今译》写一个"批判吸收性的序言"，重新出版。

郭化若"复出"到军事科学院工作，与《孙子兵法》有关。韩寅《郭副司令在干休二所的崇高形象》记载："郭老讲过关于《孙子今译》的事。他说，毛主席找他谈过话，有些话该讲的，他都讲了。毛主席还让他写。他现在有些力不从心，但为了毛主席的要求，他还要再研究，再写（大意），并说毛主席理解他。关于这件事，彭胜标老将军说，在二所期间，他没听郭老讲过。在郭老到军科院以后，有一次他去上海有事，住在延安饭店，他曾去看望他，谈起他离开合肥去北京的事。他讲，毛主席知道他在合肥干休所后，说：'让郭化若到北京来，到军事科学院工作吧。《孙子今译》把序言改一下就行啦，继续出版。'郭老还说，如果不是毛主席，他是回不来的。"[1]

郭化若到军事科学院工作后，就着手《孙子今译》及其《序言》的修改工作。初稿编写好后，他广泛征求老战友和院内外学者意见，还专程

① 《一代儒将——郭化若纪念文集》，第 651 页。

到胡耀邦、胡乔木、邓力群等家里，征求对修改本的意见，数易其稿。后书经中央军委副主席叶剑英审查批准，同意重新出版。

1977年6月，《孙子今译》修订本及改写后的前言，由上海人民出版社出版。1978年4月，上海古籍出版社再版《十一家注孙子》时，将郭化若的这个《前言》代序，并附《孙子今译》全文。

1981年9月和11月，上海古籍出版社两次致函郭化若，请他考虑修改前言，增加一些注释和评论，出版《孙子兵法》整理本。

出版社的建议，正合郭化若之意。他在当年12月3日复函中说："获悉贵社将在明年再版拙作《孙子今译》，十分高兴。《孙子今译》编写于'四害'横行之时，虽然当时我力求不受其'评法批儒'那一套谎言的干扰，但字里行间，难免不沾染一些污痕，受到种种障碍，短短一篇序言拖了4年。1980年贵社加印此书时，我虽然做了一些挖补的工作，但由于字数的限制，不如人意处尚多。""对于孙子，我虽是寝馈多年，但对于这一部杰出的兵学名著的研究，总是随着时间的推移——也看到外面一些新的校改注释，而不断增加一些新的认识、新的体会。为了使这一宝贵的文化遗产得到批判的继承和发扬，我虽然年已垂暮，但也愿做一番校改、研究的工作，并准备约二三同志一起商讨，使之与广大读者见面。"

从1982年初到1983年上半年，郭化若对书稿作了3次修改。这次修改，以宋本《十一家注孙子》为底本，参阅宋刻"武经七书"之《孙子兵法》和银雀山汉墓出土的竹简本《孙子兵法》，择善而从。《孙子译注》全文106千字，有《前言》《再版的话》，正文依次以计篇、作战篇、谋攻篇、形篇、势篇、虚实篇、军争篇、九变篇、行军篇、地形篇、九地篇、火攻篇、用间篇13篇，分105段，篇名后为题解，下则分段校勘、注释、译文、试笺。1984年，整理本《孙子译注》由上海古籍出版社出版。这一年，郭化若正好80高龄。1983年12月，《孙子译注》再版。这个版本，此后一再重印。

《孙子译注》是《孙子兵法》研究的一个新高度。《孙子译注》的长篇前言对《孙子兵法》做了详细的评介。在这篇前言的末尾，郭化若特别讲到第二次世界大战结束以来军事技术上发生的重大变革。他说："（这些变革）虽不能改变战争的基本规律，但却使整个作战方法发生重大的多方面的改变。"它"势必引起军队编制、后勤、卫生以及训练等的改变。所有这些都要求我们从新的实际出发，研究当前发生的新问题，正确认识和积极改进我们军队的训练和战备工作。这样才能加速我们的国防现代化，才能使我军革命化、正规化、现代化的建设顺利进行"。郭化若写道："这本《孙子译注》作品再版，希望能引起更多读者对军事研究的兴趣，关心国防现代化建设。以上对《孙子》的初步介绍，粗浅不当之处，对今天新情况讲得不够、不对之处，欢迎读者批评指正。"这些话，既反映了郭化若对军事理论水平永无止境的探索精神，也寄托着这位戎马一生的儒将对后人的殷切期望。

郭化若对《孙子兵法》的研究，前后达半个世纪之久，在国内外有广泛的影响。郭化若被国内外学术界公认为当代最有威望的孙子研究专家，尊他为"研究《孙子兵法》的泰斗""半个世纪以来孙子研究的旗手"。时任中央军委副主席的张震将军说："化若同志是我党我军最早用马克思主义的立场、观点、方法系统研究《孙子》的学者之一，也是当代最有影响的《孙子》研究专家。"老革命家薄一波说："化若同志是我国著名的军事理论家，他的《孙子译注》《军事辩证法》等著作，闻名海内外。"中共中央宣传部原部长邓力群说："化若同志的名字就与《孙子兵法》联系在一起。说起《孙子兵法》，就想到郭化若；说起郭化若，就想到《孙子兵法》。"军事科学院长期研究孙子的专家吴如嵩称郭化若为国内研究《孙子兵法》的泰斗，认为"当今众多的《孙子兵法》的译文中，没有哪一个作者像他那样用了这么多的气力，因而也没有任何一部译注能够超过他"。《孙子译注》出版后不久，即由厦门大学青年教授韩升和日本友人、语言专家谷口真一译成日文，在日本广为发行，受到日本学术界的普遍赞誉。"日中友好孙子兵法访华团"服部千春一行于 1986 年专程来华，拟拜访就教郭化若有关《孙子兵法》学术问题。日本人文社会学家丰增教授十分推崇郭化若对《孙子兵法》研究做出的贡献，认为郭化若的《孙子今译》

是中国历史上自觉地运用辩证唯物论解释《孙子兵法》的第一本书，把握了《孙子兵法》的精髓。日本研究《孙子兵法》的著名学者阿竹仙之助先生，对郭化若研究《孙子兵法》的成果极为推崇。他说："在当代中国有关《孙子》的著作中，郭先生的书是日本读者最多的。基于实践经验和深入研究的郭先生的书，对关心中国的孙子观，特别是毛泽东的孙子观及辩证唯物论的人来说，是必读的。"已故日本友人、日中友好协会原会长宇都宫德马，则尊崇郭化若为"中国孙子研究之第一人"。

军事辩证法研究"先锋"

在延安期间，郭化若还对军事辩证法进行了潜心研究，并取得丰硕成果，对军事理论宝库做出了重大贡献。1940年8月，郭化若应延安新哲学会之请，在该会第一届年会上做关于军事辩证法的报告。郭化若依据毛泽东把辩证唯物论应用到军事领域的有关教导，结合抗日战争的实践，就战争的辩证唯物论和战法的辩证唯物论，做了较为系统的阐述。这个报告大纲以"军事辩证法之一斑"为题，在《八路军军政杂志》1941年第三卷第1、3、4期连载。中国图书发行公司出版了《军事辩证法》单行本，1949年12月初版，1952年1月五版，小32开，97页，45千字。全书分两部分。第一部分，关于战争的辩证唯物论：一、战争的本质。二、战争与经济的关系。三、战争与政治的关系。四、战争发展的规律。第二部分，关于战争的唯物辩证法。五、战略战术之差别性与同一性。六、战略的全局性与战术之局部性的关系。七、战略战术之斗争形式与军队之物质内容的关系。八、战斗力中的多样矛盾及其利用。九、时间与空间。十、攻防之相互作用、相互渗透与相互推移。十一、由战略防御到战略反攻是战力量变到质变的斗争过程。十二、在判断情况中辩证法之运用。

在本书的结束语部分，郭化若对抗战充满必胜信心："中国抗战的最后胜利必定属于我们，但胜利必须经过斗争——长期艰苦的武装斗争及其他斗争之配合。我们要能从斗争中取得胜利，就必须懂得进行武装斗争的方法。现在一切都具备了，就等着我们。因此，我们应该努力学习军事，争取最后胜利。"

此书为1940年8月初稿，1941年1月第一次修改，1949年10月补注，1951年2月15日校正。

郭化若在1949年10月26日写于上海的《自序》中，说明了撰写此书的目的。他说："这个报告是试图把当时抗战中所发生的军事上纷纷的议论，提高到思想上、哲学上给予批判，驳斥抗战中的军事上的唯心论和机械论，帮助团结抗战的宣传。"他又说："本文又是以当时'大后方'的读者为对象，是作为军事宣传而写的，所以未顾及本军（八路军、新四军）干部的需要。"1951年2月13夜，郭化若作《三版自序》。他写道："这本小册子有点出乎意外，以致在再版时没有加序，也没有校正错字。现在似乎应该说两句话了。这本小册子原名'军事辩证法之鳞爪'，因为它既不是军事辩证法的骨髓，也不是全貌，只是一鳞一爪而已。出版时一看，封面写的是'军事辩证法'，不禁使我吃了一惊。书名虽然响亮，但这种大模大样的态度，不免有'目空一切'的嫌疑。后来想想，这大概是朋友或书店的好意。不料这样响亮的书名倒有好处，居然又要出第三版了。这里不能不声明一下，以免读者见责。"郭化若在《三版自序》的最后，说明了出版此书的现实意义所在："在研究两种性质上根本不同的军队与两种性质上根本不同的战争时，提到哲学上来研究两种性质不同的军事思想，对于我们观察中朝人民抗美战争的发展，特别是在这种发展遇到曲折时，将有帮助，可使我们能认清战局，坚定信心，而不为谣言所误。"

笔者收藏有新群出版社1953年1月5版"大众知识丛书"郭化若著《军事辩证法》。该书的《三版自序》不见于《郭化若文集》和《郭化若军事论文选集》等书。为保存、研究历史资料，全文转载如下：

三版自序

这本小册子有点出乎意外，以致在再版时没有加序，也没有校正错字。现在似乎应该说两句话了。这本小册子原名"军事辩证法之鳞爪"，因为它既不是军事辩证法的骨髓，也不是全貌，只是一鳞一爪而已。出版社一看，封面上写的却是"军事辩证法"，不禁使我吃了一惊。书名虽然响亮，但这种大模大样的态度，不免有"目空一切"的嫌疑。后来想想，这大概是朋友或书店的好意，也就算了。不料这样响亮的书名倒有好处，居然又要出第三版了。这里不能不声明一下，以免读者见责。

军事思想战线上的斗争与其他哲学问题的斗争一样，也是辩证唯物论与唯心论、机械论的斗争。反动军队和反动将军们"照例"都犯了同样的错误，就是唯心论与机械论。（一般说来，战略上多犯了唯心论的错误，战术上多犯了机械论的错误。）只有人民的军队，进行正义的战争，并且要在先进的无产阶级的政党——共产党领导之下，才能产生正确的战略与辩证唯物论的军事思想。而这种正确的战略与辩证唯物论的军事思想又反过来指导这种正义战争，而取得胜利。反动的军队，进行不正义的战争，不能产生正确的战略与正确的军事思想。斯大林元帅早在1943年就指出希特勒德国战略的错误："照例是对于对方的实力和可能性估计不足，对于自己的实力估计过高。"同时又指出德国战术的错误："他们的战术是极为刻板的，因为它总是竭力把战场上的事变去迁就这一条或那一条条令。当形势允许实现条令上的要求时，德国人在自己行动中是精确和准确的。他们的力量就在这里。当形势变化和'不符合'这一条或那一条条令的时候，需要采取不是条令所规定的独立决定的时候，德国人便变得无能了。他们的基本弱点就在这里。"（1943年红军节最高总司令命令）远的姑且不说，只说近的。我们从"八年抗战"、四年解放战争和最近在朝鲜的抗美战争的经验中，都证明了上述论点之完全正确。日寇的进攻我国，蒋匪之进攻解放区，在战略上都"照例是对于对方的实力和可能性估计不足，对于自己的实力估计过高"。也就是说，他们战略的出发点，不是根据双方实力和可能性的客观力量的对比出发，而是根据自己主观上侵略的愿望出发，所以都碰了钉子，都得到失败的结局。而最近美帝国主义者对朝鲜的侵略战争，"照例"又重复了希特勒、日寇和蒋介石所犯过的错误。又"照例是对于对方的实力和可能性估计不足，对于自己的实力估计过高"。在战术上，日寇重复了希特勒匪军的"刻板"；蒋匪军同样重复了这种"刻板"，又加上特有的腐败；美帝侵略军则不但"照例"重复了德、日、蒋等的"刻板"的错误，并且更机械、更"刻板"，因而也表现得更"无能"。因此，它的海空军的"优势"，绝无法挽救陆军的最后失败与覆灭。

这种战略上唯心论、战术上机械论的错误，是反动军队特有的属性。除了很小的形式上与程度上的不同外，古今中外都"照例"是一样的。反动军队进行反人民的不义的战争，既然注定要失败，而它在战略上、在军事思想上，这种属性、这种错误，也是永远不能改正的，一直发展到它们的灭亡。美帝侵略军在朝鲜的新的失败，恐怕比这本小册子的销售还要快些，还要"多"些。

在研究两种性质上根本不同的军队与两种性质上根本不同的战争时，提到哲学上来研究两种性质不同的军事思想，对于我们观察中朝人民抗美战争的发展，特别是在这种发展遇到曲折时，将有帮助，可使我们能认清战局，坚定信心，而不为谣言所误。

郭化若

1951年，2，13夜

姜思毅、谭一青在《郭化若同志在军事科研领域的杰出贡献》一文中认为："郭化若同志对军事辩证法的研究具有两方面的优点：第一，在理论上充实了军事辩证法的内容，使之更具系统性。第二，着重论述了战法上的唯物辩证法。""郭化若同志关于军事辩证法的理论研究具有承前启后的重要作用。当时延安的同志读了他的书，说他'是军队里第一个研究毛泽东军事辩证法的人'，对他的研究成果给予了最充分的肯定。他对军事辩证法的研究，不仅对当时进行的抗日战争具有一定的指导作用，而且对于此后军事辩证法领域内的理论研究也具有重要的学术价值。"[①]

军事教育家

郭化若与军事教育结下了不解之缘。1932 年 7 月至 1934 年 10 月，他调任瑞金中国工农红军学校当教员。参加长征到达陕北后，他任抗日红军大学教员、庆阳步兵学校教育长，后任延安抗大三分校校长、延安军事学院教育长，成绩显著，受到毛主席和党中央的称赞。1944 年 12 月，郭化若任延安炮兵学校首任校长，培养了大批炮兵干部，为抗日战争胜利做出了重要贡献。

20 世纪 50 年代，上海新群出版社将郭化若从 1941 年至 1950 年关于军事教育和教学法的文章汇编，取名《新教育的教学法》。

在《郭化若文集》里，收录了其多篇军事教育论文，其中有《学习法》（1941 年），《炮兵科军事教育的教授法》（1945 年），《关于历史教学和研究的几个问题》，《关于部队军事教育的一点意见》（即致毛主席部队军事教育"意见书"的修改稿，1943 年 6 月）。在《学习与回顾》一书中，还收录了郭化若的《各科通用教授法》（1941 年）、《关于教育、学习法和教授法讲课提纲》（1949 年 12 月）、《军队干部文化教育的教授法》（1950 年 8 月）。

郭化若的《学习法》，是 1941 年在延安军事学院高级干部训练班上的一次讲话的提纲。当时，郭化若任教育长。

---

① 《一代儒将——郭化若纪念文集》，第 438—441 页。

在《学习法》中，郭化若的提纲很丰富，现将其要点摘录如下：一、我们要学。二、打开难关。三、学习之敌。四、计划学习。（一）认识学习任务之重大。（二）应有完成学习任务的信心。（三）应有决心。（四）拟定计划。（五）督促检查。五、读书（看书，攻书）。（一）静下来。（二）钻进去。（三）钻出来。（四）想一想。（五）歇一下。（六）做笔记（札记）。六、听课。（一）人到心到。（二）人尽可师。（三）接而收之。（四）摘记要点。七、讨论。（一）讨论的作用。（二）讨论应注意（要有准备、发言扼要、不要重复、抓住中心、不可自以为是）。八、质疑（……不是出难题，题目不要太大，自己对该问题应先试着答复）。

郭化若的《学习法》以唯物辩证法理论联系当时八路军工农干部学员文化程度的实际，提出了实事求是的学习方法，有很强的实践性和可操作性，在今天，对我们的学习仍然深有启迪。

领导"有方"

郭化若的革命生涯中，长期担任高级领导职务，在中央军委一局、军委四局、延安炮兵学校、淞沪警备司令部、上海防空司令部、华东军区公安部队等岗位任职时为"一把手"，领导经验丰富，领导有方，团结带领所属同志创造了显著的成绩。郭化若善于总结工作经验，发表有多篇谈领导方法文章，收入到《学习与回顾》一书中的有《领导方法琐谈》（之一）（1949 年 8 月）、《领导方法琐谈》（之二）（1951 年 9 月）、《领导方法琐谈》（之三）（1952 年），此外，还有《工作方法琐谈》（1957 年 7 月）等等。

《领导方法琐谈》（之一）（1949 年 8 月），是郭化若的一次讲话摘要。当时，郭化若任华东野战军第九兵团政委兼淞沪警备区政委。郭化若在谈"领导方法"时提出：一、"先见之明"，预为之备和及时改变。二、看不见的问题和看不见的成绩（……领导工作大致有两部分，一部分是日常工作的具体领导，一部分是思想建设、思想领导。具体问题是看得见的，思想问题则不易看到）。三、治标要治本（……要积极建设紧张活泼的作风和一套工作制度。这是治本的办法）。四、大家讨论，大家负责。五、争取主动（……只有出了"安民告示"才能使干部各安其位,各尽其才）。六、检查工作的态度（……检查的尺度不可太高,求成不可太速;尤其是态度上应该和蔼,以便在上下级间建立友爱关系）。七、谈话（……谈话间必须很自然地关心和了解干部的家庭情况、出身、受教育程度、参加革命经过。须知每个革命者,总有他最得意的一件事,即他生平历史上最光荣的一页。应该鉴赏它。有的人历史上有最痛苦的一页,也应该关心或同情他）。八、及时解决问题,上下互通情报。九、分工负责和集体领导。十、党委要增强团结,"建立共同语言"。十一、正确对待过火的批评。十二、原则和方式（……检讨问题有原则和方法的分别:坚持原则,这是原则性;讲究方法,这是灵活性。两者应结合起来）。十三、互相谅解之重要。

郭化若最后强调说:"领导方式,这是工作效率高低的重要因素之一。及时认识新事物,善于判明事物发展的规律与方向,善于掌握工作方向,善于动员与组织力量,善于使干部愉快地工作,即善于把原则领导和群众力量结合起来,这就是领导的艺术。"

《领导方法琐谈》（之二）这篇文章,是郭化若于1951年9月3日在华东地区公安部队党委会议上的发言的第二部分。郭化若说:"我觉得在领导工作上,有几个问题,有请大家考虑研究的必要。"郭化若重点提出了:一、研究政策,学习时事。二、运用机关,了解部队。三、考虑问题,提出方案。四、点的试验,面的推动。五、总结经验,解决问题。六、集体领导,分工负责。七、自我批评,民主团结。八、挤出时间,学习理论。郭化若在这次讲话中,多处引用了历史上毛主席的工作方法和成功事例。郭化若强调:"改进领导的第八个方面是:挤出时间,学习理论……具体的意见是:从学习《实践论》着手,因为它包括了马克思主义的全部认识论,而且最简明扼要、生动易懂。"

1952年,郭化若撰写了《领导方法琐谈》（之三）。其中写到了20个"方法":一、统一认识。二、改造世界（客观世界和主观世界）。三、争取主动（只有公开承认自己的缺点和人家的优点，才能争取主动，求得团结）。四、分析原因（重要的问题在于实事求是地调查，弄清事实真相，研究分歧原因，积极交换意见，打通思想。不可怀疑臆测，形成隔阂，妨碍团结）。五、不要计较小事。六、让同志做一点事。七、不要以为只有自己的办法才是最好的。八、退一步，再想办法。九、先取得一致。十、组织修养，纪律修养（绝对不允许以个人意气，冲破组织纪律）。十一、及时处理问题。十二、分工负责。十三、相互关系（不要争功诿过，猜疑误会，破坏威信，各搞一套，互不关心）。十四、威信（职务不能给人威信，而要靠自己去创建）。十五、虚心才能更全面。十六、集中起来（发挥群众的创造，集中群众的智慧，是领导的基本方法之一）。十七、抓住关键（我们不能想象一切工作同时向前平推，最能干的领导者也无法同时掌握所有大小问题。这就要求我们领导者必须善于掌握关键所在，抓住工作的中心一环，去推动全盘）。十八、对自己不知道的事情不要生气。十九、只有用正确的态度对待不正确的态度才能达到团结。二十、生活问题。

　　1957 年 7 月，郭化若在南京军区高干理论自修班上做了一次讲话，其提要即《工作方法琐谈》。其要点为：一、入国问禁，入境问俗。二、访友，交友，谈心。三、去伪存真，兼听则明。四、人有善恶，事有异同，必须用不同的方法去解决不同的问题。千篇一律，囿于狭隘经验，要不得。五、在大是大非面前，必须有坚定的阶级立场、明确的政治态度，不能有丝毫的含糊。六、具体的指导，只能从试点中取得。七、办法从何而来？从群众中来。八、对国家负责，对人民负责。九、用先进带落后，则创造性多。十、培养思考能力和科学的预见性，克服被动应付的事务主义。十一、抓紧中心环节，有计划地安排中心工作，这样就容易争取主动。十二、要善于总结工作，集中先进经验，提高领导水平。十三、"满招损，谦受益"。十四、同志间应该互相尊重，互相体贴，互相勉励，互相支持。十五、关心干部和战士，首先从政治方面，其次从工作方面，再次从生活方面，三方面都很重要。十六、加强机关建设，才能更好地帮助诸兵种建设。十七、照顾大局，帮助兄弟部队；拥政爱民，帮助地方。十八、挤出时间精读几本书。

郭化若说："归纳以上18条，可以用四个要点来做结束语：阶级立场、群众路线、实事求是、分别对待。"

郭化若的领导方法和工作方法，贯穿了唯物辩证法的思想，高屋建瓴，实事求是，理论联系实际，具体问题具体分析，高起点，接地气。其中很多方法，至今仍然具有很强的指导意义，历久弥新。

专家·诗人·书法家

1985年3月，郭化若以大军区正职待遇离职休养。郭化若离休后，老骥伏枥，志在千里，在工作人员的协助下，陆续整理出版了《郭化若军事论文选集》《学习与回顾》《郭化若诗词墨迹选》《郭化若书法集》《郭化若诗词选》《郭化若回忆录》等著作。

1989年1月和1991年3月，郭化若整理出版了两本文集：一本是《郭化若军事论文选集》，另一本是《学习与回顾》。

《郭化若军事论文选集》由解放军出版社1989年1月出版，收录1938年到1981年撰写的37篇军事论文。全书415千字，共分6个部分，第一部分为"红军时期"（5篇），第二部分为"抗战时期"（14篇），第三部分为"解放战争时期"（6篇），第四部分为"建国后"（5篇），第五部分为"古兵法研究"（6篇），第六部分为《军事辩证法浅说》（1篇）。这些文章对于研究中国人民解放军军史、研究毛泽东军事思想的形成和发展，提供了大量的一手资料，弥足珍贵。

1991年3月，军事科学出版社出版了《学习与回顾》，19.8千字。军事科学出版社在《出版说明》中写道："郭化若同志是一位1925年加入中国共产党的我军高级将领。他亲身经历了北伐战争、土地革命战争、抗日战争和解放战争，长期在领导岗位上从事军事工作、政治工作、院校教学工作和军事科研工作，并勤于写作，已有多种著作出版问世，在军事学术界产生了较广泛的影响。本书选辑了他过去未列入专著和文集的部分文章、文稿（包括讲话提要），主要内容有关于战争、战略和作战指挥的论述，关于教育训练和教学法的论述，关于领导工作和领导方法的论述，以及个人回忆录等，其中绝大部分过去未正式发表。这些著述对于了解中国革命史，研究军事学术和治学之道，以及探讨领导方法和教学方法，均有重要参考价值。"

从 1990 年起，郭化若又开始回忆录的构思和写作。1995 年 3 月，军事科学出版社出版了《郭化若回忆录》。全书 259 千字，22 章，全面回忆了从"走向觉醒"到"离休前的最后一站"。郭化若在这本书的后记中说："我在六七十年的戎马生涯中，一开始就投入革命战争的实践，带领部队打仗，并有很长一段时间在毛主席、朱总司令身边工作，以参谋业务襄赞军机，协助他们指挥作战。后来，或在高层军事机关供职，或从事军事理论的研究、军队院校的教育工作，或担任部队军政领导职务，到前线指挥部队打仗。在漫长的战斗岁月中，有过颇受赏识、颇受重用的时候，也有遭到冷落、遭到打击的时候。把这些亲身经历过的风风雨雨、甜酸苦辣忠实地记载下来，可以从一个小小的侧面了解我国人民在中国共产党领导下进行武装斗争的历史，了解我党我军是经过怎样的艰难困苦、曲折复杂的斗争，才战胜国内外的阶级敌人，取得今天胜利的。"这本回忆录和其他著作都是郭化若留给后人的宝贵精神财富。

郭化若酷爱书法和中国古典诗词，是著名的书法家和诗人，一生中创作了大量的诗词和书法作品。1993 年 7 月，福州市政协主编《郭化若诗词选》，由鹭江出版社出版。这本诗词选收录了郭化若自 1924 年至 1991 年的诗词 300 首，按"野马轻尘""关山风雪""抗日战歌""解放号角""大好河山""偶感""重到京华""游记·怀古""杂诗"九个单元编排。

韩国磐教授在《序二》中写道："运筹帷幄之中，决胜千里之外，此制定战略战术、出谋划策也；横戈跃马，驰骋疆场，战必胜，攻必取，此冲锋陷阵、骁勇善战者也。若夫兼运筹决胜与冲锋陷阵两者而有之，则固未多见，所以自古有三军易得、一将难求之说。至于既足智多谋而又骁勇善战，抑且工于诗文，长于书法，才兼文武者，尤其难得。求之于当今名将中，郭化若将军即其人也。"

《郭化若诗词选》以一首作者的七律代序。诗曰："离家征战几经年，风雪关山历险艰；帷幄频传神妙计，沙场迭现史诗篇。杯弓蛇影疑难辨，碧血丹心信自坚；六十年来多少事，但留点墨在人间。"

郭化若是一位军旅诗人，诗词中回忆和描写战争的占了一半左右。北伐战争、南昌起义、土地革命战争、长征、抗日战争、解放战争，一段段波澜壮阔的历史画卷涌现在他的笔端。郭化若的诗词，既有文学鉴赏价值，更是史诗。

《郭化若诗词选》第五编为"大好河山"，收录30多首（阕）诗词。其开篇为七绝八首《苏北随笔》，诗序写道："苏鲁平原在地形上系我国防东南方向较薄之处。连云港、徐州方向是否成为敌军进攻的一个战略方面，久萦丹臆，未能释然。1960年春，专程到苏北各地勘察20天，沿途触景即兴，信笔竟书八绝，聊以志当时心事。"诗曰："黄海波涛何处险？九边又见一雄关。""纵目天涯破浪阔，水帘洞下阵纵横。""虞姬溪上霸王桥，千载英风迄未销；百战功亏战之罪，用兵自古诫心骄。""雄边万里河成网，八卦阵成待毒龙。""平原连海海连天，海上风涛接野烟。九曲射阳天作堑，雄兵戍处即雄边。""泉下长城容万马，奇兵他日自天来。""狼山虎峙大江边，击楫歌声伴野烟。莫道平川无险阻，奇峰戳破水中天。"与一般的文人雅士不同，在将军诗人的眼中，美丽的大好河山，处处是排兵布阵的好地方，将士们居安思危，百倍警惕，要坚决保卫祖国领土的完整与安全。

郭化若的诗词亦热情讴歌祖国建设。"秦关绿遍，蜀道轮飞。车送春风，玉门杨柳芳菲。三门峡下平湖广，绕西安、厂屋崔巍。""更喜登峰能远瞩，金波万顷出良田。""葱葱百万尽良田，十月渠成敢胜天。治水有方凭众力，神州建设更无前。"笔触所及，写出了他对祖国建设发展的欢欣和人民生活改善的喜悦。

郭化若对革命领袖充满了敬仰之情。《郭化若诗词选》中，开篇即有七绝《中山先生》《处处红旗》，热情歌颂了革命先行者孙中山先生。

而《朱毛会师》《阵前易帅》《东华山畔》《宁都会议》《遵义会议》《瑞金会议》等七绝，抒发了郭化若对毛泽东主席无限的忠诚和敬仰。在《郭化若诗词选》"重到京华"编中，有《瞻仰毛主席故居》七绝两首："湘潭乡里出奇才，解却人民千载灾；此日山河光日月，香花遍地玉人来。""辉煌创业空千古，永固金瓯立一灯；千载评论千载史，红旗万众续长征。"诗作作于1978年5月9日，伟人远去，老部下千里迢迢，前去瞻仰故居，自是有无限的感慨。同日，郭化若写了《参观韶山农区》七绝两首，热情讴歌了韶山农村的发展变化。这自然是将军诗人"爱屋及乌"的深情流淌。在"重到京华"编中，收有七律《悼念周总理》："八方风雨立中天，总揽机衡廿七年；跨越雄关惊绝险，身临虎穴历奇艰。运筹帷幄三山蹙，谈笑纵横万国先；名将古今谁得似，雍容丰度且翩翩。"七律《祭朱总司令》："长城屹立赤旗鲜，扭转乾坤解倒悬。千载揭竿终全胜，百年积耻化硝烟。河山重建增奇伟，厂矿更新倍喧妍。军事韬矜光日月，中华浩气薄云天。"郭化若于1977年9月写下的渔家傲八阕《悼念》，是悼念毛主席的，以真挚而深厚的感情，深切缅怀了毛主席的丰功伟绩，如："日出韶山消积雪，乾坤扭转豺狼灭。开国丰功昭日月。光皎洁，威名远播千秋业。"郭化若在缅怀领袖的同时，对他为之奋斗的社会主义事业和共产主义理想的最终实现充满了必胜的信心："血色金瓯求永烁，远谋别有新韬略。勋业继承宜有续。前途阔，大旗高举冲天锷。"

《郭化若诗词选》中，有诸多诗词是为战友而作的，如《送友回川》、七绝四首《和友》、渔家傲《题古美人画以赠抗美援朝中战友》、七绝《寄友》、七绝四首《悼陈外长》、五律《悼何思敬同志》、七绝《为老战友题字》、七律《悼邓华同志》、七绝《赠李逸民同志》、玉楼春《霜叶红于二月花》、七律《悼杨勇同志》等等，战友情深，寄托于诗词。

郭化若热爱家乡，吟诵家乡福建的诗词较多，收入《郭化若诗词选》的有：七律《登鼓山》、念奴娇二阕《海滨》（1961年秋于鼓浪屿）、七绝两首《重游南山寺》（1961年11月）、七绝两首《和韩教授晨过西湖之作》（依原韵，1962年4月）、七律《回乡》（1981年8月14日）、七律《题赠华侨大学》（1981 年 8 月）、五绝《离福州留赠同志》（1981年 9 月 8 日）、七绝《依韵奉和朱总诗》等等。五绝《离福州留赠同志》写道："故乡情不尽，分别在须臾。迟迟出闾里，感慨百年余。"1961 年 2 月 2 日，朱德委员长视察福州，写下了七绝《游闽江》："四面青山绕福州，闽江三水总同流。老少同舟欢共济，谆谆细语话家仇。"1985 年，郭化若赋七绝一首《依韵奉和朱总诗》："六十五年别福州，坎坷人海任漂流。九州一统亿人乐，共济同舟愿同仇。"从中可以看到，郭化若对家乡饱含深情，并借家乡山水风光，书写自己作为一个革命者的抱负与情怀。

1988 年，军事科学出版社出版了《郭化若诗词墨迹选》；1994 年 4 月，福建美术出版社出版了《郭化若书法集》。前者收录郭化若诗词书法作品 26 件；后者收录郭化若书法作品 128 幅、177 帧。

这本书法集里，有两幅作品弥足珍贵。

一幅是红军第一方面军命令手稿。这件手稿是郭化若用毛笔书写的，无落款时间。据考证，书写时间为 1930 年 8 月 23 日前后。红一、三军团会合后，成立了红一方面军，朱德任总司令，毛泽东任总政委，郭化若为司令部参谋处处长。为执行中央打长沙的命令，毛泽东、朱德签署了一份向长沙推进的命令，决定 8 月 24 日从浏阳永和市出发。这个命令是郭化若起草的。军事博物馆展出这件手稿时，曾被误以为是毛泽东手迹，后更正。

另一幅珍贵作品，是郭化若为延安新市场书写的对联。1939 年，延安新市场落成，有关部门求毛主席写一副对联。毛主席欣然撰联："坚持抗战坚持团结坚持进步，边区是民主的抗日根据地；反对投降反对分裂反对倒退，人民有充分的救国自由权。"因为毛主席抽不出时间写大字，遂请郭化若代笔。"延安新市场"5 个大字，因故遗失。后来在文献纪录片《伟大的战略决战》中发现了，片中闪过国民党军占领延安的镜头，"延安新市场"赫然在目。

"笔墨如顽铁，金石掷有声。"郭化若书法博采众长，颜筋柳骨，铁画银钩，苍劲雄浑，自成一家，在全国、全军举办的多次书法展中，荣获特别奖或优秀作品奖。

"郭化若同志习书由颜柳入手，行书则临摹二王，并浸润六朝碑文，在继承书法传统上打下了极为深厚的功力。正如他在一首题为"右军书法"的诗词中所写的：'欲自唐宋追魏晋，攀登拾级愧悬差。'郭老书法师古而不泥古，在他尽得古人笔意神韵之后，融会贯通，逐渐自成一家，形成了鲜明的个人风格。"[①]

1992 年 11 月 24 日，原中顾委常务副主任薄一波为《郭化若书法集》作序。其中说："他在工作之余，潜心书法，并赋诗词，是一位名副其实的儒将。""化若同志书法集的出版，也将受到人民的欢迎，以至作为楷模，这是意料中事。"

中国人民大学原校长袁宝华说："我在延安时常拜读郭老的文章及书法，对郭老心仪已久。今日得睹郭老为延安新市场所书门额与对联，如对故人。特书所感以志仰慕怀念之忱。"

中国书法家协会原主席启功撰文评价说："化若老人是军事家，是兵法家，是书法家，更是当代有重要创作和崇高声望的诗人！"

原福州军区副政委王直将军说："郭老文如其人，字如其人，深受人们的崇敬和喜欢。他的书法作品已在福州于山堂展出，并作为国宝收藏。"

文坛往事

郭化若是儒将，在军事学术、书法、诗词等领域辛勤耕耘几十年，结识了许多文化人，如哲学界的张岱年、任继愈，教育界的匡亚明、郭影秋，文学界的巴金、周而复，书法诗词界的赵朴初、启功等。他们相识相知，传为佳话。

1961 年夏，郭化若参加了厦门大学历史系举行的农民战争问题座谈会，与韩国磐教授一见如故，此后，时有诗作唱和。1975 年夏，韩国磐

①　糜振玉《缅怀书坛大家郭化若同志》，原载《一代儒将——郭化若纪念文集》，第534—535 页。

教授患病期间，郭化若极为关心，曾以古稀年龄冒酷暑为之连日奔走联系北京诊治处所。1993 年，《郭化若诗词选》出版，韩国磐教授为之作序。他说："回忆 30 年前，将军与我相晤于鼓浪屿，一见如故，遂成倾盖之交。将军为革命老前辈，而平易近人，待人诚挚，言谈恳切，实为一位忠厚长者，30 年来，惠我良多。"

韩国磐（1920—2003），字漱石，号蘧庵，江苏省南通市如皋人，著名历史学家；是当代中国魏晋隋唐史学科和中国经济史学科的奠基者之一，也是我国第一个专门史（经济史）国家重点学科的主要奠基者和学术带头人；曾任全国人大代表、福建省政协常委、民盟中央教育委员会委员、福建省历史学会会长等职。

韩国磐教授著作 20 多部，《隋唐五代史纲》《魏晋南北朝史纲》是教育部选定的高等学校文科教材；《隋朝史略》是共和国第一部断代史专著；《北朝经济试探》《南朝经济试探》是新型断代经济史开创之作；《隋唐的均田制度》是我国第一部关于均田制的专著。

《郭化若诗词选》中，收录了七绝两首《和韩教授晨过西湖之作》（1962 年 4 月）："西湖天地已重开，万国衣冠络绎来。天下奇花千百种，都应分向此间栽。""曙霞焕采耀群峰，旭日乘波出海中。晓箭纷飞燃大地，燎原烟火五洲红。"[①] 此外，又有作于 1972 年 2 月 14 日的七律两首《答韩教授辛亥除夕依原韵》，作于 1978 年 8 月 3 日的七律《酬韩教授〈六十随笔〉》、七绝《韩教授诗集读后感》等。诗作唱和，情深义重。

郭化若在南京工作时，曾同南京大学校长、南明史研究专家郭影秋多有交往。1975 年至 1976 年，调任中国人民大学副校长的郭影秋在北京积水潭医院治病。郭化若得知后，多次前往探视，郭影秋甚为感激。

1978 年春，郭化若在上海养病期间，专程前往上海武康路登门拜访文坛泰斗巴金，两老促膝谈心，极为愉悦。交谈中，郭化若将新版的《孙子今译》赠送给巴老，巴老则回赠了新版的长篇小说《家》。

---

① 《郭化若诗词选》，第 118 页。

著名作家魏巍写作名著《地球上的红飘带》时，得到了郭化若将军的帮助。他回忆说："郭老是我军著名的高级将领，又是军事家、书法家和诗人，我是很景慕他的。我同他相识纯粹是一个很偶然的机会。记得仿佛是 50 年代，我们同乘一辆火车到某地去，并没有坐在同一个车厢，而是在站台上散步相遇的。那时将军正年轻，身着白衬衣和有背带的西装裤，显得风流儒雅、和蔼可亲。我们很快就熟悉了。"因为写作《地球上的红飘带》，魏巍登门拜访郭化若，请教 5 次反"围剿"的有关问题。"他谈起 5 次反'围剿'来，真是如数家珍，谈得又生动又具体。事后，他还把仅存 1 本的著作《远谋自有深韬略》拿给我看。这本军事著作，阐述红军的初期作战、路线斗争以及毛主席的英明指挥极为详尽，且有独特见解和切身体会，使我获益匪浅。"郭化若又向魏巍讲述了毛主席在长征中的许多生活细节。魏巍说："我把这些细节已经写在小说中了。直到现在我依然很感念这位热情的革命老人。"

王兆春在《深切怀念敬爱的郭老》一文中回忆道："1977 年至 1978 年，郭老在上海养病期间，也经常接待文艺界朋友，其中有中国话剧、电影的著名导演黄佐临，剧作家、戏剧活动家于玲，剧作家杜宣，主管文艺工作的任干等同志。"[①]

郭化若将军还指导了《四渡赤水》《陈毅市长》电影剧本创作组同志的创作。影片《四渡赤水》有 3 个军事顾问，除郭化若将军以外，另两位为老红军、成都军区司令部副参谋长丁甘如将军和军事科学院长征史专家孟照晖。郭化若将军是"总顾问"。

郭化若望重诗坛，曾任中华诗词学会顾问、福州三山诗社名誉社长。据福州三山诗社原社长郭道鉴回忆，郭化若亲自题写了"福州三山诗社"几个擘窠大字。1989 年 12 月，郭化若来闽参加古田会议 60 周年纪念会议后，来到福州，和三山诗社的诗友们在林则徐纪念馆欢聚一堂，吟诵诗词。郭化若作《酬三山诗友》七律一首："漂泊离家不计年，关山风雪

---

① 《一代儒将——郭化若纪念文集》，第 414 页。

历危艰；从戎未减终军志，逐鹿曾挥祖逖鞭。帷幄频传神妙策，沙场迭显史诗篇；穷途得失何须论，万里归来万物鲜。"

1979年，著名篆刻家周哲文应中国科学院的邀请，从福州前往北京，下榻北京西郊友谊宾馆，为国务院副总理方毅以福建寿山石为世界著名科学家杨振宁、李政道、丁肇中、牛满江、袁家骝、吴健雄等刻制名章，并刻制叶剑英元帅《攻关》诗句。在京期间，周哲文曾写信给郭化若。一个寒夜，郭化若和中国社会科学院陈道教授突然光临友谊宾馆，亲自登门拜访老乡来了。郭化若温文尔雅，亲切随和，周哲文深有相见恨晚之感。1979年12月，在中共中央宣传部邓力群部长的关心下，民盟中央与中国美院在京举办了"周哲文印谱展"，其中有《毛泽东诗词43首印谱》《怀念敬爱的周总理诗词印谱》。开幕之日，郭化若应邀欣然亲临参观，在留言簿上写下"刀笔开金石，霜枫映晚晴"。此后，老将军与篆刻家时有书信往来，谈诗论文。周哲文在《礼贤下士，乐育后昆》一文中写道："1992年冬，郭老与夫人史翔云回故里探亲，下榻福州温泉宾馆。乘此休闲期间，贤伉俪游览榕城名胜风光，写诗寄兴。是时，郭老伉俪邀文前赴旅处把晤，得此机缘，才能一瞻贤伉俪风采。郭老年事已高，谈兴正浓。郭老说方毅同志拟将全部书法作品赠送厦门家乡珍藏，他亦有意把其诗作书法赠送福州家乡，以偿夙愿。"

中国书法家协会原主席、当代书法大师启功于1996年10月29日写了《赞化若老人》一文："化若老人是军事家，是兵法家，是书法家，更是当代有重要创作和崇高声望的诗人！后学昔年曾在烟台旅次相遇，拜谒一面。今观此册，缅怀老人平生之丰功伟绩，倍深景仰。附志册尾，以抒寸诚。并望翔云夫人惠予指教！后学启功敬题。"

全国政协原副主席、中国佛教协会原会长、书法大师赵朴初在1996年11月于北京医院抱病写下了《怀化若同志》一文，其中说："郭君忠勤不辞劳（君时任警备司令），助我觅地得以建棚为安置。""建棚"，是谦称。

著名作家柯灵写道："我们老一辈的无产阶级革命家，多是战士而兼诗人。尝读毛主席、朱总、陈总、董老、叶帅诗，钦仰赞叹，不能自已。

烽火连天，战斗激烈，喘息不遑，而雍容挥洒，不废吟咏，可谓奇迹。近又得读郭化若同志《渔家傲》、《贺新郎》、七律《答友人》诸作，喜而有赋。笔拙不能达意，志感而已。'回首长征路漫漫，从容百战，俾倪万雄；戎马倥偬不计年，白了华巅，红透心田。惊天鼓角动吟鞭，胸中韬略，笔底波澜；千秋功业奠江山，诗人风骨，英雄肝胆。'"

晚年，郭化若在军中，有一群诗友。项明在《一代儒将，德操可风》一文中回忆了郭化若与"红叶诗社"的故事。该诗社是由军事科学院部分爱好古体诗词的离休老同志发起的，有总参、总政、总后、国防科工委等单位老同志参加，聘请郭化若为名誉社长，郭化若欣然接受。1990年7月，《红叶》出版第四辑，开始列郭化若为名誉社长。

红叶诗社向郭化若约稿，他都很愉快地提供。郭化若在《红叶》诗辑上先后发表有《中原会战》《翠岗红旗》《重来广州有感》《访春》《庆祝建军六十五周年》等。

1994年1月，红叶诗社约请郭化若为诗社题词。郭化若欣然题写："往昔戎马倥偬，今朝挥笔作诗。"

郭化若对"红叶诗社"很关注。他熟知文坛典故，认为红叶诗社容易与历史上的"红叶题诗"联系起来，写信提出可否改名为"霜枫"，含蓄且有诗情。诗社同仁接到信件，反复研究，认为此"红叶"为"香山红叶"：一是毛主席指挥百万雄师过大江取得全国胜利的所在地。是革命胜地。二是陈毅元帅有诗曰："西山红叶好，霜重色更浓；革命亦如此，斗争见英雄。"三是诗社老同志们多数住在香山附近，坚贞不渝，赤胆忠心。四是《红叶》诗辑已经出版多期，有一定的社会影响，还是不改名好。红叶诗社将意见如实又委婉写出，呈送给郭化若。郭化若回信说："我不勉强你们。"郭化若的民主精神，让红叶诗社的同人很感动。

体坛友谊

网上有署名"兰州家长"的《郭化若与袁伟民的忘年之交》文章，颇见儒将风采。兹节录如下：

……郭老晚年退居二线，对体育很是热衷，如体操、乒乓球、围棋等等。尤其是对女排，郭老更是关心备至。由于对排球的酷爱，以至于后来，与当时的教练袁伟民成莫逆之交。1984年3月，我调到郭老身边工作。5月份，我陪首长回福州老家，在宾馆听说女排在漳州训练基地训练，首长邀请时任福建省委书记项南一起到漳州看望女排。当时教练袁伟民很是感动，热情地接待我们一行。

……记得，中国女排第一次夺得世界杯冠军，郭老写一首诗祝贺："英姿矫健跃球坛，再度夺魁处处谈；本为人民增友谊，且凭豪气壮河山。"袁伟民看到后，立即给首长回信；此后，又多次亲自上门看望，并长时间与首长促膝交谈。

记得有一次，我在一旁，听到首长对袁伟民说过这样一句话："打球要用智慧，就是要勤于动脑子"，并多次提到"田忌赛马"的故事，叮嘱袁伟民教练人尽其才，就会反败为胜，从而最大限度发挥整体的力量。首长还说，如果女排拿下奥运会冠军，他会给每一位队员发奖。我和秘书曾私下探讨，首长会发啥奖品给女排？后来，女排如愿以偿夺得奥运会冠军。首长真的根据每个人的特点，每个队员送一幅自己的书法作品。而且，每个人的书法作品不一样的内容，很是新颖别致，如：横扫千军铁榔头——郎平。

1984年8月，中国女排获得奥运会冠军，郭老又作七绝二首："洛城鏖战动风雷，胜败猜评各是非；华夏儿女多壮志，顽强拼搏显神威。""争光为国气如山，奋战群雄克险关；女杰斗谋兼斗力，夺魁喜奏凯歌还！"

1985年11月，中国女排第四次荣获世界冠军，郭老欣然写道："四度夺魁事本难，豪情壮志震河山；球坛处处传佳话，中古之争战最酣。球艺万邦日日新，领先思想是基因；临危显见顽强气，观众欢呼共钦佩。同心同德贯始终，乘虚蹈隙快抓功；出奇制胜多妙计，一局姑留戒懈松。万山红叶正飘飘，助战呼声动九秋；为报欢呼唯微笑，凯歌阵阵意悠悠。"

　　中国女排取得五连冠，郭老兴奋异常，连夜提笔，这样写道："奇花五度发琼枝，执教有方更入迷；苦练殷勤人世少，赛前有备出神奇。诸君何必问基因？得便且来一望清；中国女排生中国，光临即可见真情。"

　　1985年12月世界女排明星联队和中国女排友谊赛，袁伟民特意派人送来2张门票力邀郭老到现场感受一下气氛。当时，在首都体育场比赛，座无虚席，欢声雷动。郭老很是兴奋，他自言自语地吟道："冬残日暖腊梅开，万国明星聚会来；喜看精英呈绝技，球场灿烂作擂台。空前盛会耀京都，异彩奇花绝代无；胜败兵家寻常事，但闻万众尽欢呼。"

　　……

　　记得，有一次记者招待会，有记者提问袁伟民教练："袁教练，听说你用孙子兵法打败你们的对手。"袁伟民哈哈大笑说："没错，这得益于郭化若将军。"

　　《一代儒将——郭化若纪念文集》中，收录有署名为国家体育运动委员会的文章（刘岩执笔）《一代儒将投向体育的目光》。文章说："1973年，郭老获准回到北京，住在总参谋部海运仓招待所，一边治病，一边等待安排工作。在这样的背景下，郭老写下了关于乒乓球运动发展的长信。这封长信是郭老最重要的体育论著，横格草稿纸用了30多张，长达万言。这封长信写于第三十二届世界乒乓球锦标赛开赛之前。郭老从第二十五届世乒赛论至第三十一届世乒赛，从思想政治工作论至战术技术，涉及乒乓球运动的诸多方面。郭老在这封研究乒乓球运动规律的长信中，大量运用毛主席的战略战术思想，并且十分得体、恰当妥帖，表现出郭老对毛主席战略战术思想的精通和对乒乓球运动的熟悉。郭老在这封长信中，对中国乒乓球运动的发展和中国乒乓球备战第三十二届世乒赛，提出了许多建议。其中，既有思想政治工作要点，又有运动技术措施；既宏观，又具体。郭老写的这篇乒乓球万言书，字字情切，句句感人，高屋建瓴。这些真知灼见在当时具有重要的理论意义和实用价值，在今天仍然有很强的指导意义和史料价值。"

该文记载："早在五六十年代，他就曾向当时兼任国家体委主任的贺龙元帅提出发展体育事业的具体建议。粉碎'四人帮'之后，郭老同体育界的交往更加密切。他同国家体委领导同志多次往来信件，相聚面谈，祝贺中华体育健儿的佳绩，分析体育运动发展过程中的问题。郭老与现任国家体委主任伍绍祖的父亲伍云甫，30年代在中央苏区同时在中央红军总部工作，这种友谊一直传到后代。90年代前期，郭老不断把自己编写的兵法书籍送给伍绍祖，要他设法用在体育工作之中。国家体委领导同志对郭老来信中所提的建议，历来十分重视。1988年，郭老给袁伟民副主任写信，论述了体育工作中的有关问题。当时，国家体委办公厅在内部印发的《体育值班简报》刊登了这封信，对体育工作是很大的帮助。"①

满目青山夕照明

郭化若退休后，仍然关心着党和国家的大事，关心着军队建设和国家经济、文化建设。他不顾年事已高，体弱多病，"老骥伏枥，志在千里"，继续贡献余热。

郭化若是中国军事科学学会、军事历史研究会、中国孙子兵法研究会、中国现代哲学史研究会、中国第二次世界大战史研究会等很多学术团体的名誉会长或顾问，经常参加学术活动。他还应邀担任《中国历代文献精粹大典》顾问。许多来访者向他请教党史、军史上的一些重大事件的细节和一些老革命历史，他都热情接待、娓娓道来。他长期担任了黄埔军校同学会的理事和顾问，为祖国统一大业操心出力。

---

① 《一代儒将——郭化若纪念文集》，第434—435页，第436—437页。

1985 年 7 月 19 日至 26 日，郭化若应邀参加了广州"中国近现代哲学史学术讨论会"。会后，与会人员前往深圳经济特区参观了 4 天。

广东省深圳经济特区于 1980 年 8 月 26 日，经第五次全国人大常委会第十五次会议决定批准正式成立，是我国最早实行对外开放的四个经济特区之一。

1982 年 9 月，在中共十二大上，郭化若当选为中央顾问委员会委员。因此，郭化若将这次参观的所见所闻，写成了《深圳特区的建设和前景——特区见闻点滴》，发表在中顾委办公室编的《通讯》第 100 期上。在这篇文章中，郭化若客观地记录了深圳的基本情况，充分肯定了他参观过的香蜜湖度假村、罗湖区渔民村的发展成绩，热情展望了深圳特区的美好前景。他写道："深圳市容清洁，高楼大厦鳞次栉比，交通有条不紊，市场繁荣兴旺，东西琳琅满目，美不胜收。"该文的最后结论是："我的一点看法是：深圳特区的成就，说明了这条路走对了。正像邓小平同志说的那样：'深圳的发展和经验证明，我们建立经济特区的政策是正确的。'"①

1993 年 7 月，吉林人民出版社出版了《中国人民解放军军史大辞典》，杨成武为顾问，郭化若为主编。徐向前元帅、聂荣臻元帅生前为本书题写了书名与题词。彭真、薄一波、余秋里、杨得志、杨成武、萧克、王恩茂也为该书题了词。

编委会组织了军队系统的 200 多位专家、学者，经过了 4 年的努力，几易其稿，编纂出版这部军史大辞典。全书 350 万字，洋洋大观。

"大辞典"前言说："这是迄今为止涉及面最广、收词量最多、内容最全、体例最系统的一部军史工具书。它全面记录了我军战斗历程，广泛汇集了珍贵军史资料，深入展示了战史最新成果，热情讴歌了我军丰功伟绩。"

1995 年 1 月，郭化若因病住进解放军总医院。在他病重期间，中共中央总书记、国家主席、中央军委主席江泽民，中央军委副主席刘华清、张震、张万年、迟浩田都曾前去看望。11 月 26 日，将星陨落京城，郭化

① 《郭化若文集》，第 721—724 页。

若享年91岁。

据身边工作人员回忆，91岁高龄的郭化若躺在病床上，逐渐失去了意识。在离世之前，郭化若手里还捧着一本《木兰辞》，将儒将的优雅延续到了生命的最后一刻。

党和人民对他的一生做出了高度的评价：中国共产党优秀党员，我军杰出的军事理论家、军事教育家，著名的高级将领。他参加过红军长征、抗日战争和解放战争，为中国人民的解放事业，为我军的革命化、现代化、正规化建设献出了毕生心血；为我军军事理论研究和军事教育事业做出了突出贡献。

一代儒将，为山河大地增色。八闽家乡，左海名都，永远铭记他的历史功勋和儒将风采。

郭化若年谱简编

1904 年　出生

8 月 10 日（清光绪三十八年六月廿九）出生于福州市化民营一个城市贫民家庭。

1918 年　14 岁

进入福州崇实小学就读高小。

1920 年　16 岁

考入农林学校预科，次年升入本科。

1921 年　17 岁

春，家贫，离家出走谋生。

1923 年　19 岁

参加广州进步团体活动。

1924 年　20 岁

春，加入改组后的国民党。

1925 年　21 岁

秋，以优异成绩考入黄埔军校，编入第四期入伍生第二团。不久，随队参加东征战斗。

冬，加入中国共产党。

1926年　22岁

考入黄埔军校炮兵科。

毕业后留校工作，任炮兵第二队代理队长。北伐军围攻武昌时，随军校炮兵科和工兵科学生队出发参战。任代理区队长。

1927年　23岁

春，任中央军事政治学校（原黄埔军校）武汉分校炮兵大队第二队队长。武汉分校缩编为教导团后，改任教导团炮兵连连长。

8月到10月，投奔南昌起义南下部队，由武汉到达上海、汕头，于9月下旬在大埔三河坝找到起义部队。起义部队在潮汕地区失败后，护送一批同志到达上海。

11月下旬，被派往苏联学习。次年春，进入莫斯科炮兵学校。同年归国。

1929年　25岁

7月底，到达龙岩红四军驻地，任第二纵队参谋。8月底，受命率1个支队攻克漳平城，升任第二纵队参谋长。10月中旬，任第二纵队纵队长。

12月底，出席"古田会议"。

1930年　26岁

1月，调任红四军参谋处处长。

6月，任红一军团参谋处处长。

8月23日，任红一方面军参谋处处长。

9月下旬，在红一方面军指挥机关路过安源煤矿时，组建红军第一支工兵队。

12月30日至1931年1月3日，协助毛泽东、朱德指挥中央苏区第一次反"围剿"。

1931 年　27 岁

在第一次反"围剿"的龙冈战斗结束后，准备组建红军第一支无线电队。

5 月下半月，协助毛泽东、朱德指挥中央苏区第二次反"围剿"。其间，任代参谋长并兼任总前委秘书长。

红一方面军总部于 5 月底到达福建建宁后，正式组建红一方面军无线电大队。

将无线电大队收听到的敌方消息，编印上报给领导参考，起名《参考消息》，油印出版。同年 11 月召开的中华苏维埃第一次全国代表大会上，《参考消息》正式发行。

7 月至 9 月，协助毛泽东、朱德指挥中央苏区第三次反"围剿"。

9 月，遭到王明路线执行者排挤，从红一方面军代参谋长改任红一方面军总司令部秘书长。

11 月，调出红一方面军，任军委二局局长。

1932 年　28 岁

7 月，被调到瑞金中国工农红军学校当教员。到校不久，被错误开除党籍。

1933 年　29 岁

10 月，成立中国工农红军大学后，继续执教。

1934 年 10 月至 1935 年 10 月　30 岁至 31 岁

编入干部团，参加长征。

1935 年　31 岁

10 月，任新的中国工农红军学校（后改名为西北红军抗日大学）训练处处长。

郭化若年谱简编

1936 年　32 岁

6 月 1 日，中国人民抗日红军大学成立，任第三科训练处处长。

11 月 29 日，二、四方面军两所随营学校与抗日红军大学第三科合并，组成中国工农红军教导师，亦称抗日红军大学第二校，任教导师参谋长（第二校教育长）。

1937 年　33 岁

3 月，抗日红军大学第二校改称抗日步兵学校，又称庆阳步兵学校，任教育长。

6 月 2 日，因患重病给毛泽东和张闻天写信，要求去延安治病，并申请到中央党校学习。4 日，毛泽东来电表示慰勉。

8 月，从庆阳回到延安后，把在军事教育实践中思考的一些问题写成一封信送给毛泽东。毛泽东对此信很重视，立即批转抗大负责人罗瑞卿等阅看。

9 月至 12 月，在中央党校学习。

12 月，党校学习结束后，调到毛泽东身边从事军事理论研究。

1938 年　34 岁

年初，被任命为军委编译处处长，编辑"抗日战争丛书"。

7 月，中央组织部决定恢复郭化若的党籍。任中央军委一局局长。

1939 年　35 岁

1 月，中央军委决定，以抗日战争研究会名义，在延安创办《八路军军政杂志》，由毛泽东、王稼祥、萧劲光、郭化若和肖向荣任编委，郭化若具体负责编稿。

1 月至 1940 年 2 月，在抗日军政大学参谋训练队讲"战略学"。

2 月，抗大训练部出版郭化若编写的教材《抗日的步兵战术问答》。该教材写于 1937 年初，同年 7 月油印出版，供庆阳步兵学校做军事教材用。

1938 年 9 月，进行修改，经刘伯承审阅后，由抗大再版发行。

11 月，著《孙子兵法之初步研究》，在《八路军军政杂志》上连载。

1940 年　36 岁

8 月，应延安新哲学会邀请，在第一届年会上作《军事辩证法之一斑》的报告。次年 1 月至 4 月，在《八路军军政杂志》上连载了该报告的大纲，更名为《军事辩证法浅说》。

1941 年　37 岁

8 月，任抗日军政大学第三分校校长兼军委四局局长。

10 月 4 日，根据毛泽东和朱德总司令的指示，由徐向前和郭化若发起成立延安黄埔军校同学会。成立大会上，徐向前、郭化若等 15 人被选举为理事。

11 月 21 日，中央军委为整顿所属各军事院校，决定组成由朱德负责领导的军事教育委员会，郭化若为委员。军事学院成立，郭化若任教育长，协助院长朱德、副院长叶剑英工作。

11 月，当选为陕甘宁边区参议员。

1943 年　39 岁

3 月，任朱德总司令处政治秘书，参与军委机关的审干工作。

9 月，调任中央党校军事教育处处长。

1944 年　40 岁

11 月底，陕甘宁晋绥联防司令部贺龙司令员、徐向前副司令员约郭化若谈话，中央军委已批转郭化若的建议，决定以八路军总部炮兵团为基础组建延安炮兵学校，由郭化若任校长，立即着手筹建工作。

1945 年　41 岁

2 月中旬，延安炮兵学校正式建成。

郭化若年谱简编

4、5 月份，参加中共七大。会议后期，突发重病住院治疗。

1946 年　42 岁

6 月 6 日，从延安出发赴华东前线。

7 月初，抵达山东解放区首府临沂。

8 月初，任鲁南军区副司令员兼人民武装部部长，分管作战、后勤、民兵等工作。

9 月，在鲁南民兵工作会议上，提出在民兵中开展"功劳运动"（后改称"立功运动"）的倡议。

1947 年　43 岁

1 月，参与指挥鲁南战役。

8 月，任华东野战军第六纵队副司令员。

9 月，参与指挥沙土集战役。

1948 年　44 岁

3 月中旬至 5 月底，参与领导六纵新式整军运动。

6 月 17 日至 7 月 6 日，参与指挥豫东战役。

8 月，六纵召开豫东战役总结会，作《从六纵队豫东战役作战看今后战术改进的几个问题》的报告。

同月，任华东野战军第四纵队政治委员。

10 月下旬，四纵在兖州召开营以上干部会议，传达贯彻华野前委曲阜会议精神。会上，代表纵队党委作参加淮海战役的动员报告。

11 月 6 日至次年 1 月 10 日，参与指挥四纵参加淮海战役。

1949 年　45 岁

2 月，任第三野战军第九兵团政治委员。

4 月中旬，在兵团干部大会上，就渡江作战的指导思想作报告。

4月18日15时，向总前委发电，提出九兵团"拟于20日夜于黑沙洲同时全部渡江"。19时，总前委即给郭化若并二、三野和各兵团电示："只要有可能，就可以这样做。"

4月28日至29日，与第九兵团司令员宋时轮统一指挥第九、第十兵团围歼郎溪、广德之敌，歼敌5个军。

5月9日，在浙江省吴兴县南浔镇召开的九兵团团以上干部会和兵团党委扩大会上，传达中央军委、总前委和三野前委的指示，统一进攻上海的作战指导思想。

5月20日，为九兵团起草《关于进攻上海之战术思想指导及动员解释指示》。

5月23日夜，第九兵团与第十兵团向上海守敌发起总攻。至27日，解放上海，淞沪战役结束，歼敌15.3万人。

5月28日，第九兵团奉中共中央华东局和三野前委指示，以兵团部兼淞沪警备区领导机构，宋时轮任司令员，郭化若任政委。

7月底，奉三野首长命令，解除九兵团警备上海的任务，重组淞沪警备区领导机构，任警备区司令员兼政委。

8月底，主持召开淞沪警备区党委扩大会，作《加强反特斗争的进攻力量的决定》。至1950年6月，反特斗争取得决定性胜利。

1950年　46岁

2月23日，兼任上海市防空治安委员会主任委员、总指挥，统一指挥全市的防空治安工作。3月1日，成立上海防空司令部，兼任司令员、政委。

6月，奉三野首长命令，部署解放了长江口外敌占岛屿滩浒岛。7月，指挥解放了嵊泗列岛。

11月9日，任华东军区公安部队司令员。

年底，为防止国民党军窜犯上海地区，根据中央军委命令，组成淞沪作战警备区并重新组建第八兵团，任兵团政委。淞沪警备部队、上海防空部队、华东军区海军和第二十三、二十四、二十五军，统归第八兵团指挥。

1952 年 4 月,第八兵团奉命撤销。

1952 年　48 岁

5 月,按照中共中央、中央军委指示,华东军区公安部队进行整编。整编后的华东军区公安部队担负华东沿海 7000 千米的海防任务和 5 省 2 市的内卫任务,郭化若任司令员。

7 月,开始部署闽浙二省边防公安部队进剿残敌和打击其袭扰窜犯的战斗。至 1953 年 6 月,进行大小战斗近 20 次,歼敌 1200 多人。

1953 年　49 岁

1 月和 6 月,两次召集华东各省、市公安总队负责同志开会,具体部署反敌空降的斗争。

2 月至 3 月,率领工作组视察和慰问福建边防部队。

9 月,在华东军区公安部队召开的首届党代会上,提议就军训工作专门做出一个决议,要求"各级党委必须加以坚强的领导与有力的组织,使其真正成为自己工作的重心"。

10 月,为彻底清除华东内陆地区散匪,指示华东军区公安部队抽调 1200 多人的兵力,开展清剿残余散匪的斗争。至 1954 年底,潜伏在华东各地的散匪基本上被剿灭。

1955 年　51 岁

4 月 1 日,任南京军区副司令员。

9 月 27 日,被授予中国人民解放军中将军衔。同时,被授予一级八一勋章、一级独立自由勋章和一级解放勋章。

10 月,主持召开为期一个月的南京军区射击教育会议。

1956 年　52 岁

4 月 24 日,指导南京军区在浙江省的镇海、穿山、金塘岛地区进行一次加强步兵团渡海登陆作战实兵演习。

5月23日，在南京军区第二次党代表大会上，代表军区党委作关于训练工作的报告。

9月15日至27日，出席中国共产党第八次全国代表大会。

12月12日至20日，参与指导南京军区在上海地区组织的集团军海岸防御两级首长、司令部野外演习。

1957年　53岁

3月初，在南京军区召开的第二次战术训练会议上讲话。

5月13日，在南京军区第三次战术训练会议上，就改造军事训练的问题发表讲话。

5月29日，在南京军区第四次党委全体（扩大）会议上，作反对教条主义的发言。

7月，人民出版社出版《今译新编孙子兵法》。1962年，略加变动后，改由中华书局出版（后更名《孙子今译》）。

被授予一级八一勋章。

1959年　55岁

5月23日至25日，参与组织、指挥南京军区在穿山半岛进行的一次加强步兵师规模的渡海登陆作战实弹战术演习。

1962年　58岁

年底，指导编写的《新四军抗日战争史》和《中国人民解放军华东军区、第三野战军第三次国内革命战争战史》（初稿）编成。

1965年　61岁

1月5日，当选为全国政协常委。

2月至7月，到浙江省萧山县靖江公社黎明大队参加"四清"运动。

郭化若年谱简编

7月31日，就参加"四清"运动的有关情况给毛主席写汇报信。8月17日，毛主席亲笔批示。

秋，受到错误批判，被迫离开领导岗位。

1969年　65岁

8月，被免去南京军区副司令员职务。

1969年至1973年　65岁至69岁

被安排到合肥"休养"。

1973年　69岁

12月，任军事科学院副院长。

1978年　74岁

3月，当选为全国人大常委会委员。

1979年　75岁

8月13日，南京军区党委在《关于对郭化若同志的平反决定》中指出："对郭化若同志的一切诬蔑不实之词，一律予以推倒"，并说"作免职休养也是错误的。"

10月17日，被聘为中国哲学史学会顾问。

1980年　76岁

3月，人民出版社出版《运谋自有深韬略》。

6月，被推举为中国第二次世界大战史研究会名誉会长。

7月10日，总政文化部聘请为八一电影制片厂"重大革命历史题材"三部影片创作摄制的总顾问。

1981 年　77 岁

3 月，当选为中国书法家协会理事。

7 月 1 日，应邀担任《老战士诗文集》编辑委员会顾问。

1982 年　78 岁

8 月 24 日，被聘为中国历史唯物主义研究会顾问。

9 月 1 日至 11 日，出席中国共产党第十二次全国代表大会。会上，当选为中央顾问委员会委员。

12 月，响应中央关于实现领导班子年轻化的号召，从军事科学院副院长的岗位上退下来。

1984 年　80 岁

6 月 16 日，在黄埔军校同学会成立大会上被推举为理事。

9 月，上海古籍出版社出版《孙子译注》。

1985 年　81 岁

3 月，中央军委批准郭化若以大军区正职待遇离职休养。

1987 年　83 岁

3 月，军事科学出版社出版日本友人服部千春著《孙子兵法校解》，郭化若为该书题写了书名。

6 月，被聘为中华诗词学会顾问。

10 月，应邀担任军事历史研究会名誉会长。

10 月 25 日至 11 月 1 日，出席中国共产党第十三次全国代表大会。

12 月 29 日，应邀担任中国现代哲学史研究会顾问。

1988 年　84 岁

7 月，《郭化若诗词墨迹选》由军事科学出版社出版。

7月30日，被授予中国人民解放军一级红星勋章荣誉章。

1989年　85岁

1月，日本东京东方书店出版郭化若著《孙子译注》（日文本）。

3月，应邀任《中国历代文献精粹大典》顾问。

6月，解放军出版社出版《郭化若军事论文选集》。

1991年　87岁

3月，军事科学出版社出版《学习与回顾》。

1992年　88岁

10月，作为中国共产党第十四次全国代表大会特邀代表，被选入大会主席团。

1993年　89岁

7月，主编的《中国人民解放军军史大辞典》由吉林人民出版社出版。

1994年　90岁

4月20日，中共福州市委举行《郭化若诗词选》《郭化若书法集》首发式。两书分别由鹭江出版社和福建美术出版社出版。

1995年　91岁

3月，《郭化若回忆录》由军事科学出版社出版。

11月26日，将星陨落京城。党和人民对他的一生做出高度评价。

主要参考文献

一、军史

1.《中国人民解放军将帅名录》，解放军出版社，1987 年版。

2.《中国人民解放军军史》（第1—6卷），军事科学出版社，2011年6月版。

3.《中国工农红军第一方面军史》及附册，解放军出版社，1993 年版。

4.《中国人民解放军第二野战军战史》，解放军出版社，1990 年版。

5.《中国人民解放军第三野战军战史》，解放军出版社，1996 年版。

6.《简明中国人民解放军战史》，军事科学出版社，1992 年版。

7.《中国人民志愿军战史简编》，解放军出版社，1992 年版。

8.《中国人民解放军战史简编》，解放军出版社，2001 年修订版。

9.中共中央党史研究室第一研究部编《红军长征史》，中共党史出版社，2006 年版。

10. 张明金、赵功德编著《中国人民解放军历史上的七十个军》，解放军文艺出版社，2006 年版。

11.《军事历史》1989 年第 2 期《中国人民解放军陆军第二十三军简史》。

二、地方革命史

1.凌步机著《中央苏区军事史》，中国社会科学出版社，2009 年 9 月版。

2.《闽西人民革命史》，中共龙岩市委党史研究室著，中央文献出版社，2001 年版。

3. 福建省龙岩军分区政治部编《闽西地方武装概略》（内部版）。

4.《福建工农红军发展历程》，中共福建省委党史研究室著，中央文献出版社，2006 年 7 月版。

5.《东山保卫战》，福建新四军研究会、中共东山县委党史研究室编，福建人民出版社，2007 年 5 月版。

三、综合文献资料

1.《毛泽东选集》第一至第四卷，人民出版社，1991 年版。

2.《毛泽东年谱》，中共中央文献研究室编，主编逄先知，中央文献出版社，1993 年 8 月版。

3.《毛泽东文集》第一至第八卷，人民出版社，1996 年 8 月版。

4.《建国以来毛泽东文稿》第十一册，中央文献出版社，1998 年 1 月版。

5.《中国人民解放军历史资料丛书·红军长征》之《文献》《回忆史料》《参考资料》《图片》《综述·大事记·表册》，解放军出版社，1993 年版。

6.〔美〕哈里森·索尔兹伯里著《长征：前所未闻的故事》，解放军出版社，2001 年版。

7.《红四军部队情况报告》（1929 年 7 月—1930 年 4 月）。

8.《中共福建省委给闽西特委、四军前委的信——关于闽西和四军的工作任务》，1929 年 10 月 6 日。

9.《中共中央文件选集》第 6 册，中央档案馆编，中央党校出版社，1989 年版。

10.《建党以来重要文献选编（1921—1949）》第 22 册。

11. 福建省军区党史办、龙岩地区老区办编《中国人民解放军福建籍将军》，福建人民出版社，1987 年版。

12.《南昌起义》，南昌八一纪念馆编，中共党史出版社，1987 年 6 月版。

13. 郭化若主编《中国人民解放军军史大辞典》，吉林人民出版社，1993 年 7 月版。

14.“中国人民解放军历史资料丛书”《炮兵·回忆史料》，解放军出版社，1998年2月版。

15.“中国人民解放军历史资料丛书”《渡江战役》，解放军出版社，1995年版。

四、将帅史料

1.《周恩来年谱1898—1949》修订本，中共中央文献研究室编，中央文献出版社，1998年2月版。

2.《朱德年谱》，中共中央文献研究室编，主编吴殿尧，中央文献出版社，2006年10月版。

3.《朱德传》，中共中央文献研究室编，金冲及主编，人民出版社，1993年8月第1版。

4.《朱德选集》，人民出版社，1983年8月版。

5.《朱德自述》，中共中央文献研究室第二编研部编，国际文化出版公司，2009年8月版。

6.〔美〕艾格尼丝·史沫特莱著《伟大的道路》，生活·读书·新知三联书店，1979年版。

7.《彭德怀自述》，人民出版社，1981年版。

8.《陈毅年谱》，刘树发主编，人民出版社，1995年12月版。

9.《陈毅军事文选》，解放军出版社，1996年版。

10.《刘伯承回忆录》，上海文艺出版社，1981年版。

11.《左权传》，当代中国出版社，2005年2月第1版。

12.《聂荣臻回忆录》，解放军出版社，2007年8月版。

13.《徐向前回忆录》，解放军出版社，2007年8月版。

14.《叶剑英年谱》，中国人民解放军军事科学院编，中央文献出版社，2007年4月版。

15.《粟裕战争回忆录》，解放军出版社，1988年版。

16.《粟裕年谱》，中共江苏省委党史研究室编，当代中国出版社，2012年1月第2版，

17.《中国人民解放军高级将领传》（第1至第40册），解放军出版社，2007年版。

18. 郭化若著《学习与回顾》，军事科学出版社，1991年3月版。

19.《郭化若诗词墨迹选》，军事科学出版社，1988年7月版。

20.《郭化若回忆录》，军事科学出版社，1995年版。

21.《郭化若军事论文选集》，解放军出版社，1989年6月版。

22. 郭化若著《孙子兵法译注》，上海古籍出版社，2012年8月版。

23. 郭化若著《孙子译注》，上海古籍出版社，2006年6月版。

24. 郭化若著《远谋自有深韬略》，人民出版社，1980年3月版。

25.《郭化若诗词选》，鹭江出版社，1993年7月版。

26.《郭化若书法集》，福建美术出版社，1993年8月版。

27.《一代儒将——郭化若纪念文集》，军事科学出版社，1999年9月版。

28. 郭化若著《军事辩证法》，新群出版社，1952年1月第5版。

29.《宋任穷回忆录》，解放军出版社，2007年8月北京版。

30.《杨成武回忆录》，解放军出版社，2007年8月北京版。

31.《叶飞回忆录》，解放军出版社，2007年3月第2版。

32.《萧克回忆录》，解放军出版社，1997年6月版。

33. 张云龙著《艰苦的历程》，鹭江出版社，1993年版。

34.《江渭清回忆录——七十年征程》，江苏人民出版社，1996年10月版。

35. 王直著《忠于信念》，华艺出版社，1992年版。

36.《曾克林将军自述》，辽宁人民出版社，1997年8月版。

37. 杨迪著《抗日战争在总参谋部——一位作战参谋的历史回眸》，解放军出版社，2003年1月版

38. 阙中一著《跟随毛主席过万水千山》，少年儿童出版社，2007年8月版。

39.《星火燎原》第 10 辑，陈茂辉《决战的尾声》，战士出版社。

40.《钟期光回忆录》，中共党史出版社，2022 年 9 月版。

41. 何以祥著《血路雄关——我的征战回忆》，解放军出版社，2002 年 6 月版。

五、纪念文章

1. 彭冲著《一代儒将，风范长存》，载 1996 年 9 月 2 日《人民日报》。

2. 宋任穷著《深切怀念郭化若同志》，载 1996 年 8 月 5 日《人民日报》。

3. 莫文骅著《缅怀老战友郭化若同志》，载 1996 年 8 月 12 日《解放军报》。

4. 王直著《怀念郭化若同志》，载《忠于信念》，华艺出版社，2004 年 3 月第 1 版。

5. 涂通今著《怀念郭化若同志》，载《一代儒将——郭化若纪念文集》，军事科学出版社，1999 年 9 月版。

6. 欧阳平著《忆郭化若长征中的几件事》，载《一代儒将——郭化若纪念文集》，军事科学出版社，1999 年 9 月版。

7. 魏猛著《上马迎敌焰　下马治兵书——访〈孙子〉译注者郭化若将军》，载 1987 年 8 月 3 日《人民日报》。

8. 姚旭著《淮海战役中一件创造性的重要举措》，载《一代儒将——郭化若纪念文集》，军事科学出版社，1999 年 9 月版。

六、传记文学

1. 沈效良著《一代儒将——郭化若传奇》，福建人民出版社，2000 年 1 月版。

2. 樊昊著《毛泽东和他的军事谋士》，中央文献出版社，2013 年 1 月版。

3. 冯光宏编著《十大参谋长——将帅传奇人物纪事》，中央编译出版社，

2004 年 5 月版。

　　4.黄建忠著《毛泽东的军事高参郭化若》，上海人民出版社，2000年 5 月版。

　　5.宋崇实著《虎将宋时轮》，知识产权出版社，2013 年 1 月出版。

　　6.《虎将王必成》，解放军出版社 1992 年 2 月出版。

　　7.《八闽开国将军》丛书 6 卷 8 册，宋四根总编，中央文献出版社，2005 年 10 月版。

　　8.练建安、宋四根总编导 50 集"国家重大理论文献电视片"《八闽开国将军》，福建省老区建设促进会 2012 年摄制。

后 记

20世纪是个风云际会的时代。在这个时代里,活跃着一群特殊的群体。这就是在枪林弹雨、战火纷飞中铸就的群体——共和国开国将军。

开国将军,一般是指1955年至1965年授衔的中国人民解放军将军。在此期间,全国涌现了1603位将军,福建籍将军为83位,占5.18%。福建的83位开国将军中,有上将3名、中将9名、少将71名。其中,福州籍的郭化若中将被誉为"一代儒将"。

此儒将也,参赞中央军机,运筹帷幄;挥师征战,决胜疆场,所向披靡;著书立说,全国闻名;教育教学,桃李满天下;《孙子兵法》研究,堪称泰斗;编纂军史,硕果累累;善书法,能诗。其抒怀诗曰:"六十年来多少事,但留点墨在人间。"回望硝烟,回望漫漫征途,一代儒将似有无限感慨。

闽都文化研究会组织编撰一套福州现当代杰出人物传记,首批人物中,即有郭化若将军。笔者多年来主持编撰"八闽开国将军"丛书及50集"国家重大理论文献电视片"《八闽开国将军》任总编导兼总撰稿,勤于学习采访,颇有心得体会,略有微小业绩。文山先生文坛点兵,令笔者编撰《儒将郭化若》。

领受任务以来,笔者认真拜读郭老将军回忆录及其论著,旁及大量党史、军史资料,不敢懈怠。郭老将军戎马倥偬,经历丰富,"行业"跨度大,上下近百年,纵横数万里。无论从哪一个角度切入,都需要耗时耗力长期研究,都可以写成一部鸿篇巨制。因为郭老将军的"传奇"历史,书市中已经有多种专著,精彩纷呈。

如何别开生面?这是一个问题。笔者在多年撰写将军传记的过程中,采访过罗元发将军、王直将军、熊兆仁将军、张云龙将军、卢仁灿将军、罗洪标将军、涂通今将军、张力雄将军、陈茂辉将军等郭老将军的老战友,与郭老将军关系密切的其他将帅的历史资料也多有研读。因此，笔者借鉴太史公司马迁《史记》中的"互文"笔法，以《郭化若回忆录》及论著为基础，以大量的将帅及其他当事人的回忆，参以大量权威文献资料，印证、补充、注释《郭化若回忆录》等的相关内容，纯客观叙述辅以必要的学术研究，尽可能编织即将远去的历史碎片，勾勒出传主一行行深深浅浅的历史足迹及其卓著功勋。

《孙子兵法·虚实篇》说："无所不备，则无所不寡。"郭老将军注释说："孙子提出'无所不备，则无所不寡'是军事的名言，对处处顾虑、处处分兵的将领来说是讲得非常深刻的。"同样的，这句名言对我们的写作来说，也深有启迪。郭老将军的一生波澜壮阔，我们的写作不可能面面俱到，必须突出其重点，写出其"闪光点"。"儒将"两字，可谓这个传略的总纲和点睛之笔。

全书20多万言，多为大量的历史资料按时间顺序和内在的逻辑关系编撰，功绩属于尊敬的诸位前辈，笔者只是略有劳绩，搜集资料、认真研究、考证史实、尽量旁征博引、文稿有机排列组合，却丝毫不敢虚构想象，不敢"妙笔生花""无中生有"，力争事事皆有出处、皆有依据。因此，笔者充其量是一个搬砖运瓦的"泥水匠"，手艺如何，全凭读者明断。

写作的过程，是学习的过程，是精神震撼的过程。郭老将军等老一辈革命家为国为民，义无反顾，艰难困苦，玉汝于成。今天的幸福生活来之不易，我们应当备加珍惜。

笔者学浅才疏，加之时间匆促，缺点在所难免，敬请诸位方家不吝赐教。

练建安

2015年8月至2016年6月一稿

2022年10月至2023年1月二稿